CHINA
ENTERPRISE DEVELOPMENT
REPORT 2014

中国企业发展报告 2014

国务院发展研究中心企业研究所

中国发展出版社
CHINA DEVELOPMENT PRESS

图书在版编目（CIP）数据

中国企业发展报告 2014 / 国务院发展研究中心企业研究所 .
北京：中国发展出版社，2014. 1
ISBN 978-7-5177-0077-7

Ⅰ. 中⋯ Ⅱ. 国⋯ Ⅲ. 企业经济—经济发展—研究报告—
中国—2014 Ⅳ. F279. 2

中国版本图书馆 CIP 数据核字（2014）第 000423 号

书　　　名：中国企业发展报告 2014
著作责任者：国务院发展研究中心企业研究所
出 版 发 行：中国发展出版社
（北京市西城区百万庄大街 16 号 8 层　100037）
标 准 书 号：ISBN 978-7-5177-0077-7
经　销　者：各地新华书店
印　刷　者：北京科信印刷有限公司
开　　　本：787mm × 1092mm　1/16
印　　　张：19. 5
字　　　数：280 千字
版　　　次：2014 年 1 月第 1 版
印　　　次：2014 年 1 月第 1 次印刷
定　　　价：88. 00 元

联 系 电 话：（010）68990630　68990692
购 书 热 线：（010）68990682　68990686
网 络 订 购：http：//zgfzcbs. tmall. com//
网 购 电 话：（010）88333349　68990639
本 社 网 址：http：//www. develpress. com. cn
电 子 邮 件：bianjibu16@ vip. sohu. com

序言

Preface

2013 年即将过去，回过头看，国际国内这一年里可谓是风起云涌。国际上，世界经济总体仍处于 2008 年全球金融危机之后的缓慢复苏阶段，但增长格局正悄然发生转变，美日欧等发达经济体的增长在逐步增强，而印度、巴西、俄罗斯等新兴市场经济体的增长已经渐缓。从国内看，2013 年是中国全面贯彻落实党的十八大精神的开局之年，也是加快转变经济发展方式的关键之年。面对错综复杂的国内外形势，新一届中央政府坚持稳中求进的工作总基调，着力创新调控方式，着力深化改革开放，着力引导市场预期，保持了经济运行稳中有升、稳中向好的发展态势，预计全年增长达到 7.6%左右。

更令全球瞩目的是，将深刻影响中国未来发展进程的党的十八届三中全会于 11 月份胜利召开，会议审议通过了《中共中央关于全面深化改革若干重大问题的决定》（以下简称《决定》），标志着中国已经进入了“全面深化改革”的历史新阶段。《决定》内容丰富、亮点很多，对于广大企业和企业家而言，我觉得有四点内容意义尤为深远。

第一，《决定》指出要进一步“处理好政府和市场的关系，使市场在资源配置中起决定性作用和更好发挥政府作用”，这是中国全面深化改革、完善社会主义市场经济体制重大而关键的一步。1992 年党的十四大明确了我国经济体制改革的目标是建立社会主义市场经济体制，提出要使市场在国家宏观调控下对资源配置起基础性作用，当时这一重大理论突破对我国改革开放和经济社会发展发挥了极为重要的作用。在经济体制的转型期特别是初期，由于市场体系还不完善，法律法规还不健全，政府的作用大一些、多一些，既是客观需要也是历史必然。二十多年来，我们一直在努力完善社会主义市场经济，也一直在探索政府与市场关系的合适定位。党的十五大提出“使市场在国家宏观调控下对资源配置起基础性作用”，党的十六大提出“在更大程度上发挥市场在资源配置中的基础性作用”，党的十七大提出“从制度上更好发挥市场在资源配置中的基础性作用”，党的十八大提出“更大程度更广范围发挥市场在资源配置中的基础性作用”。时至今日，正如习近平总书记所指出的那样，“中央认为对这个问题从理论上作出新的表述条件已经成熟，应该把市场在资源配置中的‘基础性作用’修改为‘决定性作用’”①。与此同时，要更好地发挥政府的作用，未来政府的职责和作用将主要集中于弥补市场失灵，即主要是保持宏观稳定、强化公共服务、保障公平竞争、加强市场监管。因此，大家可以清楚地看到，新一届中央政府的执政要点之一就是“简政放权”，如取消和下放数百项审批事项、放宽企业登记注册的条件、建立上海自贸区等等，即“政府放开该放的、管住该管的”②。而且，一些措施的效果已经开始显现，不难想象，未来中国社会主义市场经济的活力必将被进一步大大激发。

第二，《决定》提出，“公有制经济和非公有制经济都是社会主义市场经济的重要组成部分，都是我国经济社会发展的重要基础”，这既是对我国基本经济制度内涵的丰富和发展，也是对社会主义市场经济发展实践中非公有制经济地位与作用的高度肯定。改革开放以来，我国非公有制经济获得了长足发展，地位与作用日益突出。据统计，目前我国非公有制经济税收贡献超过50%，GDP所占的比重超过60%，就业贡献超过80%，在新增就业中的贡献则达到了90%。因此，在全面深化改革的新的历史阶段，为了坚持和完善基本经济制度就必须坚持“两个毫不动摇”，就必须进一步激发非公有制经济的活力与创造力。为此，《决定》强调，“公有制经济财产权不可侵犯，非公有制经济财产权同样不可侵犯”；要“坚持权利平等、机会平等、规则平等，废

---

① 中共中央总书记习近平《关于〈中共中央关于全面深化改革若干重大问题的决定〉的说明》。

② 《国务院总理李克强在中国工会第十六次全国代表大会上的经济形势报告》，《工人日报》，2013年11月4日。

除对非公有制经济各种形式的不合理规定，消除各种隐性壁垒，制定非公有制企业进入特许经营领域具体办法”；“鼓励非公有制企业参与国有企业改革，鼓励发展非公有资本控股的混合所有制企业，鼓励有条件的私营企业建立现代企业制度”等等。这些重大政策必将进一步推动我国非公有制经济的健康发展。

第三，《决定》在发展公有制经济思路方面有重大突破，不仅提出“国有资本、集体资本、非公有资本等交叉持股、相互融合的混合所有制经济，是基本经济制度的重要实现形式”，而且将国有经济改革从管企业进一步深化到“完善国有资产管理体制，以管资本为主加强国有资产监管”。对于新形势下如何坚持公有制的主体地位，《决定》以积极发展混合所有制经济作了回答，并且认为这将“有利于国有资本放大功能、保值增值、提高竞争力，有利于各种所有制资本取长补短、相互促进、共同发展”。而在深化国有经济改革方面，过去三十年，我们是以抓国有企业改革为重点的，而今后改革的重点将转向“以管资本为主”，通过“组建若干国有资本运营公司，支持有条件的国有企业改组为国有资本投资公司”，从而实现国有经济布局的动态调整，“国有资本投资运营要服务于国家战略目标”，使国有资本“更多投向关系国家安全、国民经济命脉的重要行业和关键领域，重点提供公共服务、发展重要前瞻性战略性产业、保护生态环境、支持科技进步、保障国家安全”，要“准确界定不同国有企业功能”，“国有资本加大对公益性企业的投入，在提供公共服务方面做出更大贡献”。换言之，要逐步减少国有资本在非国家安全、非国民经济命脉的行业与领域的分布，国有资本要“更多用于保障和改善民生”，一方面要“划转部分国有资本充实社会保障基金”，另一方面，要“提高国有资本收益上缴公共财政比例，二〇二〇年提高到百分之三十”①。对于国有企业自身的改革，则以“完善现代企业制度”为主，包括“健全协调运作、有效制衡的公司法人治理结构”，“合理增加市场化选聘比例”等等。可以预期，新一轮国有经济改革的大潮即将来临，上海等地已经开始布局国资、国企的新一轮改革。

---

① 目前国有资本收益上缴公共财政比例分为0、5%、10%、15%四档，另外中国烟草集团总公司2012年上缴比例从15%上调至20%。

第四，《决定》指出要“深化科技体制改革”，“发挥市场对技术研发方向、路线选择、要素价格、各类创新要素配置的导向作用”，而企业作为市场经济的基本主体，要“强化企业在技术创新中的主体地位”，既要“发挥大型企业创新骨干作用”，同时也要“激发中小企业创新活力”。“十一五”以来，我国确定了“建设创新型国家”的战略，取得了以载人航天、深海“蛟龙”、“嫦娥”探月等为代表的一大批丰硕成果，中国经济增长正在逐步实现从投资驱动、要素驱动向创新驱动的转变。创新，是中华民族屹立于世界之林、实现伟大复兴“中国梦”的不竭动力。现有的科技创新体制仍存在诸多不足，突出地表现在科技与经济的结合不够深入、企业还没有成为真正的创新主体，特别表现在创新动力不够足、创新能力不够强、创新环境不够好三个方面。企业作为市场主体，他们直接参与市场竞争，对产业、产品、技术和商业模式的创新最为敏感，只有由企业主导技术研发和创新，才能更为有效地整合产学研力量，加快科技创新成果的转化应用；只有企业的创新收益得到充分的尊重和有效的保护，才能使企业有足够的动力和愿望去积极创新。而且，在创新活动方面，大型企业有其优势，中小企业更有创新活力。美国硅谷如此，中国中关村亦如此。30 多年来，一大批科技型中小企业在中关村茁壮成长，到 2012 年底，中关村企业实现营业总收入 2. 45 万亿元，这里不仅成长出跻身于世界 500 强的联想集团，而且目前年收入过亿元的企业已经近 2000 家，一些企业还成为新兴行业的国际标准制订者。因此，可以预见，随着改革的不断深入，企业作为创新的主体地位将进一步加强，创新的政策和法治环境将进一步改善，大、中、小各类企业必将进一步焕发出新的勃勃生机，成为未来中国经济结构调整和转型升级的新的“增长点”。

十八届三中全会已经给中国这艘巨轮在新的历史阶段的发展指明了航程，而进一步前行的动力将来自于全面深化改革，尤其是进一步焕发市场经济的活力。企业作为物质财富和价值的创造者，未来的发展任重而道远。如何成为创新的引领者？如何成为具有全球竞争力的世界级企业？如何为企业的发展创造更好的环境？这些都是中国企业、政府需要回答的问题和努力的方向。摆在读者面前的这本《中国企业发展报告》是国务院发展研究中心企业研究所倾全所之力编著的年度研究报告，至今已是第三本。三年来，我们在书中感受着中国经济跳动的脉搏，体味着中国企业走向全球的酸甜苦辣，各类企业也从中获得了新知、灵感与启迪。《中国企业发展报告》正日益成为广大中国企业和企业家的好伙伴、好帮手。我衷心祝愿，在中国企业改革和发展的新的历史征程中，《中国企业发展报告》能够为他们带去更多的回眸审视、深切思考和谆谆建议。

是为序。

国务院发展研究中心主任

2013 年 12 月

目录

Contents

前言

Foreword

又是一年了。每年的这个时候，我们都要写这本《中国企业发展报告》；每年的这个时候，我们都要认真思考在即将过去的一年里国家发生了哪些大事、要事；每年的这个时候，我们都要全面盘点各类企业一年来的进步与发展、机遇与挑战、困难与问题、方向与出路。这是我们的工作，也是我们的责任。国务院发展研究中心企业所作为为党中央、国务院提供关于企业改革与发展问题政策建议的决策咨询机构，既要为国家服务，也要为企业服务。

当前，中国经济正处于发展的重要历史阶段和关键时期。一方面，经过30多年的快速发展，我们已经成为世界第二大经济体，进入到中高收入国家的行列；另一方面，长期以来经济社会发展中积累的矛盾和问题越来越突出，风险越来越大。解决所有矛盾和问题的根本出路在于改革和创新。创新决定未来。改革决定未来。

创新决定未来。企业是社会财富的创造者，是经济增长的微观基础，是发展生产力的载体。没有企业的发展，就没有国家的发展，就没有国际竞争力的提升。没有企业的创新，就不可能有产业的转型升级，就不可能有经济发展方式的实质性转变。

近年来，创新正成为不少企业发展的主要驱动力量，企业普遍开始重视技术创新、产品创新、管理创新和商业模式创新，而且，通过创新，企业的转型升级取得了一定的进步。但是，在我国发展面临的国际环境和国内条件都在发生深刻而复杂的变化的情况下，企业发展及转型升级也面临着诸多挑战。

首先，企业综合成本仍处于持续上升通道。一是劳动力成本仍保持较快增长。2012年，东中西部农民工月平均工资分别2286元、2257元和2226元，较2011年分别上涨了11.35%、12.51%和11.86%。2013年劳动力成本增速仍然较快。截至2013年7月，全国共有21个省（区、市）和深圳市调整了最低工资标准，平均涨幅为18.4%。二是资金价格仍然保持在较高水平。2013年第三季度金融机构人民币贷款加权平均利率为7.05%，比2012年第四季度高0.27个百分点，比2013年第一季度高0.4个百分点。三是用地价格较快上升。2013年第三季度全国主要监测城市工业用地平均价格为691元/平方米，比2012年第三季度水平提高4.38%。考虑到目前工业用地价格偏低，三中全会《决定》提出“建立有效调节工业用地和居住用地合理比价机制，提高工业用地价格”，可以预期，工业用地价格上升是一个长期的趋势。四是人民币仍保持升值态势。2013年10月，人民币实际有效汇率指数为116.26，较2012年12月升值5.59%。此外，节能环保费用不断提高，税费负担居高不下等都对企业造成了成本压力。

其次，不少行业面临产能过剩问题。近几年不少行业产能过剩矛盾十分突出，不仅传统产业如钢铁、水泥等明显过剩，而且部分战略性新兴产业也出现了低水平产能过剩。在市场需求放缓的情况下，产能过剩往往直接导致企业间跌入低价恶性竞争的困境，效益大幅下滑。过去我国产能快速扩张但产能过剩不很明显，主要在于出口和内需的同步快速增长。但是，当外需疲软、经济步入中高速增长阶段以及大规模基础设施投资阶段接近尾声的情况下，产能过剩问题很快就凸显出来了。

最后，实体经济与非实体经济之间利润差异大。突出表现在过去几年中金融行业平均利润率都远高于制造业和其他服务业平均，这会导致大量资金被从低利润的制造业等转移至金融行业，削弱转型升级的动力。2013年上半年，16家上市银行净利润总额占A股全部上市公司净利润总额的51.60%；2012年上市银行平均净资产收益率为19.22%，非银行业平均净资产收益率为9.05%。2013年，中国大陆入围世界500强的银行利润总额占入围企业利润总额比重达到57.27%，美国为11.89%，除大陆外的其他经济体平均为14.47%。

改革决定未来。要实现企业的创新发展和转型升级，需要“使市场在资源配置中起决定性作用和更好发挥政府作用”。一方面，企业的问题主要还是要靠企业自己解决，靠市场来解决，即在一个统一开放、竞争有序的市场中，通过依据市场规则、市场价格和市场竞争进行资源配置，从而实现企业的转型升级。另一方面，必须更好地发挥政府的作用。对于企业的转型升级，政府最重要的作用是“保障公平竞争，加强市场监管，维护市场秩序”，是进一步完善有利于企业创新发展的公开、公平、公正的市场环境。外部环境决定了企业行为，在一个没有“创新溢价”的环境里，知识产权得不到有效保护，创新的企业还不如不创新的企业效益好，企业就不会投入更多的资源用于研究开发；在一个机会收益较高、管理粗放的企业也能获得较好收益而不担心倒闭破产的环境中，企业就不会有很强的管理创新的激励；在一个资源环境成本很低、节能减排收益小而投入大的环境中，企业也不可能有很强的清洁生产和节约资源的动力。为此，政府应以促进企业创新发展和转型升级为目标，按照十八届三中全会关于全面深化改革的总体部署，特别是习近平总书记在山东考察时所作的“一分部署，九分落实。改革蓝图有了，现在的关键是把蓝图一步步变为现实”的重要讲话精神，努力培育和形成有利于企业创新和发展的外部环境。首先，加快完善统一开放、竞争有序的市场体系，营造和建设公正透明的商业环境。一是要积极稳妥地从广度和深度上推进市场化改革，大幅度减少政府对资源的直接配置，加快形成企业自主经营、公平竞争，消费者自由选择、自主消费，商品和要素自由流动、平等交换的现代市场体系，着力清除市场壁垒，建立公平开放透明的市场规则，完善主要由市场决定价格的机制。二是按照“公有制经济和非公有制经济都是社会主义市场经济的重要组成部分，都是我国经济社会发展的重要基础”，进一步完善保护各种所有制经济产权和合法利益的体制机制，保证各种所有制经济真正能够依法平等使用生产要素、公开公平公正参与市场竞争、同等受到法律保护。

其次，从创新投入和创新收益等多个方面，创造有利于创新的政策和制度环境。从创新投入看，可进一步完善对企业研发投入实行的税收优惠、财政补贴、金融支持等激励措施，加大培养技术型和技能型人才的力度，调整对研究人员特别是对高校、科研机构研究人员的评价考核导向，建立共性技术和关键技术的公共研发平台，促进科技创新与金融创新的结合，等等。从保护创新收益看，特别重要的是大力加强对品牌和知识产权的保护力度，维护企业合法权益，降低企业维权成本；与此同时，还要通过深化金融体制改革解决实体经济与虚拟经济利润格局严重失衡的局面。

最后，创造有利于企业节约资源和环境保护的激励制度。从提高资源使用成本看，要通过资源定价制度改革制定合适的土地、水、能源等各种资源价格，加强生态文明制度建设，对企业排放污染物的监控和收费，将企业对环境的污染内化在企业的生产成本中。从加强引导和激励看，要制定相应的财政政策，用于资源节约产品和技术的开发，以及对应用这些产品和技术企业的支持。

《中国企业发展报告 2014》（以下简称《报告》）是国务院发展研究中心企业研究所集全所之力，在长期具有针对性的跟踪研究和积累的大量研究成果的基础上，通过精心组织、认真调研和充分讨论而形成的按年度连续出版的核心研究成果。《报告》坚持“用事实说话、向历史负责、对未来预判”的指导方针，立足于客观、具体、准确的数据和调查，力求能够较为全面、真实地反映过去一年来中国企业发展与改革的新情况、新特点、新问题、新挑战，能够较为深入、准确地分析即将来临的一年可能面临的新形势、新趋势、新机遇，以便为政府的政策制定和企业的发展战略提供参考。

《报告》包括“中国企业发展环境：2013 年回顾与 2014 年展望”、“若干重点行业分析”、“国有企业改革与发展”、“中小企业发展”、“中国的外资企业”、“中国企业国际化”、“中国企业的并购与重组”和“当前企业对进一步理顺政企关系、全面深化经济体制改革的看法与建议”共八章。其中，第一章由周健奇、贾涛、张永伟、赵昌文撰写；第二章由王怀宇、王晓明、贾涛、范保群、中国指数研究院、周健奇、中国石油和化工联合会撰写；第三章由张文魁、贾涛、许召元、王怀宇撰写；第四章由王继承、马骏、袁东明撰写；第五章由范保群、项安波、蔡小平、周倩撰写；第六章由李志能、马淑萍、肖庆文、亓长东、周燕、郭巍撰写；第七章由许召元、王怀宇、张婷撰写；第八章由赵昌文、张文魁、马骏、周健奇、张永伟、袁东明、许召元、马淑萍、王继承、项安波、范保群撰写。

借《报告》即将正式出版之际，我需要由衷地表达以下的感激之情：

感谢广东省、浙江省、江苏省、辽宁省、黑龙江省、湖北省、四川省、安徽省、河北省、山东省、北京市、上海市、天津市等省区市的发展研究中心、研究室和工（经）信委等部门给予我们调研工作的支持；感谢中国上市公司协会及相关行业协会（商会）、部分法律、会计、证券中介机构在我们调研工作和问卷调查工作中的大力支持；感谢一年来参加过多次调研座谈会和填写调查问卷的所有企业！感谢每位撰稿人付出的辛勤劳动，他们在时间很紧、任务很重的情况下开展了高质量的研究工作；感谢由国务院发展研究中心部分前任领导、现任领导和专家组成的专家委员会，他们提出了许多极其有价值的意见和建议，许多领导和专家的严谨、认真和负责让我们每一位参与其中的研究人员都被深深地感动；感谢中国发展出版社的领导特别是第一编辑部的编辑们，正是由于他们的辛勤努力，才使得本书得以顺利及时出版。最后，还要特别感谢国务院发展研究中心李伟主任，他在百忙之中欣然同意为《报告》作序！

当然，由于时间紧、任务重，本《报告》难免存在不少缺点甚至错误，我们诚恳地希望各位读者批评指正。

2014 年注定将会是不平凡的一年。这一年，将是“三中全会”后中国全面深化改革的第一年。我国 30 多年来取得的巨大成就，靠的是改革开放。要加快转变经济发展方式，实现全面建成小康社会的宏伟目标，依然要靠改革开放。改革是我国发展的最大红利。改革会有风险，但更会带来机遇。中国的企业和企业家们处在这样一个伟大的时代，真是非常幸运的。让我们共同努力，把企业做好！让我们共同努力，把国家建设好！让我们一起为实现中华民族伟大复兴的“中国梦”贡献自己的力量！

赵昌文

2013 年 12 月

第一章　2013 年企业发展环境回顾与 2014 年展望

1.1　2013 年世界经济形势回顾

1.1.1　世界经济仍处于危机后的缓慢复苏阶段

2013 年，世界经济仍处于 2008 年全球金融危机之后的缓慢复苏阶段。总体来看，来自发达经济体的风险已经缓解，增长趋向坚挺，但全球经济复苏不如预期，有关国际机构相继调低增长预测。

世界银行（World Bank）在 2013 年 6 月 12 日发布的《全球经济展望》中预计，2013 年全球 GDP 增长约 2.2% 左右，2014 年增长 3.0%。国际货币基金组织（IMF）在 2013 年 10 月 8 日发布的《世界经济展望》中预测，2013 年全球 GDP 增长 2.9%，2014 年增长 3.6%，分别比 7 月份的《世界经济展望》的预测数下调了 0.3 和 0.2 个百分点。经合组织（OECD）在 2013 年 11 月 19 日发布的最新经济展望报告中亦下调了 2013 年和 2014 年的全球经济增长预期，预计 2013 年经济增长 2.7%（前值为 3.2%），2014 年增长 3.6%（前值为 4.1%）。

国际货币基金组织（IMF）认为，2013 年全球经济的增长格局正在发生转变，发达经济体的增长在逐步增强，而与此同时，新兴市场经济体的增长已经减缓。这两种形势的共同作用导致了一些紧张情况，新兴市场经济体面临着增长减缓和全球金融条件收紧的双重挑战。具体而言，美国经济仍处于这些经济局势的核心位置，私人需求依然强劲，但 2013 年的增长受到过度财政整顿的拖累，政治因素导致了财政调整性质和力度方面的不确定性；日本方面，“安倍新政”的财政刺激和宽松货币政策已带动各项经济活动明显反弹，但要实现持久复苏，需要确定好财政整顿的适当步伐和实施一套可信的结构改革措施；在欧元区，政策行动减少了主要风险并稳定了金融形势，但是边缘经济体的增长仍受制于信用瓶颈；主要新兴市场国家的增长依然强劲，但增速有所降低，这一方面是由于大衰退之后采取的刺激措施逐步退出后经济活动的自然降温，另一方面，基础设施、劳动力市场和投资中存在的结构性瓶颈也导致了许多新兴市场的增速放缓[①]。

对于发达经济体，IMF 预测 2013 年经济增长 1.2%，2014 年增长 2.0%；对于新兴市场和发展中经济体，IMF 预测 2013 年经济增长为 4.5%，2014 年为 5.1%。其中全球瞩目的美国，预计 2013 年增长 1.6%，2014 年进一步增长至 2.6%；中国经济增速则有所减缓，从 2011 年的 9.3% 下降至 2012 年的 7.8%，2013 年预计增长 7.6%，2014 年进一步回落至 7.3%。全球各主要经济体的增长预测如表 1.1。

表 1.1　　全球经济增长状况与预测（%）

	过去 2 年的实际增长值		IMF2013 年 10 月《世界经济展望》的最新预测		与 IMF2013 年 7 月《世界经济展望》预测的差异	
	2011 年	2012 年	2013 年	2014 年	2013 年	2014 年
全球 GDP	3.9	3.2	2.9	3.6	-0.3	-0.2
发达经济体	1.7	1.5	1.2	2.0	0.0	0.0
美国	1.8	2.8	1.6	2.6	-0.1	-0.2
欧元区	1.5	-0.6	-0.4	1.0	0.1	0.0
德国	3.4	0.9	0.5	1.4	0.2	0.1
法国	2.0	0.0	0.2	1.0	0.3	0.1
意大利	0.4	-2.4	-1.8	0.7	0.0	0.0
西班牙	0.1	-1.6	-1.3	0.2	0.3	0.1
日本	-0.6	2.0	2.0	1.2	-0.1	0.1
英国	1.1	0.2	1.4	1.9	0.5	0.4
加拿大	2.5	1.7	1.6	2.2	-0.1	-0.1
其他发达经济体	3.2	1.9	2.3	3.1	0.0	-0.2
新兴市场和发展中经济体	6.2	4.9	4.5	5.1	-0.5	-0.4
中东欧	5.4	1.4	2.3	2.7	0.2	-0.1
独联体	4.8	3.4	2.1	3.4	-0.7	-0.3
俄罗斯	4.3	3.4	1.5	3.0	-1.0	-0.3

① 国际货币基金组织（IMF）：《世界经济展望》（World Economic Outlook），2013 年 10 月。

续表

	过去 2 年的实际增长值		IMF2013 年 10 月《世界经济展望》的最新预测		与 IMF2013 年 7 月《世界经济展望》预测的差异	
	2011 年	2012 年	2013 年	2014 年	2013 年	2014 年
不含俄罗斯	6.1	3.3	3.6	4.2	0.1	-0.1
亚洲发展中经济体	7.8	6.4	6.3	6.5	-0.6	-0.5
中国	9.3	7.7	7.6	7.3	-0.2	-0.4
印度	6.3	3.2	3.8	5.1	-1.8	-1.1
东盟五国	4.5	6.2	5.0	5.4	-0.6	-0.3
拉美和加勒比	4.6	2.9	2.7	3.1	-0.3	-0.3
巴西	2.7	0.9	2.5	2.5	0.0	-0.7
墨西哥	4.0	3.6	1.2	3.0	-1.7	-0.2
中东与北非、阿富汗和巴基斯坦	3.9	4.6	2.3	3.6	-0.7	-0.1
撒哈拉以南非洲	5.5	4.9	5.0	6.0	-0.2	0.1
南非	3.5	2.5	2.0	2.9	0.0	0.0

资料来源：国际货币基金组织（IMF）《世界经济展望》，2013 年 10 月。东盟五国指印度尼西亚、马来西亚、菲律宾、泰国和越南。

1.1.2 发达经济体逐渐走出低谷

总体而言，在 2008 年全球金融危机中备受重创的发达经济体正逐渐走出泥潭，经济复苏清晰可见。下文分别就主要发达经济体美国、欧洲和日本 2013 年的经济发展进行回顾与分析。

（1）美国经济加快复苏

低利率、财政赤字和量化宽松是美国应对金融危机、刺激经济增长的三大基本政策措施。美国经济在 2010 年 1 季度恢复增长后，政府继续实施低利率、财政赤字和量化宽松政策以提高经济增速，特别是持续实施的量化宽松政策，在为美国筹集大量铸币税的同时，也为美国扩大财政支出、刺激经济增长作出了重要贡献。在持续实施低利率、财政赤字和量化宽松政策支持下，2012 年美国 GDP 增速已回升到危机前的平均水平，金融市场和房地产市场已恢复正常增长状态，整个经济已恢复适度增长状态，但失业率依然偏高[①]。

① 李建伟：《美国的经济政策取向与经济发展前景》，国研视点，2013 年 4 月 7 日。

美国经济在 2013 年加快复苏，IMF 预计其经济增速在 1.6% 左右。

①美国经济数据逐季向好。

2013 年第 1、2 季度，美国 GDP 环比折年率逐季回升，分别为 1.1% 和 2.5%，而第 3 季度更是超出预期。2013 年 11 月 7 日，美国商务部公布的初步数据显示，第 3 季度实际 GDP 初值年化季率增长 2.8%，创 2012 年第 3 季度以来最大增幅。同时，第 3 季度 GDP 平减指数初值增长 1.9%，预期为增长 1.4%，第 2 季度为增长 0.6%。第 3 季度经济增速创一年来最快，表现超乎市场预期。

美国非农就业态势强劲，甚至超过了预期。2013 年 11 月 8 日，美国劳动统计局公布的数据显示，10 月新增非农就业 20.4 万人，远超市场预期的 12 万人，为半年来最快增速，而且 8、9 月非农就业人数合计上调 6 万人，将过去 3 个月均值提升至 20.2 万人，暗示美国劳动力市场复苏好于预期。美国 10 月季调后制造业就业人口大幅增加 1.9 万，预期会增加 0.4 万，前值由增加 0.2 万修正为增加 0.4 万。按部门看，美国 10 月私营部门就业人口增加 21.2 万，预期会增加 12.5 万，9 月份由增加 12.6 万修正为增加 15.0 万；10 月政府部门就业人口减少 0.8 万，9 月份由增加 2.2 万修正为增加 1.3 万。

从细分数据来看，与历史相比，作为美国经济核心驱动力的个人消费增速有所放缓，经济主要依靠私人投资拉动。例如 3 季度，个人消费拉动 GDP 约 1 个百分点，低于历史均值的 1.7 个百分点；而投资拉动 GDP 约 1.5 个百分点，显著高于 2005～2007 年平均值的 0.1 个百分点。2013 年 4 季度，受财政冲击影响，加之 3 季度 GDP 超预期对于基数的抬升作用，市场预计美国 4 季度 GDP 环比折年率放缓至 1.8%①。

②美国政府关门事件影响有限。

2013 年，美国最吸引媒体眼球的事件，一是底特律城市的破产，二是 10 月 1 日美国政府的关门，尤其是后者引发了全球广泛关注。

2013 年 9 月 25 日，美国财政部长致信众议院院长博纳的信中指出，美国政府的资金最迟将于 10 月 17 日耗尽。自此对于美国政府新财年预算案以及债

① 中信证券：《2014 年 G3 展望：美国经济提速，欧洲复苏可期，日本增长放缓》，2013 年 11 月 18 日。

务上限的争论开始升温。但直至 9 月 30 日，两党仍未就预算案达成一致，这使得 10 月 1 日美国政府关门已实质性发生。政府关门的直接影响是：①约 80 万“非核心”政府工作人员被遣返休假（约占政府工作人员的 40%）；②部分政府支出停止。但在 10 月 5 日，国防部宣布已让近 40 万国防部雇员于 10 月 7 日开始返工，这意味着接近 50% 的休假员工已回到工作岗位。

美国政府关门在历史上并非首次，这次事件可算是 37 年来的第 18 次美国政府关门。自 1976 年以来，政府关门实质上已发生了 17 次，最近的一次在 1995 年 12 月 16 日至 1996 年 1 月 6 日。根据 OMB1996 年的估算，1995 ~ 1996 年政府关门的经济损失为 14 亿美元（约合今日 21 亿美元），仅占当年第 4 季度 GDP 的 0.07%。

这次的美国政府关门事件很快出现了戏剧性变化。美国众议院当地时间 10 月 16 日晚间通过提高债务上限、为政府拨款的议案，并送交美国总统奥巴马签署成法案。法案将使政府在 2014 年 1 月 15 日之前处于开门状态，并提到债务上限直至 2014 年 2 月 7 日。美国朝野达成新协议避免了债务违约，并使政府恢复了正常的运转状况，令市场情绪偏向乐观。

市场普遍认为，这次美国政府的关门事件对经济的影响有限。美国政府停摆近 3 周，给 10 月份的经济虽然已经产生了冲击，但结合 1995 年同样时间更长的政府停摆的经验和白宫预计停摆 1 周对经济造成 80 亿美元损失的估算来衡量，对今年第 4 季度 GDP 的拖累不会超过 0.2%。对于 11 月份的美国经济，相关机构认为，由于感恩节等年底消费旺季的到来将出现回暖，加上 QE 的延续，利率的负面冲击也将进一步缓解，有望共同支撑美国经济走出政府停摆的阴影，进入原先的稳健复苏轨道[①]。

③QE 退出进程将取决于美国经济表现。

美国经济的复苏在较大程度上依靠几轮量化宽松政策（QE），各界对 QE 何时退出亦十分关注。从经济数据来看，2013 年 11 月 8 日，美国公布的 10 月新增非农就业 20.4 万人，远超市场预期；但美国失业率反而上升 0.1 个百分点至 7.3%，加上劳动力参与度更下降 0.6 个百分点至 62.8%，不足以让美联

① 中证期货：《美国 11 月宏观经济展望——政府关门现短期冲击，节日效应有望支撑经济》，2013 年 11 月 4 日。

储 FOMC 成员决定 2013 年 12 月就削减 QE 规模。

而 11 月中旬，新任联储主席耶伦对媒体表示，认为美国经济表现“远低于潜力水平”，美联储需要“做更多工作”，尚无明确的缩减购债计划的时间表，这与伯南克在 2013 年 6 月的表态背道而驰。这表明，美联储自身也认同目前美国经济复苏仍然疲弱这一情况，认为现在不宜退出购债、以对复苏提供更多支持。

根据美联储货币政策决策机制和决策框架，市场认为 QE 退出的时点和节奏取决于如下 4 个方面的因素：美国经济基本面数据；美联储投票权的鹰鸽格局；货币政策操作层面的因素；以及未来经济面临的风险事件。2014 年 FOMC 投票权的鹰鸽格局为“2 鹰、6 鸽、4 待定”，且新任联储主席耶伦在货币政策决策中占据极大权重，美国货币政策和 QE 退出节奏仍将由“鸽派”主导。预计由鸽派主导的美联储将会秉持“就业 + 通胀”的双重货币政策目标[①]。

（2）欧洲经济逐渐结束负增长

总体而言，欧元区经济在 2013 年年中企稳，其复苏的大致逻辑是“依靠德国，借力外需”。IMF 预计 2013 年欧元区经济增长 -0.4%，2014 年增长 1.0%。欧盟委员会则认为，整个欧盟 2013 年经济增长率由负实现零增长，2014 年增长 1.4%。

①二季度欧元区 GDP 环比增速由负转正出现转折点。

欧盟统计局 2013 年 9 月份发布的数据显示，第 2 季度欧元区 GDP 环比增长 0.3%，为 2011 年第 4 季度以来的首次增长，从而结束了欧元区成立以来历时最长的经济衰退。

数据编撰机构 Markit 在 2013 年 11 月 4 日公布的数据显示，欧元区 10 月制造业采购经理人指数（PMI）升至 51.3，逐渐接近 8 月的 26 个月高位 51.4，预期 51.3，前值 51.1，连续第 4 个月实现扩张。欧洲经济复苏的进程超出了此前国际社会的普遍预期，从持续扩张的 PMI 态势来看，第 3 季度的欧洲经济实现持续的正增长也几无悬念。欧洲结束持续 18 个月之久的衰退对欧洲，乃至全球都是一个巨大的喜讯。

---

① 中信证券：《2014 年 G3 展望：美国经济提速，欧洲复苏可期，日本增长放缓》，2013 年 11 月 18 日。

欧盟委员会于 2013 年 11 月 5 日发布《2013 年秋季经济预测报告》，预测欧元区和欧盟经济将在 2013 年分别萎缩 0.4%、零增长后，2014 年将分别实现 1.1% 和 1.4% 的增长。欧盟委员会副主席、负责经济与货币事务的委员雷恩在当天的新闻发布会上说："现在有越来越多迹象表明，欧洲经济已到转折点。"该报告显示，近年来欧洲脆弱国家的经常账户持续改善，随着竞争力增加，出口能力提高，预计 2013 年部分脆弱国家经常账户就会实现盈余，政府赤字继续减少。预计 2013 年欧盟财政赤字率降至 3.5%，债务率为 89.8%；债务率将会在 2014 年达到峰值，而从 2015 年开始逐步下降。

对于欧洲经济景气回升，从公布的第 2 季度数据来看，出口、消费与投资三驾马车均有所贡献，出口的贡献尤为突出，拉动经济增长 0.75%；消费次之，其中居民消费拉动经济增长 0.1%，政府消费拉动增长 0.09%；固定资产投资拉动经济增长 0.05%，不过库存因素却拖累欧洲经济增长达 0.12%。

在本轮的全球经济复苏中，欧洲的节奏相对较为滞后，而其主要的贸易伙伴如美国、中国、日本、加拿大、瑞士等经济运行节奏与趋势都相对较为良好，所以欧洲出口回升态势明显；欧债危机持续缓和之后，民众开始修正此前对欧洲政治、经济过度悲观的预期，进而带动了消费者信心与动力的修复；而政府支出得以增长，则是欧盟领导层出于对危机与衰退恶性循环的考虑，对严苛的财政紧缩条件进行了微调所致。

②三季度欧洲经济继续回升①。

根据欧洲统计局公布的数据显示，欧盟和欧元区 GDP 在 2013 年第 3 季度环比分别增长了 0.2% 和 0.1%，低于 2 季度同为 0.3% 的增速；不过欧盟和欧元区的同比增速继续回升，欧盟从 -0.2% 回升至 0.1%，而欧元区从 -0.6% 回升至 -0.4%。这说明今年第 3 季度欧盟仍处于复苏趋势，但复苏力度环比略有减弱。

从同比增速来看，最积极的信号在于欧盟 GDP 增速终于由负转正，而欧元区虽仍为负增长但跌幅收窄。分区域来看，非欧元区国家增长更快，主要是东欧和英国，而欧元区中德国增长最强，法国反而下滑，边缘国家整体改善，

---

①　主要参考了申银万国：《欧日三季度回落，四季度或好转》，2013 年 11 月 15 日。

意大利与西班牙较弱。其中，增长最快的依然是东欧和英国，还有七国增速仍未转正，分别是塞浦路斯、意大利、捷克、西班牙、葡萄牙、荷兰和芬兰，不过除了捷克以外都跌幅收窄。而德国同比增长 0.6%，法国仅 0.2%。英国经济加速复苏，值得重视。

从各国对 GDP 的环比贡献率来看，英国贡献最大，占 55.12%；德国一直贡献较大，特别贡献了欧元区 GDP 增量的 97.4%；而法国和意大利是拖累欧盟经济的主要力量。具体如下表所示。

表 1.2　已公布的欧盟各国 GDP 环比增速及贡献率（%）

	2013 第二季度	2013 年第三季度	在欧盟 GDP 所占比重	对欧盟 GDP 第三季度增量贡献率
欧盟	0.3	0.2	100.0	100.0
英国	0.7	0.8	16.6	55.1
欧元区	0.3	0.1	72.4	27.2
德国	0.7	0.3	21.2	26.5
波兰	0.4	0.6	2.8	7.0
罗马尼亚	0.5	1.6	0.8	5.4
比利时	0.2	0.3	2.8	3.5
西班牙	-0.1	0.1	7.8	3.3
匈牙利	0.1	0.8	0.8	2.5
芬兰	0.2	0.4	1.4	2.3
奥地利	0.0	0.2	2.3	1.9
荷兰	-0.1	0.1	4.6	1.9
葡萄牙	1.1	0.2	1.3	1.1
拉脱维亚	0.1	1.2	0.1	0.6
保加利亚	-0.1	0.6	0.2	0.6
斯洛文尼亚	0.3	0.2	0.4	0.4
立陶宛	0.6	0.1	0.2	0.1
塞浦路斯	-1.8	-0.8	0.1	-0.4
捷克	0.6	-0.5	1.0	-2.1
意大利	-0.3	-0.1	11.6	-4.8
法国	0.5	-0.1	15.4	-6.4

资料来源：欧盟统计局、申万研究。

总体而言，市场对欧洲经济整体复苏前景持乐观态度。2013 年秋季，国内媒体纷纷报道香港首富李嘉诚在中国大陆、香港出售资产而进一步投资欧洲的事件，显示出这些投资者对欧洲经济发展前景的看好。该事件亦可作为欧洲经济向好的风向标。

（3）日本经济在刺激政策下有所起色

2013 年，日本在新任首相安倍晋三推行的被外界称之为“安倍经济学”政策下，经济表现有所改善。IMF 预计日本 2013 年经济增长率在 2.0% 左右。

①安倍经济学的三支利箭。

“安倍经济学”（Abenomics）是指日本第 96 任首相安倍晋三在 2012 年 12 月 26 日上台后加速实施的一系列刺激经济政策，旨在解决日本经济持续低迷与长期通缩状况。安倍晋三在其就职演说中表示，恢复经济强劲增长是这届政府的先要任务，而在其上任时，日本正面临着人口老龄化、债台高筑、经济停滞和通货紧缩一系列问题。

“安倍经济学”以“大胆的金融政策，灵活的财政政策和刺激民间投资为中心的经济增长战略”为三大支柱，也被称为安倍政府的三支利箭①。

安倍经济学的第一支箭是宽松货币政策。为了贯彻实施这一政策，由亚洲开发银行行长黑田东彦取代了历来谨慎保守的白川方明担任新一任日本央行行长。黑田东彦就任日本央行行长后，坚决贯彻执行安倍经济学，在维持利率水平 0% ~0.1% 不变的基础上，强势推行“量化宽松和质化宽松的货币政策”。其中，“量化宽松”即增加市场上的日元总量；“质化宽松”则增加长期日元、减少短期日元，也称为“扭曲操作”。其基本目标是：通过把央行债券购买规模和货币基础扩大至现有水平的“两倍”，在“两年”时间内实现“2%”的通货膨胀目标。

安倍经济学的第二支箭是财政刺激政策。安倍政府试图通过大规模公共支出激活经济，克服长期困扰日本经济的通缩问题，陆续推出了《紧急经济对策》、史上第二大的 2012 财年补充预算案、史上规模最大的 2013 财年预算案，以及酝酿 2013 财年补充预算案。

安倍经济学的第三大措施是经济增长战略。迄今为止，安倍政府已经发布了三轮经济增长战略。经济增长战略旨在激发民间活力的结构性改革措施作为

① 主要参考了郭可为：“安倍经济学的初期效果与未来制约”，《银行家》2013 年第 9 期；吴庆：“安倍经济学的要点在‘第三支箭’”，《中国发展观察》2013 年第 7 期等相关文章。

经济增长战略的主要内容，改革重点是放宽各种行政管制，吸引民间资本加速进入医疗、健康、信息技术、农业、能源、公共基础设施等目前管制较多的领域。主要目标是力争在未来10年实现年均2%的实际经济增长和3%的名义增长，以及人均国民收入增加150万日元等目标。

2013年7月21日，日本参议院第23届选举结果揭晓，在参议院改选的121个席位中，由日本首相安倍晋三领军的自民党与其联合执政的公明党最终获得76席，从而在全部242个席位中占据135席，获得了参议院的过半席位，进而终结了日本众参两院的“扭曲国会”局面。这一选举结果使得安倍成为6年来首位控制国会参众两院的日本首相，巩固了安倍的政治权力，亦使得安倍内阁推行“安倍经济学”时更加具有执行力和连贯性。

②安倍经济学的效果初显。

日本量化宽松政策的主要作用在于，财富效应正在短暂地提振国内需求，尤其是私人部门的消费需求。2013年1、2季度，日本GDP季调环比折年率增长了4.3%和3.8%，季调环比分别增长1.1%和0.9%，其中私人消费贡献了0.5和0.4个百分点，成为在短期推动经济复苏的主要驱动因素。

2013年11月14日，日本内阁公布了第3季度经济增长情况。日本2013年3季度GDP经季调后的单季环比增速为0.5%，略低于2季度上修的0.9%；而实际GDP同比上升1.9%。日本经济已经连续4个季度扩张，虽然增速有所放缓，但是整体趋势向好。

3季度的数据显示，私人需求环比增长0.7%，贡献0.5%；而公共需求上涨1.6%，贡献0.4%。具体而言：①政府投资增长较快，对经济拉动较大。公共投资环比增长6.5%，同比增长19.3%。说明日本政府投资大幅增长有力支撑了经济增长，这主要归功于安倍的经济刺激政策，带动了国内基建、重建项目投资，使得公共需求保持向上趋势。而政府消费增长相对较慢，环比和同比上均略有回落，分别上涨0.3%和1.7%。②相比之下，民间最终消费增长乏力，环比仅上涨0.1%，拉动GDP0.1个百分点，同比增长1.9%。其中，住宅类消费环比增长0.1%，海外采购同比继续下滑对其造成拖累，而最终消费受耐用品消费同比反弹而加速上涨。③企业固定资产投资增长较快，环比增长0.6%，拉动经济0.1%，同比上涨1.6%；而去库存步伐大幅放缓，贡献3季度日本 GDP 增量的 70%，大于其他部分的贡献。④净出口对经济增长拖累较大，环比贡献 -0.5%。不过，较去年同期来看，出口连续 4 个季度以来首次转正，同比增速为 3.1%，说明出口仍处于上行趋势，未来贡献率有望进一步提升。原因在于，2013 年第 3 季度，日元扭转了此前 3 个季度的贬值趋势，出现小幅升值，对出口造成拖累，而进口上涨更使得净出口对经济拖累更大[①]。

预计 4 季度日本经济增长仍将扩张，保持微幅增长。展望未来，量化宽松、弱势日元对于私人部门投资需求和经济账户的改善较为有限，消费刺激效果将随着货币幻觉的消逝而持续递减，而 2014 年将开征的消费税对于消费需求将形成一定抑制。因此，从中长期看，日本经济要真正走出"失落的二十年"，还是要把重点转到"第三支箭"上，即新的经济增长战略是否能够成功。

（3）新兴市场经济体国家增速减缓[②]

随着美国、欧盟、日本三大经济体不约而同开始走出困境，许多新兴经济体增速却开始逐步放缓，不仅虚拟经济飞流直下，实体经济增速也一路回落，有的国家更是"增长失速、通胀失控、资本失助、波动失序、结构失衡"。未来十年新兴经济体恐将面临重新洗牌。

2013 年，新兴经济体正在遭受着经济下行和通胀的双重压力，即便是曾经"金光十足"的金砖国家（Brics）[③] 都有所"褪色"。比如，俄罗斯经济增速连续 6 个季度下滑；印度经济 1 季度增长 4.8%，2 季度增长 4.4%，创全球金融危机以来新低；巴西经济"滞胀"特征明显；即便是经济总量已经世界第二、曾经高速增长三十多年的中国，经济增速也出现了较为明显的下降。在通货膨胀方面，美国、欧盟通胀率控制在 2% 左右，而俄罗斯的通胀率达到了

---

① 申银万国：《欧日三季度回落，四季度或好转》，2013 年 11 月 15 日。

② 本小节关于新兴经济体的经济情况参考了张飞："未来十年新兴经济体面临重新洗牌——2013 新兴经济体经济政策论坛综述"，《上海证券报》2013 年 11 月 8 日。2013 年 11 月 1 ~ 2 日，中国（海南）改革发展研究院与中国国际经济技术交流中心、联合国开发计划署驻华代表处、德国国际合作机构联合举办了以"增长、转型、改革——未来 10 年的新兴经济体"为主题的"2013 年新兴经济体智库经济政策对话"暨第 78 次中国改革国际论坛。来自国家相关部委、研究机构、高等院校和 25 个省市自治区，以及德国、俄罗斯、印度、巴西、墨西哥、南非、越南、尼日利亚、阿塞拜疆、印度尼西亚、马来西亚、土耳其等国家的官员和学者出席本次论坛。与会专家就新兴经济体的增长、转型、改革进行了深入研讨。由于各新兴经济体专家学者汇聚一堂，其提供的第一手信息与看法显得尤为珍贵。

③ 指巴西、俄罗斯、印度、中国和南非，这 5 个国家的英文头字母组成了英文"砖"BRICS 一词，被称为"金砖五国"，是新兴经济体国家中的主要代表。

7%，巴西达到6.5%，印度则连续8个月在两位数以上。

此外，众多新兴经济体国家的经济还出现了三大异常。一是股市暴跌。2013年8月16日之后，在6个交易日内，泰国股市下跌8.81%，菲律宾下跌7.1%，越南下跌4.75%，马来西亚下跌4.58%，创亚洲金融危机以来最长连续下跌记录。二是本币贬值。2013年5月至8月，亚洲最主要的12种货币除日元、人民币和港元外全线贬值，其中印度卢比下跌11%、马来西亚林吉特下跌8.8%、菲律宾比索下跌6.5%、泰铢下跌6%、印尼盾下跌5.7%。三是资本逃离。2013年2季度以来，国际资本开始大规模流出新兴市场。仅7月份通过交易所基金流入美国的资金量就高达320亿美元。

在此情况下，各国学者对新兴市场经济体在近两年的经济增长都不乐观。巴西经济学研究所经济研究主任库托指出，巴西经济增长速度预计2013年约为1.5%，2014年也快不了多少。俄罗斯西北战略研究中心主任柯尼亚金宁指出，俄罗斯在2010年走出困境，但是在2012年GDP增速又下滑，未来经济增速可能会低于4%。越南中央经济管理研究院经济管理杂志主编阮图安指出，2009年至今，越南经济增长率大概在5%左右，宏观经济出现了不稳定。国际货币基金组织（IMF）则在2013年10月公布的《世界经济展望报告》中预测，新兴市场和发展中经济体2013、2014两年的GDP将分别增长4.5%和5.1%，比7月份的预测值分别调低0.5个百分点和0.4个百分点。

问题显然在于，当前新兴经济体的这种经济增速减缓反映了周期性因素还是潜在产出增长率的下降。国际货币基金组织（IMF）认为这两方面原因都有，尽管在不同国家程度不同——俄罗斯和南非的增长下滑在更大程度上是周期性的，而中国和印度则更多反映了潜在增长率的下降。本世纪头十年里，异常有利的全球环境（包括高涨的商品价格和快速的金融市场发展）使这些经济体的潜在增长率上升，在其中一些经济体，周期性因素也起了作用。而随着商品价格趋稳、金融条件趋紧，这些经济体的潜在增长率降了下来，在其中一些经济体，这还导致了急剧的周期性调整[①]。

展望未来，我们比较赞同莫尼塔报告的看法，随着发达国家经济企稳复苏

① 国际货币基金组织（IMF）:《世界经济展望》（World Economic Outlook），2013年10月。

以及低利率环境的改变，预计 2014 年新兴市场面临的资金流入环境会较 2013 年进一步减少。新兴市场自身的结构性问题也将在更长尺度内限制其经济增速，使得许多新兴市场国家面临资本流入放缓与疲弱的增长相混合的局面。长期来看，资金流向的竞争关系将由新兴市场和发达经济体之间转变为不同新兴经济体之间的竞争①。

1.2　2013 年国内经济形势回顾②

1.2.1　国内经济运行渐趋平稳但仍有下滑风险

2013 年，国内经济仍处低位运行阶段，但形势相对平稳；已有回升迹象，但基础并不牢固；企业经营状况有所改善，但亏损数量有所扩大。喜忧参半的经济形势说明，我国经济发展在由高速增长向中高速和中速增长的转型阶段，结构调整需进一步深化。

（1）经济增长下滑趋势放缓

根据国家统计局数据，2013 年前 3 季度我国 GDP 按初步核算增速为 7.7%，与上年同期的初步核实数据持平，经济下行趋势放缓。具体见图 1.1。

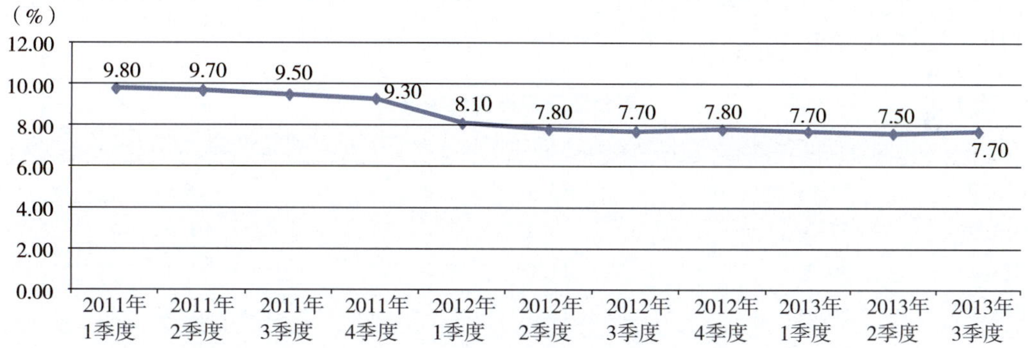

图 1.1　2011 年 1 季度至 2013 年 3 季度我国 GDP 增速

资料来源：国家统计局。

---

① 莫尼塔：《2014 年全球资金流向及长期经济增长展望》，2013 年 11 月 12 日。

② 本节引用的统计局数据，2011 年为最终核实数据，2012 年为初步核实数据，2013 年为初步核算数据。

①GDP 增长速度企稳。

从2011年1季度起我国GDP增速快速下降，从9.7%下降至2012年3季度的7.4%。全年GDP增速从2011年的9.3%下降至2012年的7.8%。GDP增速在2012年4季度回升至7.9%，进入2013年依然呈现下降趋势，但下降的幅度收窄。2013年1、2季度GDP增速与上一季度相比均下降0.2个百分点，第3季度增速回升至7.7%。据国务院发展研究中心经济形势分析课题组预测，我国2013年GDP增速将为7.6%左右，比2012年下降约0.2个百分点，与2012年全国GDP增速较2011年下降1.6个百分点相比，下降幅度明显趋缓。此外，截至2013年10月，世界银行、摩根大通对我国2013年GDP增速预测分别为7.5%和7.6%，也体现出我国经济下滑的趋势正在放缓。

②多指标出现不同程度的回升态势。

国家统计局公布的中国制造业采购经理指数在2013年的变动区间为50.1～51.1，自6月份以来呈现逐月小幅回升态势，目前已恢复到2011年3季度的水平；全国财政收入同比增长情况整体下降，但自6月份以来有了一定幅度回升；社会消费品零售总额同比增长情况差于2012年，但与2012年的大幅下降相比有了明显改善，2013年9月与上年同期相比下降0.9个百分点，而2012年9月与2011年9月相比下降了3.5个百分点，但自2013年6月份以来有所回升。具体见表1.3。

表1.3　部分经济指标变化情况

时间	制造业采购经理指数	全国财政收入同比增长（%）	社会消费品零售总额同比增长（%）
2013.9	51.1	13.4	13.3
2013.8	51.0	9.2	13.4
2013.7	50.3	11.0	13.2
2013.6	50.1	12.1	13.3
2013.5	50.8	6.2	12.9
2013.4	50.6	6.1	12.8
2013.3	50.9	6.1	12.6
2013.2	50.1	9.6	—
2013.1	50.4	5.8	—
2012.12	50.6	—	15.2
2012.11	50.6	21.9	14.9

续表

时间	制造业采购经理指数	全国财政收入同比增长（%）	社会消费品零售总额同比增长（%）
2012. 10	50. 2	13. 7	14. 5
2012. 9	49. 8	11. 9	14. 2
2012. 6	50. 2	9. 8	13. 7
2012. 3	53. 1	18. 7	15. 2
2011. 12	50. 3	—	18. 1
2011. 9	51. 2	17. 3	17. 7
2011. 6	50. 9	27. 6	17. 7
2011. 3	53. 4	54. 3	17. 4
2011. 1	52. 9	32. 8	19. 9

资料来源：国家统计局。

国家统计局公布的工业生产者购进价格指数（上年同期 =100）同样可以反映出我国经济增速下滑趋缓的趋势。该指数在 2013 年 6 月份出现最低值，为 97. 6，与年初的最高值相比下降 0. 5 个百分点，6 月份之后有所回调，而 2012 年年末出现的最低值与年初出现的最高值相比下降了 1. 1 个百分点。

（2）工业增长趋稳但下行压力依然较大

①工业增加值增长稳定。

根据国家统计局数据，2013 年第 3 季度，全国规模以上工业增加值按可比价格计算累计增长 7. 6%，与去年同期相比降低 0. 3 个百分点，与 2011 年同期相比降低 3. 1 个百分点。2013 年 3 个季度的累积增长值保持在 7. 3% ~7. 6% 的较稳定区间，但与 2012 年的 7. 9% ~9. 0% 区间相比，仍有一定幅度下降。具体见图 1. 2。

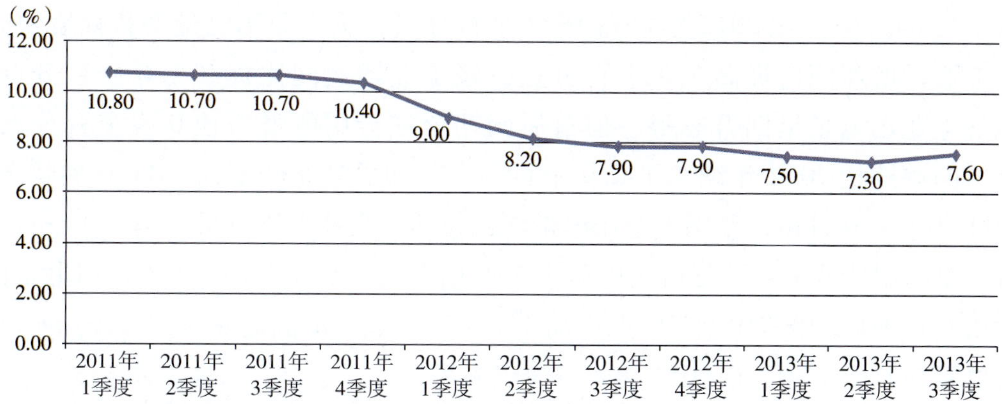

图 1. 2　全国规模以上工业增加值累积增长率（按可比价格计算）

资料来源：国家统计局。

其中，第二产业增加值增长幅度从2011年的10.3%～10.8%区间下降至2013年的7.6%～7.8%区间，而第一产业增加值的增长幅度在2012年有所上升，但在2013年前三季度与2011年同期相比变化不大。具体见表1.4。

表1.4　2011年1季度～2013年3季度全国规模以上工业增加值累积增长率（按可比价格计算）

时间	第一产业增加值累增（%）	第二产业增加值累增（%）
2011年第1季度	3.3	10.8
2011年第2季度	3.0	10.6
2011年第3季度	3.6	10.6
2011年第4季度	4.3	10.3
2012年第1季度	3.8	9.1
2012年第2季度	4.3	8.3
2012年第3季度	4.2	8.1
2012年第4季度	4.5	8.1
2013年第1季度	3.4	7.8
2013年第2季度	3.0	7.6
2013年第3季度	3.4	7.8

资料来源：国家统计局。

②工业用电量呈增长态势但仍落后于全社会用电量的增长幅度。

据中国电力企业联合会统计，2013年1～10月份我国工业用电量同比增长6.6%，比2012年同期提高3.5个百分点；工业对全社会用电量增长的贡献率为64.7%，比2012年提高16.7个百分点；重工业用电量增长幅度快于轻工业，增速同比提高3.8个百分点，轻工业增速同比提高1.6个百分点。尽管工业用电量呈回升态势，但落后同期全社会用电量增速0.8个百分点，落后的幅度比2012年缩小了0.9个百分点，却仍没有恢复到2011年的状态。2011年1～10月份，我国工业用电量增速曾领先全社会用电量增速0.3个百分点。全国制造业1～10月份用电量占工业用电量的比重为74.18%，用电量同比增长6.4%，增速比上年同期提高4.1个百分点，但制造业在10月份的日均用电量却有所下降，是2013年4月份以来最低的一个月。具体见图1.3。

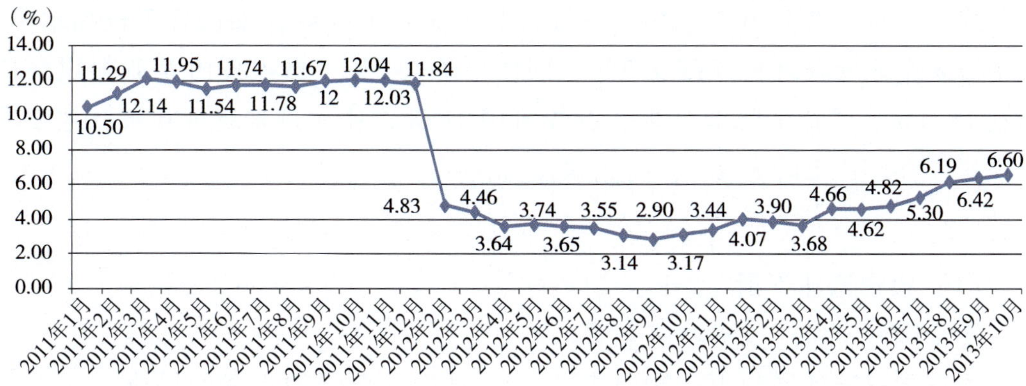

图 1.3 2011 年 1 月 ~2013 年 10 月工业用电量累计增速

资料来源：中国电力企业联合会。

③工业企业效益有所改善但主营活动利润增长不稳定。

据工业和信息化部统计，2013 年 1 ~ 9 月，全国规模以上工业企业共 34.73 万户，实现利润同比增长 13.5%，增幅同比提高 15.3 个百分点，增速比上半年加快 2.4 个百分点；在 41 个工业大类中，有 25 个大类主营业务收入利润率同比有不同程度提高；规模以上工业企业的亏损额同比下降明显，其中石油石化、冶金、电力行业减亏较多。虽然规模以上工业企业的利润情况出现好转，但主营活动利润增长并不稳定，同比仅增长 5.3%，落后于利润增速 10 个百分点。从全年趋势看，下半年的主营活动利润与上半年相比反而下降，前 3 季度的主营活动利润增速比上半年放缓 1.9 个百分点。此外，1 ~9 月份亏损企业数量的同比增速与 1 ~2 月份相比下降了 1.7 个百分点，但与上年同期相比仍然扩大了 0.3 个百分点。前 3 季度，企业亏损面同比扩大了 0.3 个百分点，而且，在企业利润率总体水平回升的同时仍有部分行业增亏，其中煤炭和机械行业增亏较多，煤炭行业的亏损额同比增长幅度甚至高达 85.3%。

④工业企业库存仍在增长。

据工业和信息化部统计，截至 9 月末，规模以上工业企业存货增幅同比回落了 1.8 个百分点，但仍保持了较高的增长速度，同比增幅为 7.5%。其中产成品库存增幅回落 4.1 个百分点，同比增幅为 6%。钢铁、煤炭库存情况有所改善，但压力依然较大。中国钢铁工业协会统计，9 月份钢材社会库存环比小幅上升 0.56%，其中市场库存环比上升 1.32%，港口库存出现好转势头，环比下降5.32%。据煤炭工业协会统计，截至9月末社会存煤仍处于较高水平，其中煤炭企业库存环比下降2.3%，同比下降7.6%；重点发电企业存煤环比增长15.4%，同比下降18.9%，存煤可用21天，比8月末增加6天；主要港口煤炭库存环比下降8.9%，同比增长8.3%。

1.2.2 投资增速下滑但固定资产投资资金情况有所改善

（1）投资增速下滑

①全国固定资产投资增速下滑。

根据国家统计局数据，2013年1~10月份，全国固定资产投资（不含农户）同比名义增长20.1%，增速比1~9月份回落0.1个百分点，与去年同期相比下降0.6个百分点。房地产、制造业、基础设施三大行业的固定资产投资情况不尽相同，其中：1~9月份房地产累计投资有所提高，同比增长19.7%，比1~8月份高0.4个百分点，但比1~7月份低0.8个百分点；制造业1~10月份累计投资加快，同比增长19.1%，增速比1~9月份加快0.6个百分点；基建项目1~9月份累计投资下降，同比增长24.4%，比1~8月份下滑0.5个百分点。具体见图1.4。

图1.4 全国制造业、房地产业固定资产投资情况

资料来源：国家统计局。

②民间固定资产投资增速相对保持较高水平。

根据国家统计局数据，2013年1~9月份民间固定资产投资累计增长23.3%，与上年同期相比降低了1.8个百分点，与上年全年相比降低了1.5个百分点。具体见图1.5。

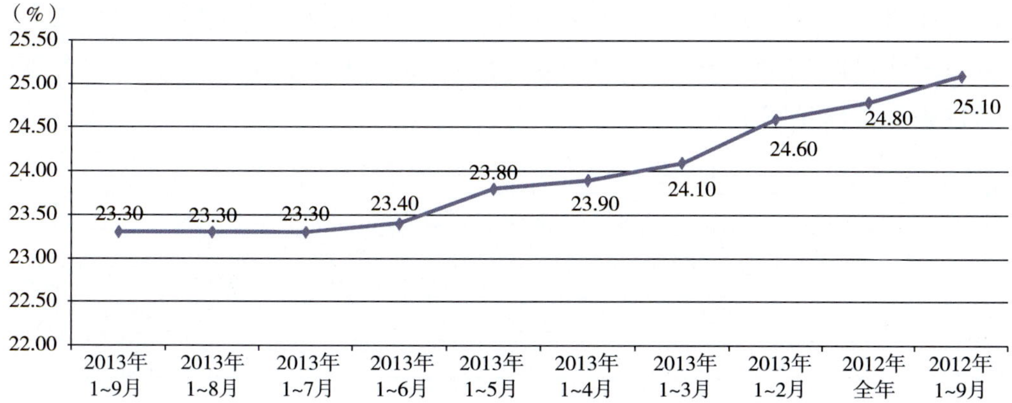

图 1.5　民间固定资产投资累计增长情况

资料来源：国家统计局。

（2）固定资产投资资金情况有所改善

根据国家统计局数据，2013 年固定资产投资资金增速较为平稳，自 4 月份以来累计金额保持了 20% 以上的同比增速，基本恢复到 2011 年的水平。其中：国家预算资金累计增速呈下降趋势，国内贷款和自筹资金累计增速呈增长趋势。具体见表 1.5。

表 1.5　　固定资产投资基本情况（%）

时间	固定资产投资资金累计增速	国家预算资金累计增速	国内贷款累计增速	自筹资金累计增速
2013 年 1～9 月	20.40	16.60	16.60	20.10
2013 年 1～8 月	20.50	19.60	16.20	19.60
2013 年 1～7 月	20.50	21.20	15.20	19.20
2013 年 1～6 月	20.10	18.90	13.00	18.60
2013 年 1～5 月	20.20	21.00	12.80	17.90
2013 年 1～4 月	20.90	20.70	13.90	18.30
2013 年 1～3 月	19.60	19.60	11.10	17.00
2013 年 1～2 月	23.80	23.80	18.70	20.30
2012 年全年	18.60	18.60	8.40	21.70
2011 年全年	20.30	20.30	3.50	28.60

资料来源：国家统计局。

根据国家统计局数据，2013 年各项应付款累计增速明显下降，1～9 月份同比增加29.5%，增速比1~8月份下降6.5个百分点。其中应付工程款1~9月份的累计增速为36.5%，与1~8月份相比提高0.9个百分点，但全年呈现下降趋势。具体见图1.6。

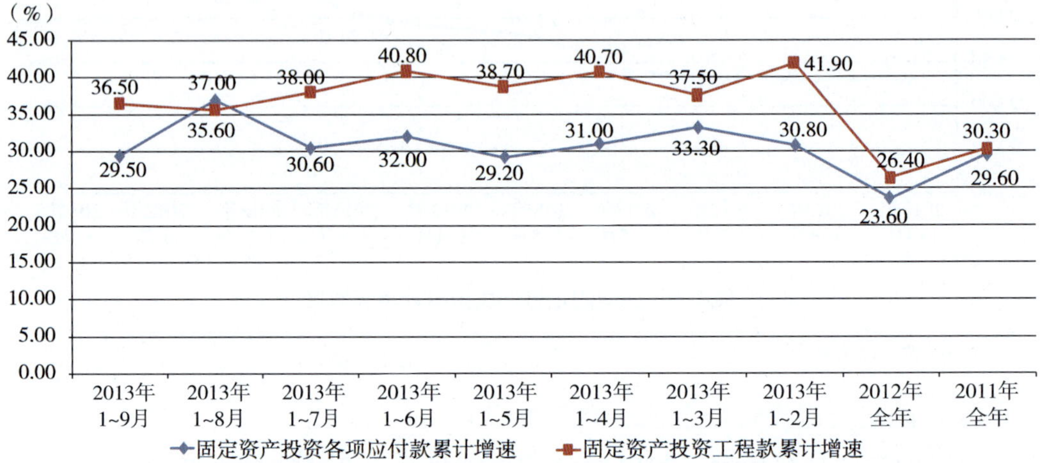

图1.6　固定资产投资各项应付款和工程款累计增速情况

资料来源：国家统计局。

1.2.3　消费增长态势平稳但整体上仍处恢复阶段

根据国家统计局数据，2013年社会消费品零售总额累计值实现平稳增长，其中城镇社会消费品零售总额累计增速慢于乡村，餐饮收入累计增速低于商品零售累计增速。具体见图1.7。

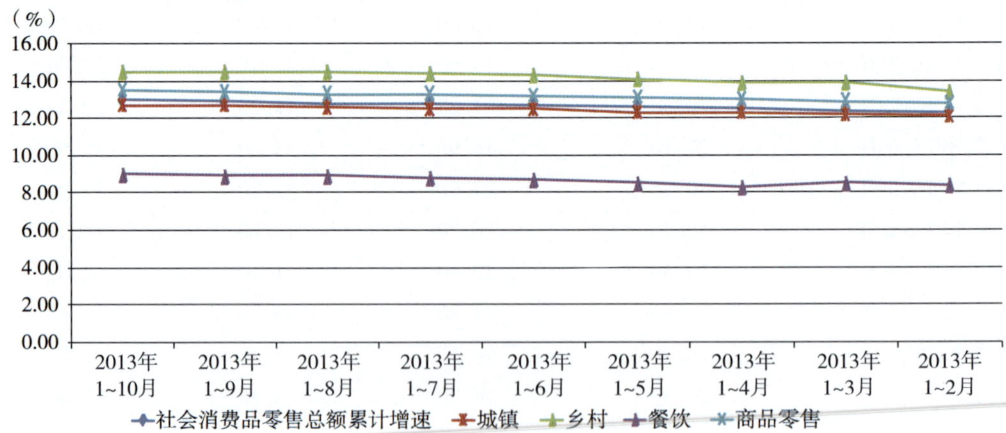

图1.7　社会消费品零售总额增长情况

资料来源：国家统计局。

尽管有了一定幅度的回升，但各指标值与 2012 年和 2011 年相比仍有差距，整体水平处于恢复阶段。2013 年 1 ~ 10 月份社会消费品零售总额累计增速为 13.0%，与 2012 年同期相比低 1.1 个百分点，与 2012 年全年相比低 1.3 个百分点，与 2011 年同期相比低 4 个百分点，与 2011 年全年相比低 4.1 个百分点。具体见表 1.6。

表 1.6　　社会消费品零售总额增长水平比较（%）

时间	2013 年 1 ~ 10 月	2012 年 全年	2012 年 1 ~ 10 月	2011 年 全年	2011 年 1 ~ 10 月
社会消费品零售总额累计增速	13.0	14.3	14.1	17.1	17.0
城镇社会消费品零售总额累计增速	12.7	14.3	14.1	17.2	17.1
乡村社会消费品零售总额累计增速	14.5	14.5	14.4	16.7	16.5
餐饮收入累计增速	9.0	13.6	13.3	16.9	16.5
商品零售累计增速	13.5	14.4	14.2	17.2	17.1

资料来源：国家统计局。

1.2.4　虽然出口增速先增后降但总体形势好于 2012 年

根据国家统计局数据，2013 年 1 月份出口累计增速快速由 2012 年 12 月份的 14.1% 上升至 25.0%，之后波动下行，单月增速在 6 月份达到最低的 –3.1%，在经历了 2 个月的回升之后，又回落至 9 月份的 –0.3%。受多重利好因素的影响，2013 年出口形势明显好于 2012 年，2013 年 1 ~ 9 月份的出口累计增速与 2012 年同期相比增长 0.5 个百分点，与 2012 年全年相比增长 0.1 个百分点。当然，与 2011 年相比，则有非常大的差距。从整体看，2013 年的出口增速情况明显好于 2012 年。具体见图 1.8。

图 1.8　出口累计增速变化情况

资料来源：国家统计局。

1.2.5 居民消费价格总水平呈现上升势头

根据国家统计局数据，2013 年 1 ~ 10 月份，CPI 平均总水平同比上涨 2.6%，与2012 年同期持平，与2012 年全年相比提高0.2 个百分点。单月看，2013 年2 月份的CPI 增速达到3.2%的高值，3、4、5 月份的增速降到2.5%以下，但在6、7、8 月份回升到2.6% ~2.7%的区间，在9 月份上升至3.1%，10 月份又上升至3.2%。因此，CPI 总水平仍呈现上升势头。具体见图1.9。

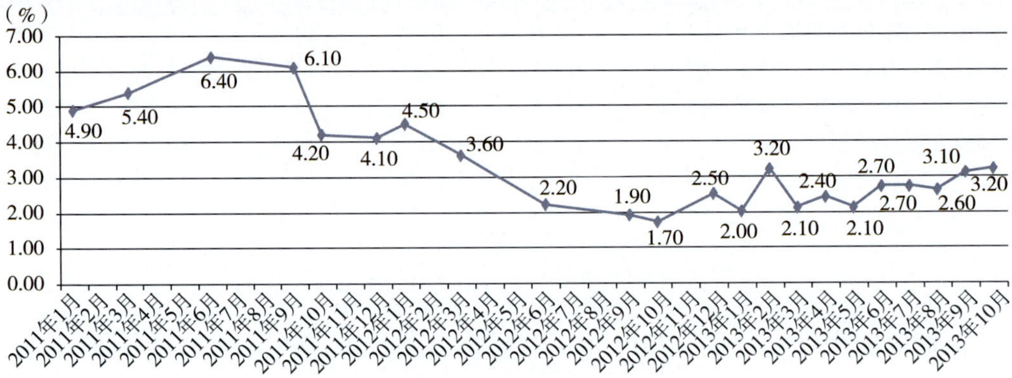

图1.9 全国居民消费价格变化情况

资料来源：国家统计局。

其中，城市与农村价格、消费品与服务价格上涨幅度差别不大，但食品价格与非食品价格上涨幅度显著不同。2013 年 1 ~ 10 月份，食品价格上涨 6.5%，非食品价格仅上涨1.6%。

1.2.6 城镇居民人均可支配收入超上年同期

根据国家统计局数据，2013 年第 1 季度城镇居民人均可支配收入与2012 年第4 季度相比大幅下滑，但自第2 季度以来开始稳步回升，目前的收入水平已超过上年同期；城镇居民家庭人均现金消费以及农村居民人均现金收入的变动趋势相类似，也是在2013 年1 季度大幅下滑，2、3 季度稳步回升，3 季度的消费额也已超过上年同期。但农村居民人均现金支出额的恢复较为缓慢，与上年同期相比尚有较大差距。具体见表1.7。

表 1.7　　居民生活水平基本情况　　单位：元

时间	2013 年 3 季度	2013 年 2 季度	2013 年 1 季度	2012 年 4 季度	2012 年 3 季度	2012 年 2 季度	2012 年 1 季度
城镇居民人均可支配收入累计值	20169.0	13649.1	7427.3	24564.7	18426.6	12508.5	6796.3
城镇居民家庭人均现金消费支出累计值	13319.0	8784.3	4634.7	16674.3	12377.2	8193.8	4320.1
农村居民人均现金收入累计值	7627.0	4817.5	2870.8	9787.2	6778.2	4303.5	2559.5
农村居民人均现金支出累计值	4385.0	—	—	8961.9	6212.8	4283.4	2221.2

资料来源：国家统计局。

1.3　2014 年国际国内形势展望

1.3.1　2014 年国际经济将走出底部

2013 年，美国、欧元区和日本陆续出现了摆脱衰退、步入复苏的迹象，预计 2014 年全球经济将整体向好。国际货币基金组织、经济合作和发展组织预测 2014 年全球 GDP 将增长 4%。但是，在美、日、欧等发达经济体出现复苏势头的同时，新兴经济体增速普遍明显减缓。不同地区和国家间分化显著，国际贸易增长动力仍不足，世界经济下行的不确定性依然存在。

（1）美国经济：持续复苏奠定全球经济回暖的主基调

美国经济能够率先走出危机，主要得益于美国庞大的刺激政策（美联储推出四轮量化宽松计划）。持续的量化宽松政策推动了房地产市场的复苏和金融市场的繁荣，一方面直接带动了投资，另一方面又通过财富效应带动了居民消费。当然，在美国政府助推之下，美国科技创新和能源革命也为美国经济走出衰退、持续复苏起着重要的作用。

2014 年，美国经济还将继续维持温和复苏，居民消费受益于收入上升、居民部门去杠杆化渐近尾声、消费者信心趋势回升，仍会保持稳定增长。房地产市场方面，人口结构导致的需求旺盛，房地产市场的复苏将得到延续。未来经济前景的进一步改善将提振企业信心，美国企业投资存在较大的增长空间。

财政对经济增长的拖累将下降。前期联邦财政紧缩的效果逐渐得到体现，

2013 财年美国联邦政府赤字降至危机爆发以来最低的 6800 亿美元（占 GDP 的 4%），不到 2009 年 1.42 万亿美元的一半（占 GDP 的 9.8%），未来紧缩的必要性降低，联邦政府 2014 年财政紧缩的力度将大幅下降。根据 CBO 的预测，2013 财年财政紧缩力度为 3 个百分点，而 2014 财年该数字将下降至 0.6 个百分点。

目前困扰美国经济增长的主要因素有三方面：一是周期性的财政争端与国债上限问题。尽管短期内美国国债出现技术性违约依然是小概率事件，但不能排除周期性财政扯皮造成市场信心的长期不良影响；二是尽管就业人数增加，但失业率依然居高不下，使得这轮复苏具有典型的“无就业增长”的特征，而美国重振制造业的努力似乎也不能从根本上改善就业状况；三是美联储退出量化宽松政策的预期导致国债收益率上扬，进而造成美国长期利率上升，这已经影响到了房地产市场的复苏进程。

尽管依然存在上述问题，但考虑到美国经济应对危机的弹性，美国在研究开发方面的实力以及对高素质人才的吸引力，美国金融市场的流动性、宽度、深度以及美元的全球储备货币角色，美国经济在未来三至五年内重整旗鼓的可能性相当大，从而奠定全球经济回暖的主基调。

（2）欧洲经济：经济企稳仍存不确定性

欧洲经济尽管目前已经出现复苏迹象，但仍存在很大不确定性。关键在于主权债务风险尚未完全消除，未来危机仍可能以新的形式爆发出来。欧洲经济的未来走向，仍取决于以何种方式解决目前的债务存量问题。最彻底的方案仍在于债务重组，但此方案很难得到核心国家商业银行的支持，银行联盟的构建目前看来也障碍重重。

另一方面，财政紧缩力度下降和金融分化的改善则有利于欧元区走出衰退。根据欧盟委员会最新估计，2012 ~ 2014 年欧元区财政赤字占 GDP 比重分别为 3.7%、2.5% 和 2.4%，这意味着 2014 年欧元区财政紧缩力度将低于 2013 年。同时，金融分化问题（周边国家借贷利率显著高于核心国家，货币政策传导机制受损）也会得到进一步改善。

欧洲中央银行货币政策将更具针对性。在 2013 年 11 月 7 日意外降息后，欧元区政策利率已经接近零，没有继续下调的空间。目前欧元区银行流动性已经非常充裕，预计未来欧洲中央银行的政策方向将更具针对性，包括两个方面：第一，实施专门针对中小企业的信贷刺激政策，如类似英国“融资换贷款”项目；第二，进一步加强前瞻指导，例如，欧洲中央银行承诺只要形势需要，可以进一步放松货币政策。

影响欧元区经济复苏最大的外部不确定性来自美联储量化宽松政策的退出。这很可能对欧洲债券市场、外汇市场和股票市场形成负面冲击，延缓甚至中断实体经济脆弱的复苏进程。

（3）日本经济：安倍经济学效果不断递减

在超宽松货币政策和大规模财政刺激支持下，“安倍经济学”将继续推动日本经济温和复苏。持续宽松的货币信贷环境有利于刺激企业投资和居民消费增加。与此同时，“新经济增长战略”中一系列放松管制、开放市场等举措，也将在一定程度上激发民间投资活力，挖掘潜在需求。但另一方面，由于产业空心化、人口结构老龄少子化等长期结构性问题难以解决，随着日元贬值和股市上涨势头放缓，安倍经济学的刺激效用已开始减弱。

不仅如此，灾后重建支出下降和消费税上调也将对经济带来较严重影响。2014 年 2 季度，日本经济增长将受到消费税提高的冲击。2014 年 4 月，日本消费税将从目前的 5% 上调到 8%，可能会让部分居民消费提前，导致日本经济增速将放缓。尽管日本政府在提高消费税的同时推出了 5 万亿日元的额外支出计划，但这些措施更多地集中在企业部门，且低于消费税上调的规模（消费税率提高 3%，政府收入增加约 8 万亿）。如果经济增长明显放缓，日本央行可能会进一步放松货币政策。由于日本央行每月国债购买规模已经很大，加大风险资产的购买速度是可能的选项。

（4）新兴市场经济体：经济增长下行风险依然较大

据 IMF2013 年 10 月发布的《世界经济展望》，2013 年新兴市场和发展中国家预计经济增长 4.5%，为 2010 年以来的最低水平；并且相对于 2012 年，新兴经济体增长率下降幅度超过预期。IMF 报告认为，“在从大衰退复苏以来经历了一轮超出潜能的产出猛涨以后，亚洲、拉美新兴经济体以及独联体国家增长已经降温了”，而与此同时，“主要发达经济体的活动开始从低迷升温”。

目前的确出现了发达经济体增长率上升，而新兴市场经济体增长率下降，两大阵营增长率有所收窄的趋势。然而，两者增长率是否会继续显著收敛，目前仍存在不确定性。新兴市场经济体目前主要面临两大冲击：一是全球经济增长低迷与中国进口需求下降对新兴市场经济体出口增速的影响；二是美联储退出量化宽松的预期对短期资本流动的影响。对那些在过去有利时机没有抓住机会进行结构调整的经济体（例如印度、巴西等）而言，上述冲击尤为显著。值得庆幸的是，目前受国内财政债务问题影响，美联储可能将退出量化宽松的时间整体性延后半年左右，这客观上为新兴市场国家提供了一个喘息与调整的机会。新兴市场国家是否会爆发新的金融危机，关键取决于这些国家能否利用这一机会进行必要的结构调整。

目前来看，三类国家面临的风险最大：一是高杠杆率国家。如欧盟中的匈牙利、马耳他两国政府债务占 GDP 比重在 2013 年 1 季度已分别达到 82.4% 和 75.4%，接近塞浦路斯寻求援助时的水平，而且仍呈上升趋势。二是“双赤字”国家。印度、印尼、越南、巴西、南非等国均存在不同程度的财政和贸易赤字，资本外流导致的融资困难加剧将削弱这些国家经济的抗冲击能力并加大对外偿债能力的不确定性。三是资源型出口国家。由于全球需求不振及美联储缩减 QE 预期导致的美元中长期走强可能拉低大宗商品价格，从而令南非、巴西、印尼等资源出口大国经常项目进一步恶化。

随着世界增长格局由新兴经济体向发达国家倾斜，全球风险格局也出现了反方向转移，新兴经济体可能成为世界经济中的重要不稳定因素。新兴经济体内部增长动能疲弱、结构性矛盾突出的问题仍将存在，外部美联储量化宽松政策退出的预期也难以消减。

1.3.2 2014 年国内经济中高速增长或成常态

（1）改革红利将成为拉动 2014 年经济增长的重要因素

十八届三中全会是新一轮全面深化改革的起点，将为未来 5 ~ 10 年乃至更长一个时期中国的经济改革标明方向。三中全会公布的改革方案涵盖了财税体系、国有经济、土地制度、户籍制度、社会保障体系、政府职能转换等多个领域。改革必将对中国未来的经济发展带来巨大而深刻的影响。从短期来看，预计 2014 年简政放权和政府职能转变将会持续推动，支持民营经济和民营企业发展将不遗余力，收入分配制度改革释放消费需求的潜力，金融体制改革释放资本的潜力，城乡一体化制度的改革释放劳动力供给的潜力，土地制度改革释放土地供给和创业潜力，改革会成为支持 2014 年经济增长的重要动力。2013 年 3 季度实际 GDP 增长率回升至 7.8%，显示中国宏观经济已经企稳。这既得益于新一届政府出台的一系列将“稳增长”与“调结构”相结合的政策措施，也得益于国务院明确了稳增长的“底线”后出现的市场预期改善和信心修复。只要宏观经济政策在今后两个季度不出现大幅摇摆，这一轮经济增长的反弹应该可以持续到 2014 年年中。预计 2014 年全年 GDP 增长率仍将超过 7%。

（2）服务业将领跑经济增长

从分产业 GDP 增速来看，2013 年 3 季度各产业增速均有所回升，第一、二产业回升幅度较大，第三产业继续保持增速最快，服务业已经连续 6 个季度超越制造业增长。尽管 3 季度第二产业增速有所回升，但是由于产能相对过剩的状况仍未改变，产能利用率仍然较低，同时工业品价格也明显低于服务品价格，这意味着未来第二产业产能将持续调整，而随着改革的推进，第三产业的供给快速增加，第三产业能够持续超越第二产业的增长。因此，服务业将在未来较长时期引领国内经济增长。

（3）国内需求不足的压力仍会存在

2000 年以后，我国经济开始进入了一个持续保持两位数的高速增长阶段，这不仅仅是对外出口贸易的迅速增长和汽车、房地产的消费需求的大幅增加，更由于外部需求和内部需求的共振，直接或间接引致了当时尚未充分发展的重工业的大规模投资。然而，当前阶段这些因素的影响都逐渐减弱。以对外出口贸易迅速增长为特征的全球化、以房地产大规模开发为核心的城镇化、以固定资产投资为动力的重工业化“三化”叠一的那种旺盛需求，已经不可能再出现。2014 年，在国家不会出台大规模刺激政策的情况下，国内需求不足的问题仍将是企业必须面对的一个大的挑战。

（4）产能过剩消解尚需时日

产能过剩将对经济复苏形成严重压制：一是产能过剩行业的投资将受到限制，由于国务院清理过剩产能的决心坚定，对产能过剩行业投资的审批，将会变得更为严格，这些行业的企业和项目也基本上得不到金融机构的支持，从而整体投资难以较快增长；二是消费和外需等终端需求的增加，也不能引致新的投资，从而投资乘数效应的传导渠道被切断，经济复苏的力度会被大大削弱。

因此，从这个角度讲，工业部门存在的产能过剩，在未来相当长一段时间内都将对经济带来不利影响，从而使得我国经济的增长面临较大压力。

（5）改革将对短期内总需求增长发挥一定的抑制作用

从短期来看，改革对总需求增速的影响有激励也有抑制。一方面，减少政府干预经济、打破国企垄断以及营改增等措施有助于刺激私人部门投资。另一方面，改革也存在抑制短期总需求增长的机制，主要在于：①发展理念的转变尤其是习近平主席多次强调“不以 GDP 增长率论英雄”会逐步改变地方政府一味通过投资追求 GDP 增长的取向；②中央反腐的深化与机制化可能在短期内影响消费和投资的增长；③房产税扩大试点可能抑制房地产开发投资增长；④扩大消费税、房产税，如果没有降低增值税的配合，则可能变成事实上的增税，抑制私人部门的消费和投资需求。对于上述可能出现的影响，宏观政策应保持一定的灵活性，根据可能出现的问题及时作出调整。

（6）2014 年的经济政策会保持一定稳定性

2013 年 12 月 3 日，中共中央政治局会议指出，2014 年将继续坚持“稳中求进”的工作总基调。会议强调，要把改革贯穿于经济社会发展各个领域各个环节，以改革促创新发展，完善调控方式手段，强化经济发展方式转变的内生动力，加快经济结构调整优化，加强基本公共服务体系建设，使广大人民群众共享改革发展成果，促进经济持续健康发展、社会和谐稳定。我们认为，2014 年将会继续实行稳健的货币政策。下一步政策不会是大投资、宽货币，而是定向投资、稳健货币。财政政策积极的取向也不会有大的变化。面对经济下行压力，预计 2014 年中央政府仍将坚持不扩大赤字的做法，而是通过财税改革激发市场活力，提高增长的质量和效益，保障和改善民生。产业政策的重点将是治理产能过剩和扶持战略性新兴产业发展。预计 2014 年将进一步加大重点行业产能治理力度，引导过剩产能有序退出；推进企业兼并重组，落实完善促进企业兼并重组的政策措施；加强企业管理创新，支持和培育优强企业发展壮大等。同时，会通过财税、投融资、技术创新、知识产权保护、人才培养引进以及市场环境培育、重点领域和关键环境改革等措施继续扶持战略性新兴产业发展。

本章统稿人周健奇。撰写执笔人分别为赵昌文、贾涛、周健奇、张永伟。

第二章 若干重点行业分析

2.1　汽车产业：2013年回顾及2014年展望

2013年前三季度，国民经济呈现稳中有升、稳中向好的发展态势，前三季度国内生产总值38.68万亿元，按可比价格计算，同比增长7.7%。其中，一季度增长7.7%，二季度增长7.5%，三季度增长7.8%。尽管前三季度增长率相比2012年有所回落，但仍明显快于世界主要国家或地区，对世界经济增长的贡献率继续提升。在国内经济稳步发展的形势下，2013年前三季度中国汽车市场实现平稳增长，节能与新能源汽车快速发展，汽车产业结构得到进一步优化。

2.1.1　2013年汽车行业发展回顾

（1）汽车市场需求

①整车总体稳步增长。

自2009年我国汽车销量首次超过美国以来，已经连续4年稳居世界第一，预计2013年仍将高居榜首，中国汽车工业已进入总量较大的平稳发展阶段。2013年，我国汽车工业基本延续2012年的发展态势，汽车市场平稳增长。中国汽车工业协会统计数据显示，2013年1～10月份，汽车产销分别完成1785.44万辆和1781.59万辆，同比分别增长13.6%和13.5%，预计全年销量将首次超过2000万辆，预计全年同比增速约为10.74%，高于2012年4.33%、2011年2.5%的同比增速。

乘用车产销增长明显。10月，乘用车产销略高于上月，比上年同期增长超过20%，是拉动本月汽车增长的主要力量。从1～10月情况看，乘用车产销增速比前9个月提高明显。10月乘用车产销分别完成159.18万辆和160.57万辆，比上月分别增长1%和0.8%，比上年同期分别增长24.3%和23.6%。分车型看，与上月相比，轿车产销略低于上月，MPV增速超过10%，SUV产量有所下降，销量略高于上月，交叉型乘用车产销均高于上月；与上年同期相比，MPV和SUV继续保持高速增长，其中SUV产销增速均超过70%，轿车增速也在15%以上，交叉型下降。1～10月乘用车产销分别完成1451.89万辆和1445.51万辆，同比分别增长14.8%和15%，比前9个月分别提高1.1个百分点和1个百分点。分车型看，与上年同期相比，轿车、SUV和MPV产销增速比前9个月均有不同程度的提高。其中：轿车销售970.51万辆，同比增长11.37%；SUV销售237.27万辆，同比增长47.92%；MPV销售100.32万辆，同比增长1.5倍；交叉型乘用车销售137.41万辆，同比下降25.45%。

商用车产销同比增速回落。10月商用车产销分别完成32.42万辆和32.69万辆，比上月分别下降7.4%和4.5%，比上年同期分别增长5.7%和6.5%。商用车产销比上年同期增速比上月有明显回落。分车型看，除货车非完整车辆产量高于上月外，其余车型产销均比上月出现不同程度的回落；比上年同期看，只有货车产量低于上年水平，半挂牵引车增速超过50%，表现突出，其余车型各有增长。1～10月商用车产销分别完成333.55万辆和336.07万辆，比上年同期分别增长8.6%和7.4%，比前9个月分别下降0.3个百分点和0.1个百分点。在商用车品种中，半挂牵引车产销增速继续提高，分别为36.6%和31.2%；客车增速超过10%，继续稳定增长；货车产销增速有所回落；货车非完整车辆增速有所提高；客车非完整车辆低于上年同期。

表2.1反映的是2013年1～10月份分车型前十家生产企业销量排名情况。如表所示，上海汽车集团、东风汽车集团以及一汽汽车集团销量已经突破200万辆，其中上汽以422万辆高居榜首，预计全年上汽销量将首次突破500万辆，市场份额进一步提高，长安汽车集团及北京汽车集团全年销量也将突破200万辆。从表2.1中也可以看出，汽车产业集中度进一步提高。1～10月，汽车销量排名前十位的企业集团销量合计为1577.78万辆，比上年同期增长15.1%，高于全行业增速1.6个百分点；占汽车销售总量的88.6%，比上年同期提高1.2个百分点，较2011年提高了1.6个百分点、较2010年提高了3.2个百分点。

表 2.1　2013 年 1～10 月份分车型前十家生产企业销量排名（万辆、%）

排名	汽车		乘用车		商用车	
	企业名称	销量	企业名称	销量	企业名称	销量
1	上汽	422.13	上海大众	129.99	北汽福田	54.06
2	东风	282.09	上海通用	127.37	东风公司	45.65
3	一汽	236.6	一汽大众	126.85	江淮	26.02
4	长安	183.7	上汽通用五菱	116.19	金杯股份	25.33
5	北汽	164.77	北京现代	84.1	一汽	21.75
6	广汽	75.33	东风日产	71.5	江铃	17.58
7	华晨	64.15	重庆长安	68.41	上汽通用五菱	15.18
8	长城	62.15	长安福特	53.9	重汽	13.79
9	江淮	43.72	长城	51.4	南汽	12.52
10	吉利	43.14	神龙	44.72	重庆长安	10.97
合计		1577.78	874.43		242.85	
汽车工业总量		1781.59	1445.58		336.08	
所占比重		88.56	60.49		72.26	

数据来源：中国汽车工业协会行业信息部。

②新能源汽车推广力度渐强、成效渐凸显。

发展战略逐渐明晰，组合政策逐渐发力。加快培育和发展新能源汽车，特别是电动汽车，对于缓解我国能源和环境压力，推动汽车产业转型升级，抢占国际汽车行业竞争的制高点具有重要意义。2010 年国务院出台了《关于加快培育和发展战略性新兴产业的决定》，将节能与新能源汽车列入重点发展的七大战略性新兴产业之一。2012 年 4 月，国务院通过《节能与新能源汽车发展规划》（2012～2020 年），标志着新能源汽车的发展上升到国家战略的高度，在方向和任务上，该规划提出“以纯电动驱动为汽车工业转型的主要战略取向，当前重点推进纯电动汽车和插电式混合动力汽车产业化，推广普及非插电式混合动力汽车、节能内燃机汽车，提升我国汽车产业整体技术水平”。

中央和地方政府出台了一系列新能源汽车发展的支持推广政策，2009 年财政部、科技部发布了《关于开展节能与新能源汽车示范推广试点工作的通知》，在北京、上海、重庆、长春等 13 个城市开展节能与新能源汽车示范推广试点工作，以财政政策鼓励在公交、出租、公务、环卫和邮政等公共服务领域率先推广新能源汽车。2010年进一步发布政策将节能与新能源汽车示范推广试点城市由13个扩大到25个。2010年6月发布《私人购买新能源汽车试点财政补助资金管理暂行办法》，进一步鼓励私人购买混合动力乘用车或纯电动乘用车。

进入2013年以来，各级政府支持的力度越来越大，推广的范围越来越广。9月10日国务院发布的《大气污染防治行动计划》进一步细化了推广发展新能源汽车的指标，从更多细处大力落实推进新能源汽车的发展，其中明文要求公交、环卫等行业和政府机关要率先使用新能源汽车，要求采取直接上牌、财政补贴等措施鼓励个人购买，要求北京、上海、广州等城市每年新增或更新的公交车中新能源和清洁燃料车的比例达到60%以上。11日，工业和信息化部声明将联合财政部共同落实40多亿元资金用于支持新能源汽车企业的技术研发，用于包括新能源汽车设计、电池开发等在内的专题项目的开发，以消除新能源汽车发展过程中的核心技术障碍。

9月13日，财政部、科技部、工业和信息化部、发展和改革委联合发布《关于继续开展新能源汽车推广应用工作的通知》，该通知明确了新能源汽车从过去的试点示范阶段转为推广应用阶段。通知明确依托城市推广应用新能源汽车，对消费者购买新能源汽车给予补贴，对示范城市充电设施建设给予财政奖励。通知指出，继续依托城市尤其是特大城市推广应用新能源汽车，重点在京津冀、长三角、珠三角等细颗粒物治理任务较重的区域，选择积极性较高的特大城市或城市群实施。中央财政将安排资金对示范城市给予综合奖励，奖励资金将主要用于充电设施建设等方面，体现新政对充电设施建设的重视。通知提出，作为示范城市或区域须满足的条件包括：2013～2015年，特大型城市或重点区域新能源汽车累计推广量不低于10000辆，其他城市或区域累计推广量不低于5000辆；推广应用的车辆中外地品牌数量不得低于30%等，以破除地方保护。在满足国家的5个条件前提下，各城市自愿上报新能源汽车推广实施方案，国家重新择优确定推广城市名单，并接受国家年度考核评估，未完成年度推广目标的城市将予以淘汰。它的意义在于：一是示范城市从国家点名变为城市自愿参加的原则；二是要求参加城市有积极性，并提高了示范城市新能源汽车的推广数量指标，以加快推广速度；三是通知规定推广的新能源车中，外地品牌数量不得低于 30%，不得设置或变相设置障碍限制采购外地品牌车辆，可部分打破地方市场封锁和降低车价是最大亮点；四是国家对示范城市给予财政综合奖励，用于解决充电设施建设严重滞后的问题。

示范推广逐见成效。截至 2012 年底，全国 25 个新能源汽车示范城市累计推广示范车辆 27000 多辆，其中公共服务领域约 2.1 万辆，占比约 77.8%，私人购买纯电动汽车首次突破 5000 辆，占比仅为 18.5%；2013 年前三季度，我国新能源汽车产销量约 9000 多辆，混合动力汽车约 1.2 万辆。总体来说，我国新能源汽车发展总体驶入快车道，保持着较快的发展速度，但由于我国新能源汽车起点低，基数小，新能源汽车销量占汽车销售总量的比重依然很低，与发达国家的差距仍然非常大，且私人消费市场的启动明显慢于预期。统计数据显示，在私人购车方面，合肥、深圳表现较为突出，但数量也较少，仅仅为 500 多辆。

截至 2012 年底，从车辆类型来看，示范车辆以商用车为主，超过 17000 辆，且大多数都是客车，乘用车不到 10000 辆；从驱动类型来看，示范车辆多以混合动力型为主，接近 21000 辆，纯电动汽车不到 6000 辆，燃料电池汽车数量很少；从分布领域来看，示范车辆分布在公交车、公共领域、政府公务用车、出租车、汽车租赁、私人购车等不同领域，其中又以公交领域应用为主体。

③汽车出口销量增长乏力。

根据全国海关统计，2012 年中国汽车整车进口 113 万台，增速 9%，增长动力减弱。2013 年 1 ~ 8 月整车进口 74 万台，同比增速 -10%，进口连续 7 个月暴跌后 6 月开始逐步回暖。这主要是由于欧系进口减弱和上年日本地震后的基数回升，相对前几个月减库存状态，8 月的 10 万台的进口车持续说明需求相对恢复。2012 年 1 ~ 12 月全国海关出口 101.6 万台，增速 20%，2013 年 1 ~ 8 月的出口增速回落到 -3% 的较低水平，特别地，8 月份同比增长 -33%，回落速度较大，因此，总体看 2013 年的进出口走势逐步弱化，出口趋弱而进口回暖，尤其是随着人民币升值突破 6.2 和日元贬值，2013 年的出口高增长难度大，日系进口车回升的可能性大。

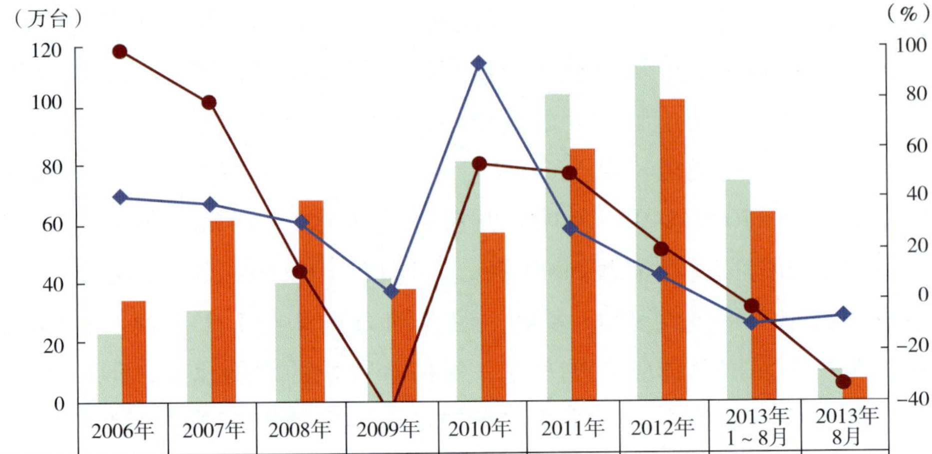

	2006年	2007年	2008年	2009年	2010年	2011年	2012年	2013年 1～8月	2013年 8月
汽车进口	22.8	31.4	41.0	42.1	81.3	103.9	113.2	74.1	10.2
汽车出口	34.3	61.2	68.1	37.0	56.7	85.0	101.6	64.0	7.5
进口增速	41%	38%	30%	3%	93%	28%	9%	-10%	-7%
出口增速	99%	78%	11%	-46%	53%	50%	20%	-3%	-33%

图 2.1　中国汽车 2006～2013 年进出口表现对比分析

数据来源：全国乘用车市场信息联席会。

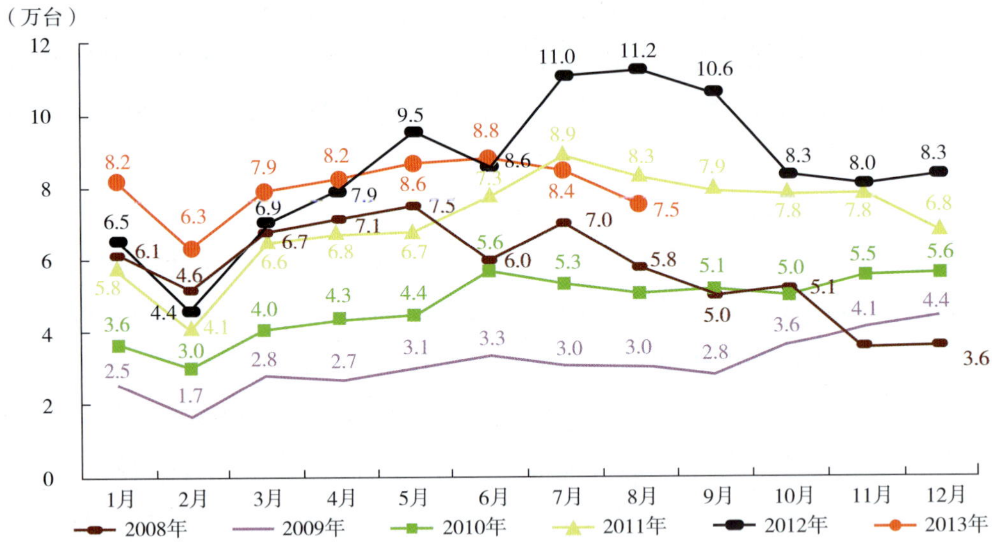

图 2.2　2008～2013 年我国汽车整车出口月度走势图

数据来源：全国乘用车市场信息联席会。

从月度走势看，近两年的出口仍呈现季节性特征，呈现夏季走高见顶回落的走势特征。2011 年 8 月的汽车出口达到 8.9 万的峰值，随后一路下行。2012

年的3季度出口量均达到11万台，这也是历年3季度的走势保持强势增长态势。2013年1季度的出口起步高，面对人民币升值和日元贬值等压力，出口低迷走势日益明显。7月的出口走势相对艰难，大幅负增长现象突出，8月份同比负增长33%。1～9月，汽车整车共出口71.33万辆，同比下降7.2%，降幅较前8月有所加大。在汽车主要出口品种中，轿车出口31.67万辆，同比下降13.8%；载货车出口22.29万辆，同比下降11%；客车出口12.11万辆，同比增长29.7%。1～9月，上述三大类汽车品种共出口66.07万辆，占汽车出口总量的92.6%。尽管10月份汽车企业出口为8.95万辆，比上月增长14.7%，比上年同期增长3.3%，结束了连续五个月下降的局面，但是我国汽车整车出口的不利形势并没有彻底好转，整车出口局面，特别是乘用车的出口形势依然不太乐观。这主要是由于新兴经济体经济增长脚步放慢，资产价格泡沫破裂，加上市场有关美联储将退出QE的预期乌云笼罩，新兴经济体货币成为最易受冲击的对象。货币持续贬值、股市吸引力下降，资金撤出甚至引发恐慌，因此自2013年5月份以来，印度卢比和巴西雷亚尔分别成为亚洲和拉丁美洲表现最差的货币。2013年，印度卢比对美元汇率已经下跌了13%，而巴西雷亚尔同期也已经跌去15%。其他新兴经济体货币中，南非兰特贬值约17%，印尼盾也已经下跌9%。这些新兴国家也是针对性调整利率加息等政策抵御贬值和资金外流。巴西、南非等这些新兴经济体是中国整车出口的重要目标国，货币贬值对中国整车的竞争力是巨大冲击，而防止进口货物带来的贸易不均衡担忧，使中国的出口车面临严峻的冲击，近期的负增长仍将可能进一步持续。

从月度出口单车均价走势来看，2013年整车出口的均价大幅下降，这也是我们整车企业面临的巨大压力。上半年的出口车均价下降到1.26万美元，较2012年的1.44万美元下降13%。单价下降幅度将对整车企业的利润产生严重的影响。我们的整车出口退税是考虑价值的，出口的价值下降，企业的成本必然增大，而海外设厂组装的成本增加，尤其是初期的建厂投入等都较大，产能利用率也低，这对整车企业将产生非常不利的影响。

从出口国家来看，如表2.2所示，2013年8月海关整车出口7.5万台，同比负增长33%，相对于1～8月的累计－3%增幅，整车出口是3季度压力特别大。出口步入艰难的负增长谷底，出口的主力市场波动性较大。

表 2.2　　2012～2013 年我国汽车出口国家情况概览

8 月出口		CAR	MPV	SUV	货车	客车	其他	总计
亚洲	2012 年	18599	1251	60	13945	1660	728	36243
	2013 年	6258	2538	69	8096	3531	807	21299
亚洲汇总		-66%	103%	15%	-42%	113%	11%	-41%
南美洲	2012 年	13145	4377	25	4630	1379	64	23620
	2013 年	10532	5293	2	5344	1756	266	23193
南美洲汇总		-20%	21%	-92%	15%	27%	316%	-2%
非洲	2012 年	11691	2612	11	16526	1453	386	32679
	2013 年	3493	659	7	5719	1613	669	12160
非洲汇总		-70%	-75%	-36%	-65%	-11%	73%	-63%
欧洲	2012 年	12755	941	586	2504	169	327	17282
	2013 年	11380	3270	1	737	129	82	15599
欧洲汇总		-11%	248%	-100%	-71%	-24%	-75%	-10%
北美洲	2012 年	376	189	4	464	78	10	1121
	2013 年	1158	193	3	395	48	10	1807
北美洲汇总		208%	2%	-25%	-15%	-38%	0%	61%
大洋洲	2012 年	61	210	6	1079	47	15	1418
	2013 年	244	122	0	448	74	5	893
大洋汇总		300%	-42%	-100%	-58%	57%	-67%	-37%
全球	2012 年	56627	9580	692	39148	4786	1530	112363
	2013 年	33065	12075	82	20739	7151	1839	74951
大洋洲汇总		-42%	26%	-88%	-47%	49%	20%	-33%

数据来源：全国乘用车市场信息联席会。

汇率风险对中国出口车带来致命打击。2013 年以来巴西货币雷亚尔由以往的过度升值步入持续贬值轨道，到 8 月 22 日已累计贬值 18.7%，对美元汇率跌至 2.432 比 1，为 5 年来最低。印度卢比对美元的汇价周三再度刷新历史低点，2013 年以来累计跌幅超过 20%；土耳其里拉汇价本周也跌至历史新低。非洲经济动荡对市场影响也较大，非洲的市场在 2013 年 8 月负增长 63% 也是惊人的。中国贸易出口车辆的运输等成本偏高。出口的汇率波动必然导致出口产品的售价面临大幅上涨和经销商经营利润的下降，这对中国出口车带来致命打击。

（2）汽车行业生产

①整车产量保持稳定增长。

据中国汽车工业协会统计分析，2013 年 10 月，汽车产销较上月略有下降，同比呈快速增长，其中乘用车表现明显好于商用车。1～10 月份，汽车产销分别完成 1785.44 万辆和 1781.59 万辆，同比分别增长 13.6% 和 13.5%，汽车产销继续保持稳定增长，增幅较前 9 月略有提升。

中国品牌乘用车市场占有率比上年同期继续下降。10 月，中国品牌乘用车销售 65.07 万辆，比上月增长 6.9%，比上年同期增长 11.1%；占乘用车销售总量的 40.5%，比上月提高 2.3 个百分点，但比上年同期下降 4.6 个百分点。1～10 月，中国品牌乘用车销售 577.57 万辆，比上年同期增长 12%，低于乘用车总体增长速度 3 个百分点。占乘用车销售总量的 40%，比上年同期下降 1.1 个百分点。10 月，中国品牌轿车销售 29.96 万辆，比上月增长 8.5%，比上年同期增长 5.8%；占轿车销售总量的 28.3%，市场占有率比上月提高 2.4 个百分点，比上年同期下降 3 个百分点。

1～10 月，中国品牌轿车销售 261.08 万辆，比上年同期增长 9.6%；占轿车销售总量的 26.9%，占有率比上年同期下降 0.4 个百分点。10 月，外国品牌乘用车销量与上月相比，德系、日系、美系、韩系和法系乘用车分别占乘用车销售总量的 18.7%、17%、12.8%、7.8% 和 2.9%。与上月相比，法系品牌销量和市场占有率小幅增长，其他外资品牌有所下降。与上年同期相比，由于基数较低，日系品牌销量增长 1.8 倍，此外，美系品牌增速达到 26.2%，表现也较为突出。10 月，各系别轿车销量与上月相比，德系、日系、美系、韩系和法系轿车分别占轿车销售总量的 24.6%、18.1%、16.3%、8.4% 和 4%。与上月相比，美系和法系市场占有率略有增长，其他外国品牌呈一定下降。

从 1～10 月主要外国品牌乘用车销量比上年同期增长情况看，日系停止连续下降，增长 4.7%，市场继续恢复；德系、美系、韩系和法系增长在 20% 左右。德系、日系、美系、韩系和法系乘用车 1～10 月累计市场份额分别为 19.7%、15.6%、12.5%、8.9% 和 3.1%。

从 1～10 月主要外国品牌轿车销量比上年同期增长情况看，日系增长 1.7%；德系、韩系和法系增速均高于行业整体增速；美系低于行业整体增速。

德系、日系、美系、韩系和法系轿车1~10月累计市场份额分别为25.4%、17.4%、16%、9.8%和4.2%。

重点企业主要经济效益指标保持较快增长。据中汽协会统计1~9月汽车工业重点企业（集团）快报显示，重点企业（集团）主要经济指标保持较快增长。1~9月营业收入比上年同期增长13.4%，比前8个月提高0.9个百分点；利税总额比上年同期增长19.4%，比前8个月下降0.3个百分点；工业总产值比上年同期增长15%，比前8个月提高0.9个百分点。9月末，汽车工业重点企业（集团）应收账款为2016.52亿元，同比增长37.1%，增幅比8月末提高2.2个百分点。9月末，汽车工业重点企业（集团）产成品库存资金为742.1亿元，同比增长6.1%。

②新能源汽车技术水平不断提高、产业化不断深入但与国际先进水平仍有较大差距。

新能源汽车技术发展现状及趋势。我国从"八五"开始对电动汽车技术进行研究，经过20多年的发展，已经初步掌握了电动汽车相关的核心技术，初步形成了电动汽车的研发体系，自主研制开发出了混合动力、插电式混合动力、纯电动和燃料电池汽车等各类整车产品，初步掌握了电动汽车整车设计、系统集成等关键技术，但在总体的技术水平上，与国外相比尚有较大差距，特别是在产品工程化水平、整车设计开发流程、底盘开发、发动机、变速器、电池等关键零部件的核心技术方面亟需提高。具体而言，一是我国混合动力汽车技术在不断提高，产品技术方案在不断丰富，国内混合动力商用车技术发展也较为迅速，但混合动力乘用车技术进展滞后，其技术水平与国际先进水平相比，可谓全面落后，如在技术方案上混联混合动力方面几乎为空白，在产品技术上节能效果、系统可靠性等方面差距明显。二是插电式混合动力汽车总体上仍处于研发阶段，产品种类较少，目前仅有比亚迪、一汽、吉利等企业发布了相关产品，而其他企业仍处于研发中。三是纯电动汽车成为国内电动汽车研发的重点，基本掌握了整车控制、动力系统匹配与集成设计等关键技术，总体上由样车开发进入了量产开发的阶段。在纯电动轿车方面，主要整车企业均将电动汽车纳入企业产品规划，投入不断加大，比亚迪、长安、东风、吉利、长城等主要汽车企业均研制开发出纯电动汽车轿车，但高性能纯电动汽车产品在可靠性和工程化能力仍落后于国际先进产品。在纯电动商用车方面，通过产学研结合，比亚迪、宇通及福田等企业已经建成多家纯电动客车的研发和产业化基地。四是燃料电池汽车仍处于研发和试验考核阶段，在整车方面，加速性能电池发动机功率等方面与国外仍有较大差距。

关键零部件技术方面，一方面，我国动力电池技术进步明显，但关键技术尚未完全突破。在动力电池方面，我国自主研发的镍氢电池、锂离子多系列车用动力电池在功率密度、能量密度等关键指标具有明显进步，动力电池单体性能已接近国际先进水平，但在产品特别是成组产品系统（电池包）的工程化能力、成组技术、电池寿命、可靠性、充放电能力、能量管理等方面明显落后于国际先进水平。另一方面，驱动电机技术接近先进水平，但工程化能力尚有较大差距。在驱动电机方面，我国已初步掌握了点击控制系统、电机结构、转子磁路、冷却系统等核心技术，在驱动电机的功率密度、转矩密度、效率等主要的技术指标都已达到或接近国际先进水平，但是在生产工艺、装备、可靠性等方面尚有较明显差距。

综上，混合动力汽车仍然是电动汽车技术发展的基础，技术将渐趋完善。插电式混合动力汽车和纯电动汽车技术将日趋成熟，从发展期逐步过渡到成熟期。相比较而言，插电式混合动力具有混合动力和纯电动的优点，发展速度更快，将首先进入成熟期。燃料电池汽车技术将进一步取得突破，并进入发展期。在关键零部件发展趋势方面，锂离子电池将是近中期动力电池大规模应用的主流技术产品，其将不断成熟，并成为当前电动汽车动力电池的主要选择；而随着新技术、新工艺、新材料的应用将进一步提升驱动电机性能，克服驱动电机噪声、振动等方面的问题。

新能源汽车产业化现状及趋势。在新能源汽车产业体系建设方面，特别是近几年来，随着“十城千辆”节能与新能源汽车示范推广试点工程的推动，我国新能源汽车开始迈入从研发到产业化的过渡阶段，规模化生产开始起步，产业链条初步形成并具备了一定规模的生产能力，产业组织也正在磨合和逐步形成过程中，初步形成了以环渤海、长三角、珠三角、长株潭和西南地区为代表的产业集群，产业环境明显改善，并出现了有别于以整车企业主导的传统垂直型生产商价值链的新能源汽车价值链体系，常规混合动力客车动力系统总产值突破30亿元，车用动力电池单体制造商总产值突破70亿元，常规混合动力客车用变速器等零部件已辐射应用到传统公交客车，带动传统公交客车综合性能的提升。

从产品类型来看，混合动力汽车仍是目前我国示范推广电动车辆的主要产品，目前国内很多汽车企业已将混合动力汽车作为未来主流竞争型产品，一汽、东风、上汽、长安汽车、奇瑞汽车及比亚迪等轿车企业已完成样车开发，并有部分车型实现小批量上市。宇通客车、深圳五洲龙及中通客车等客车企业都已投入大量人力、物力和财力，实现混合动力客车的产业化及规模化示范运行。宇通客车自主开发的非AMT同轴混联式混合动力系统构型已成为混合动力客车的主流之一，节油率约40%。近三年来，2010年推广气电混合动力客车264辆，2011年推广混合动力客车550辆，2012年推广混合动力客车3538辆，可以看出这三年来气电混合动力客车产品增长迅猛，特别是2012年同比增长率达543%。但总体上产业化进展与国际先进水平相比相对缓慢，特别地，混合动力乘用车尚未进入规模化生产阶段，与国外差距拉大，自主混合动力乘用车产业化仍限于微混、轻混、中混，重度混合动力乘用车基本上还处于空白阶段，当前用于公交系统的混合动力客车成为混合动力汽车实践的主力军。

纯电动汽车产业化方面，自2012年国家将纯电动汽车和插电式混合动力汽车作为我国新能源汽车发展战略取向之后，纯电动汽车示范推广的范围不断扩大，深度不断增加，目前已初步启动了市场化进程。总体来看，在各类纯电动汽车中，纯电动乘用车累计产量最大，发展潜力较大。截至2012年12月底，25个示范城市共推广电动汽车9379辆，其中纯电动客车（含插电式）2526辆，纯电动乘用车6853辆，乘用车占比约73.1%。

因此，总的来看，近些年来我国新能源汽车产业化得到较快速的发展，但与国际领先水平比较，在产业化方面仍存在一定差距，且这种差距仍有进一步放大的风险。一是产销量的差距有进一步放大的风险。麦肯锡报告显示2012年全球电动汽车产销量的排序中国排第五，较2011年下滑了两位，比美国、日本、欧洲等国家要少很多。二是相当一部分企业缺少明星、主力车型。尽管比亚迪等企业领先通用、日产等企业推出了纯电动汽车E6和插电式混合动力汽车F3DM，但随着通用、日产相继退出Volt、Leaf等明星量产车型，其产业化方面的差距迅速被拉大，再如丰田的普瑞斯、大众的UP、宝马的ActiveE等一系列主力车型，并获得市场的广泛认可，相比之下，国内相当部分企业仍未打造出令人耳目一新的市场明星产品。

2.1.2　2014年汽车行业发展展望

2012年我国汽车产销量双双超过了1900万辆，2013年汽车市场保持较快速增长，1~10月份我国汽车产销量已接近1800万辆，预计全年将首次突破2000万辆，中国汽车市场已经成为了世界最大的汽车市场。但另一方面，我国汽车市场增长速度逐步趋于稳定，2011年汽车销售增长率为2.5%，2012年增长率为4.33%，已经连续两年增速在5%以下，2013年增速会有所提高，但相比2007年之前，以及2009、2010年的高速增长，2013年的增速也回落了很多，因此，总体来看，中国的汽车市场进入了平稳增长的阶段，市场总量大、增速趋稳已经成为中国汽车工业发展的总体趋势。在此基础上，展望2014年我国汽车行业发展，汽车产销量仍将稳步增长，汽车产业竞争力将得到进一步提高，距离汽车强国的梦想将更近一步。

（1）主要影响因素展望

首先，市场需求的变化。2014年推动汽车市场发展变化的主要因素可能有以下几方面：一是宏观经济稳中求进，为汽车工业提供良好的发展环境。二是“人才红利、改革红利、新城镇化红利”新三大红利将为汽车市场发展提供长期稳定的支持，其中最重要的是城镇化红利更为直接，为汽车市场提供广阔的市场空间。三是居民人均收入的提高，汽车刚性需求依然强劲，目前我国仍处于汽车消费迅速扩张的一个阶段，一线市场刚性需求依然存在，同时二、三线城市以及广大乡村地区蕴藏着巨大的市场需求，为我国汽车产业发展提供了巨大的空间。四是汽车消费升级推动了汽车市场的增长，汽车降价、消费需求升级等还将会推动汽车市场的增长。五是国内公路质量、公路体系等基础设施建设的改善将刺激汽车需求。六是汽车出口还有较大的市场潜力，目前中国汽车企业不断在提高汽车质量，提升研发实力，加快海外市场拓展步伐，未来中国企业出口将保持一个稳定的快速增长。当然，环境、能源、交通等问题将制约汽车工业发展，政府可能将进一步采取限购、摇号等措施缓解相关问题，进而一定程度上抑制汽车消费的需求，影响汽车市场的发展，但这种冲击并不会太大，且政府为解决空气环境等问题将进一步大力扶持新能源汽车的发展，进而加快我国汽车产业结构的调整升级。

其次，产业政策的引导。目前，我国汽车产业在国民经济中的地位越来越高，已经成为国民经济的主导产业，2010 年，国家已将新能源汽车列入重点发展的七大战略性新兴产业之一，但我国汽车总体大而不强，距离汽车强国战略仍然有较大的差距，在汽车品牌、创新能力、新能源汽车、核心零部件等领域差距依然十分明显，且部分领域存在差距拉大的现象，而要缩短与国际先进水平的差距，逐步实现汽车强国战略，仅仅依赖企业自身提高是远远无法实现的，而是需要全国各方面的一起努力，特别是政府产业政策、财政政策等多方面的支持。以新能源汽车为例，2012 年国家已将新能源汽车的发展上升到国家战略高度，在方向任务、发展目标等方面做了具体的战略规划，以及后续开展的节能与新能源汽车示范推广工作、“十城千辆”的补贴鼓励政策，都极大地带动了我国新能源汽车的快速发展。在总结第一阶段推广的经验问题和不足之处的基础上，新一轮的新能源汽车示范推广方案即将正式启动，国家补贴政策将持续支持，其主要内容有以新能源汽车为主开展示范，以试点城市为核心建立区域，扩大辐射范围，加速区域电动汽车的推广，改变原有的财政资金补贴方式，加快补贴资金的落实力度，混合动力客车向全国进行推广，对充电站建设等进行财政支持等等一系列措施，目标是激发企业技术创新和地方推动市场的积极性，促进我国新能源汽车顺利的走向成熟。

（2）政策及建议

在经历了十多年的高速发展后，中国汽车工业已经初步形成了一个中国汽车的制造体系，也具有世界第一的生产能力和市场，但是中国汽车仍缺乏核心的竞争力，汽车产品使用和资源、能源、环境、交通的矛盾日益突出，中国汽车产业发展还面临着巨大的挑战。为此，应在政府政策引导、企业自身努力等多个层面采取积极措施，不断提高中国汽车产业的核心竞争力，早日实现中国汽车产业强国战略。

政府政策：加大支持力度，创造良好环境。首先，加强政府的宏观指导和投向引导。政府应该提前研究汽车产业发展规划，需要有较为明确的顶层设计，如 2012 年的《节能与新能源汽车发展规划》，将新能源汽车的发展上升到国家战略的高度，并在方向任务、具体目标等方面做了较为详细的要求与说明，从而达到明确投资方向、实现宏观指导的效果。其次，加大政策扶持力度，发挥组合政策效用。为更好地支持汽车产业的发展，可以根据汽车生产企业发展的现状和实际需要，组合运用公务购买、税收政策、信贷政策、土地政策、外汇政策等加大对企业的支持力度，如新能源汽车通过逐步扩大推广试点城市范围、扩大财政政策补贴车型范围等以支持重点汽车产业的发展，再如，2013年前三季度受人民币持续升值，而俄罗斯、巴西、印度等国家币值贬值的影响，我国汽车出口形势较为严峻，因此，未来针对类似形势，政府应该提前布局，采取必要的干预，影响外汇市场，实现汇率的相对稳定，或加大对汽车出口企业的补贴，以促进汽车企业出口增长。三是创造良好发展环境。政府有必要构建一个汽车的创新体系，允许、鼓励汽车企业敢于创新、勇于尝试；有必要构建适当的法律制度体系，制定长期的稳定的法律法规和政策，引导汽车产业向节能环保和综合循环利用等方面推进；进一步完善激励约束机制，调动市场主体的积极性，如放宽经济准入标准、提高技术门槛，创造公平的准入环境，鼓励各种所有制企业进入汽车领域；完善金融政策，鼓励企业逐步建立以政府信用、投融资实体为平台，以汽车生产企业债券发行为手段的开发性金融信贷政策体系，解决汽车产业发展的资金问题。四是进一步完善汽车社会管理制度。目前我国已经进入汽车社会初级阶段，一线城市及部分省会城市中心出现汽车增长过快，并带来交通拥堵、环境污染等一系列问题，而政府目前采取的限购、摇号等政策只是人为地强制性地抑制市场需求，因此，需要进一步完善汽车社会管理制度，实现汽车社会人、车、环境的和谐发展。

企业自身：加大研发投入，完善产业链条。首先，加大研发投入，加强自主创新，突破核心技术。中国作为汽车生产大国汽车品牌竞争力不强，最主要的原因是创新力不强，缺乏原创产品，研发投入水平偏低，技术创新不完善。根据国家统计局的统计，中国汽车产业平均研发费用的比例大概是世界发达国家的一半，因此，要实现中国汽车强国战略，需要加大研发的投入，使全行业平均研发费用达到销售收入3%的水平，部分企业甚至要达到4%以上，同时，加强基础研究，平台的研究，提升数字化开发的能力，不断提高基础研究能力，提升产品技术竞争力。其次，加快完善产业链条，特别是注重零部件的发展，要培养零部件企业发展，处理好“整零”关系，突出零部件企业的自我生存能力、发展能力，培养战略性的零部件供应商，做好零部件技术的发展，包括轻量化、节能化的发展，希望形成一批世界级的零部件供应商。三是充分利用合资企业优势，坚持走合资研发之路，要把研发基地搬到中国来，以深度提高我国汽车产业的研发能力。四是大力实施外向型战略。内资企业要大力开拓国际市场，通过兼并重组，吸收消化海外先进汽车技术，充分利用国际市场的资源包括技术资源、资金资源等来发展自己，迅速将企业做大做强。近几年来，吉利、奇瑞、长城最成功之处是到发展中国家去开拓市场，并取得较好成绩，在国外开拓市场的过程中使自己的产品质量和服务水平得到了提升，提高了品牌的认可度，国内汽车市场占有率也逐步得到提高。

2.2 装备制造业：2013年回顾与2014年展望

2013年11月上旬，中央电视台财经频道播出了一部展现中国装备制造业成就的纪录片《大国重器》，受到了广泛好评。该片是为纪念国务院《关于抓紧研制重大技术装备的决定》（国发［1983］110号文）颁布30周年而拍摄。30年来，我国装备制造业得到快速发展，取得了令世人瞩目的成就。正如工业和信息化部副部长苏波同志所指出的那样①，过去30年，依托三峡机组、大秦铁路等重大工程，重大技术装备实现了从无到有、从来图加工到自主设计、从单机生产到工程总包的伟大目标，百万千瓦水电机组、特高压输变电设备、连铸连轧成套装备、百万吨乙烯成套设备、海上石油钻井平台、高速动车组等一大批重大技术装备不仅书写了装备工业的辉煌历史，更为工业转型升级奠定了坚实的基础。

站在新中国成立60多年的历史高岗上回望，从生产一针一线的纺织机械到2013年大幅解密的中国“杀手锏”核潜艇，从“上九天揽月”的神舟飞船，到“下五洋捉鳖”的蛟龙号深潜器，中国百姓的日常生活与国防安全，乃至中华民族的伟大复兴，都有赖于装备工业的持续赶超和整体工业水平的不

① 工业和信息化部装备工业司：《苏波出席重大技术装备国产化30周年工作座谈会》，2013年7月16日。

断提升。毫不夸张地说，装备制造业是支撑中国崛起的“脊梁”，是国与国较量的“大国重器”。

2008年国际金融危机爆发之后，我国装备制造业作为新时期的主导产业率先企稳回升，带动国内经济走出低谷，并取得重大进步，实现历史性跨越。2009年，我国装备制造业工业总产值超过美国和日本，首次跃居世界第一，成为全球装备制造业第一大国。2012年，我国装备制造业工业总产值达到18.34万亿元，仍以较大优势保持世界第一。汽车、发电设备、机床、船舶、大中型拖拉机等主要装备产品产量位居世界首位①。

2013年，我国装备制造业受国际国内经济影响较大，总体处于缓慢回升和平稳增长状态。

2.2.1 行业发展状况

本节主要以机械工业和船舶工业为代表来展现我国装备制造业2013年的发展态势，其中更以装备制造业的传统主体——机械工业为主来分析。

（1）机械工业2013年发展状况及未来展望②

2013年是实施“十二五”规划承上启下的一年，也是深化改革、持续推进产业结构调整攻坚克难的关键时期。经济运行的内外部环境复杂，持续发展的压力增大。在此背景下，机械行业认真贯彻党中央、国务院的决策部署，积极推进产业结构调整。经过努力，2013年机械工业实现了缓慢回升、温和增长和平稳发展；展望2014年，行业有望继续保持平稳发展态势。

总体而言，2013年机械工业运行态势有四个基本特点。

①特点之一：“稳”——缓慢回升、低速增长、平稳发展。

2013年前三季度，机械工业主营收入增幅为12.60%，比上年9.8%的增幅回升2.8个百分点，利润增幅13.39%，比上年5.18%的增幅回升8.21个百分点。可见行业景气在缓慢回升；但与“十五”、“十一五”25%以上的年均增速相比，2013年12%左右的增速确实比较低；5月以后增速在12%上下波动的幅度不到1个百分点，则可谓相当平稳。

---

① 机械工业信息研究院：《2012年中国装备制造业区域竞争力分析报告》，2013年11月。

② 本小节主要参考引用了中国机械工业联合会：《机械工业2013运行态势综述和2014年展望》，2013年11月14日。

②特点之二："调"——产业结构继续向预期方向调整。

行业形势分化，与消费、信息化等关系密切的行业发展速度明显快于典型的投资类产品行业。

与消费、信息化、自动化关系密切的行业发展速度快于典型的投资产品行业，这一点明显地体现于各分行业主营业务收入和利润同比增速对比中。并且从中可以看出：总量比重最大的汽车行业2013年以来增速较快，是助推机械工业增速回升的主要行业（数据显示，2013年1~9月累计，汽车产销分别为1594万辆和1588万辆，同比分别增长12.78%和12.70%，2013年汽车产销量增速之高超出年初预计，全年产销量有望首次超过2000万辆）；农机、仪表、基础件等子行业增速也都高于机械工业平均增速。

与之相对应的是，典型的投资类产品行业（如工程机械、机床、重型机械、发电设备等）形势则普遍较差，如工程机械主要产品1~9月累计产量仍为负增长；其中有些行业产量未必下降，但主营业务收入下降、利润下降更为明显，"活没少干，效益大幅下滑"。之所以如此，是因为这些行业产能扩张严重过度，一旦市场趋冷，竞争愈加激烈，产品价格剧降，导致效益大幅下滑。如重机行业全面困难，其中尤以一重、二重等行业排头兵企业为最。它们近几年虽然装备水平明显提升，甚至已跻身世界同行先进之列，但因全行业加工能力严重过剩，因此难以摆脱恶性竞争的困扰，而深陷于效益剧降的泥潭之中。

与消费关系密切的行业景气度明显好于投资类产品制造业，这一现象启示我们：在国家政策引导下，"消费"对经济增长的拉动力正在加大，今后机械工业的结构调整方向应关注和适应这一变化趋势。

此外，中西部地区发展快于东部地区，民营企业发展快于全行业平均速度。

③特点之三："升"——向创新驱动、两化融合、绿色发展升级有新进展。

在市场倒逼机制作用下，机械工业的转型升级已艰难起步。

一是外延扩张显著降温。机械工业固定资产投资增幅不但持续大幅回落，而且现在已明显低于同期全社会和全部制造业。这说明机械工业产能扩张热已明显降温；当然也反映出当前机械企业对未来预期不高，信心不足。

二是创新日趋升温。突出表现在：①攻高端、夺基础，努力推进产品结构升级。为应对传统产品需求下滑的挑战，许多企业致力于新产品开发，通过发展高端产品去开拓新的市场空间。②高端装备自主化开始向纵深领域推进。以特高压输变电设备为例，出线装置、高压绝缘套管等长期受制于进口的关键零部件正在逐渐取得自主化突破，主机企业开始摆脱被外商索以超常高价的被动局面。国产数控机床在航空和汽车领域的应用也开始有突破。③开始重视创新能力建设，研发试验室建设投入明显加大。为掌握产品创新的主动权，提高核心竞争力，越来越多的行业排头兵企业（如潍柴、玉柴、东电、哈电、西电等），大力度投资于企业研发试验室的建设，力图打造在同行业中领先的研发试验能力。

三是在快速提高的人工成本压力下，企业的自动化、智能化和信息化改造快速升温。“机器换人”、自动线换人、信息化增效，在浙江等东部沿海地区正快速升温，蔚成风气，带来的不仅是抑制人工成本的过快上升，而且促进了生产效率、加工质量和管理水平的提高。

四是节能减排日益受到更大重视。2013 年 10 月 10 日，中国机械工业联合会召开了全行业的节能减排大会，数十家企业交流了各自在节能减排方面的经验和做法。节能减排、绿色制造不仅是为了响应国家的要求，而且已成为机械企业应对危机的重要举措。

五是产业集聚在市场倒逼之下升级。为提高生产效率和提高附加值，专业化分工不断深化，产业链不断延长，在最终产品需求并未大幅增长的背景下，出现了新的增长点。

④特点之四：“降”——在需求趋缓、产能过剩、成本上升、价格下行压力下利润率下降。

进入“十二五”以来，机械工业主营业务收入增速逐年下行，而实现利润增幅下降速度则更快，因此主营收入利润率逐年下行，现已由“十一五”末 2010 年的 8.38%（年报数）的历史高点，下降至 2013 年 1 ~ 9 月的 6.37%（快报数）。虽然 2013 年年机械工业的利润总额增长了 12% 以上，但利润率仍在继续下行，这说明机械工业仍未真正摆脱困境，仍未进入良性发展轨道。

“十五”、“十一五”期间机械工业利润率的上升主要得益于规模效益的驱动。但进入“十二五”以后，随着国民经济发展目标取向由规模、速度转向质量、效益，机械工业经济规模增长速度逐年快速下滑，从而导致利润率也由“十一五”末达到的高点向下快速下行。

从总体上看，短期内电工、工程机械等行业困难难以明显缓解；而重机、机床等行业困难可能继续加重。但在市场倒逼下，越来越多的企业正在加大内生应变能力，预计四季度机械工业既不会大涨也不会大跌，总体仍将继续保持平稳发展态势。

根据中国机械工业联合会的预测，2013 年机械工业经济运行速度虽有望略高于 2012 年，但总体仍将处于较低水平。其中，产销增速预计在 12% 左右；利润增幅预计在 12% 左右；出口创汇增幅预计在 5% 左右。

展望 2014 ~ 2015 年，机械工业有望继续保持比较平稳而相对不高的增长态势，预计产销增长速度大体将处于 10% ~ 15% 之间，利润增长大体在 10% 左右，出口创汇增幅估计在 5% ~ 10% 之间。对具体小行业而言，常规发电设备和输变电设备、冶金矿山设备、重型机械、普通机床等行业将继续处于需求低迷状态；高档机床、机器人及自动生产线需求将上扬；工程机械市场将有所回暖，由大起大落逐渐回归正常；汽车和农机产销增速将逐渐回落，但大型高端农机产品市场仍将较旺。

（2）船舶工业 2013 年发展状况及未来展望①

当前全球船舶工业在经历低谷发展期后已经进入新一轮洗牌，船舶工业面临挑战和风险加剧，我国船舶工业正处于转型升级的关键时期。2013 年，受全球航运、造船市场持续低迷的影响，我国船舶工业主要造船指标和经济指标继续下滑；企业交船难、接单难、融资难、盈利难等问题依然突出；造船业面临的风险和挑战不断增大，国际竞争更加激烈。

从具体指标看，2013 年 1 ~ 10 月份，全球造船市场持续保持活跃势头，新船成交大幅反弹，造船完工量快速下滑，手持订单趋于稳定。我国重点船舶企业抓住全球造船市场活跃的机遇，积极开发节能环保船型，承接新船订单持续增长。

从全国三大造船指标来看，1 ~ 10 月份，全国造船完工 3480 万载重吨，同

① 本小节主要参考引用了中国船舶工业行业协会的有关材料。

比下降25.4%；承接新船订单4644万载重吨，同比增长183%；10月底，手持船舶订单11787万载重吨，同比增长1.1%，比2012年底增加10.2%。虽然全国造船完工量指标持续同比下滑，但是新承接订单指标则连续数月实现同比大幅正增长，手持订单同比减幅亦逐渐收窄。

出口方面，1~10月份全国完工出口船2930万载重吨，同比下降24.5%；承接出口船订单4300万载重吨，同比增长228%；10月末手持出口船订单10313万载重吨，同比增长5.9%。出口船舶分别占全国造船完工量、新接订单量、手持订单量的84.2%、92.6%和87.5%。

从中国船舶工业行业协会的重点监测企业来看，造船企业三大指标有升有降，工业总产值同比下降，船舶出口同比继续下滑，企业经济效益降幅较大。

①造船企业三大指标有升有降。1~10月份，39家重点监测的造船企业造船完工2868万载重吨，同比下降31.7%；承接新船订单4371万载重吨，同比增长228%；10月底，手持船舶订单10966万载重吨，同比增长5.8%。出口方面，1~10月份，39家重点监测的造船企业完工出口船2446万载重吨，同比下降30.3%；承接出口船订单4073万载重吨，同比大幅增长284%；10月末手持出口船订单9595万载重吨，同比增长10.8%；出口船舶分别占重点造船企业完工量、新接订单量、手持订单量的85.3%、93.2%和87.5%。

②工业总产值同比下降。1~10月份，船舶行业80家重点监测企业，完成工业总产值2896亿元，同比下降11.2%。其中，船舶制造企业1490亿元，同比下降23.3%；船舶配套企业210亿元，同比下降18.7%；船舶修理企业99亿元，同比下降9.8%。

③船舶出口同比继续下滑。1~10月份，船舶行业80家重点监测企业完成出口交货值1346亿元，同比下降22.6%。其中，船舶制造企业1100亿元，同比下降24.5%；船舶配套企业39亿元，同比下降17.1%；船舶修理企业62亿元，同比下降15.6%。

④企业经济效益降幅较大。1~10月，船舶行业80家重点监测企业实现主营业务收入2012亿元，同比下降13.9%；利润总额52.3亿元，同比下降49.8%。

据中国联合钢铁网预测，经过3年艰难时期之后，预计2014年我国造船工业或将缓慢复苏，进入2015年有望迎来“温暖的春天”。初步估计2014年我国造船新增订单量将继续保持增长，手持订单同比增幅将由负转正，全年造船完工量在5000万载重吨附近。

针对我国船舶市场持续低迷、企业生产经营困难加剧、产能利用率下降、造船资金普遍紧张等问题，新一届政府相关部门高度重视。在密集调研的基础上，为进一步加强船舶行业管理，化解产能过剩矛盾，加快结构调整，提升技术水平，促进转型升级，引导船舶工业持续健康发展，2013年内国务院、国家工业和信息化部制定了包括《海洋工程装备科研项目指南（2013年版）》、《船舶工业加快结构调整促进转型升级实施方案（2013－2015年）》、《船舶行业规范条件》在内的多份文件，相信会对船舶工业未来的健康发展将起到良好的引导作用。

船舶工业是海洋经济的重要组成部分，展望未来，在中国向海洋大国迈进的历史征程中，我国装备制造业应以船舶工业为纽带，形成涵盖服务于海洋运输的船舶制造、服务于油气资源开发的海洋工程装备和作为装备“心脏”与“大脑”的高精尖机电装备的产业联盟，积极努力地开拓国内国际市场，为中国成为海洋大国、海洋强国再立新功。

2.2.2 行业区域发展状况①

从东部到中部、再到西部，我国各个区域都有一定的装备制造业，并表现出一定的区域特色。正是各个区域、各个省份之间的相互赶超、相互交流，共同铸就了中国在世界上总产值排名第一的装备制造工业。

（1）各省市装备制造业的总体竞争力状况

近年来，我国装备制造业②发展的一个突出区域特征就是中部地区活力强劲。2013年11月，机械工业信息研究院发布了《2012年中国装备制造业区域

① 本小节主要参考了机械工业信息研究院2013年11月发布的《2012年中国装备制造业区域竞争力分析报告》，以及司建楠：《装备制造竞争力江苏居首中部地区活力强劲》，中国工业报，2013年11月20日。

② 通常情况下，业内认同装备制造业与全口径装备制造业两个概念。按照《国民经济行业分类（GB/T4754－2011）》，装备制造业包括金属制品业，通用设备制造业，专用设备制造业，电气机械和器材制造业，汽车制造业，铁路、船舶、航空航天和交通运输设备制造业，仪器仪表制造业，金属制品、机械和设备修理业8大类；全口径装备制造业不仅包括装备制造业中的8大类，还包括计算机、通信和其他电子设备制造业，共9大类。

竞争力分析报告》[①]。从全口径装备制造业看，2012 年规模实力排在前 10 位的省市依次是江苏、山东、广东、浙江、安徽、河南、辽宁、上海、四川、湖北。从非全口径看，排名前 10 位的依次是江苏、山东、广东、辽宁、浙江、河南、安徽、上海、湖北、河北。

无论从哪种口径看，在装备制造业方面江苏省均位列全国第一。江苏省（全口径）装备制造业规模实力之所以能够以绝对优势稳居全国第一，与其健全的产业体系、种类繁多的产品体系、数量众多的重点产业基地、较强的增长活力等密切相关。

山东省、广东省、浙江省、辽宁省、上海市均是传统的（全口径）装备制造业强省（市），规模实力仍保持领先地位。具体来看，虽然浙江省全口径装备制造业规模实力位居辽宁省之前，但是去除计算机、通信和其他电子设备制造业后，浙江省装备制造业规模实力却排在辽宁省之后。与之相似，安徽省全口径装备制造业规模实力位居河南省之前，但是去除计算机、通信和其他电子设备制造业后，安徽省装备制造业规模实力排在河南省之后，其主要原因在于浙江省、安徽省的计算机、通信和其他电子设备制造业占本省全口径装备制造业的比重相对较高。

河南省、安徽省、湖北省等中部省份（全口径）装备制造业规模实力的快速提高，表明中部地区崛起战略为（全口径）装备制造业发展提供了重要机遇。特别是河南省和安徽省，近几年两省（全口径）装备制造业增长速度持续位居前列，促进了其规模实力的快速提升。

四川省不但是传统的装备制造业重点省份之一，而且也是西部地区唯一一个进入全口径装备制造业规模实力前 10 强的省份。去除计算机、通信和其他电子设备制造业之后，四川省装备制造业规模实力却排在前 10 强之外，其主

① 这是自 2008 年以来，机械工业信息研究院连续第五次发布《中国装备制造业区域竞争力分析报告》。该报告通过对规模实力、经济效益、创新能力、国际竞争力、综合竞争力等排名，综合分析和研判了各省市装备制造业的发展水平。具体而言，经过多年的研究与探索，按照全面性、系统性、客观性与数据可获性的基本原则，机械工业信息研究院战略与规划研究所的课题组构建了“中国装备制造业（全口径）区域竞争力评价指标体系”。该指标体系包括规模实力、经济效益、国际化程度、创新能力 4 个一级指标与 12 个二级指标，力求达到既体现规模性，又强调增长性；既注重总量性，又突出效益性；既分析国际竞争力，又比较创新能力。

要原因在于近几年该省的计算机、通信和其他电子设备制造业增速较快，占本省全口径装备制造业的比重也不断提高。由于河北省去除计算机、通信和其他电子设备制造业后的装备制造业规模实力列居第十位，表明其传统的装备制造业具有较强的竞争力。

（2）各省市装备制造业的创新能力状况

从全口径装备制造业看，2012 年创新能力排在前 10 位的省市依次是北京、浙江、江苏、安徽、上海、黑龙江、四川、陕西、云南、河南。其中，北京市以较大的得分差距领先其他省市，稳居第一。从非全口径看，排名前 10 位的省市依次是北京、浙江、江苏、上海、安徽、广东、黑龙江、四川、陕西、山西。其中，北京以明显优势领先其他省市，仍稳居第一。

无论全口径装备制造业，还是去除计算机、通信和其他电子设备制造业的装备制造业，北京市的创新能力都无可争议地以绝对优势稳居第一。之所以北京市（全口径）装备制造业创新能力如此之强，主要源于以下几方面原因：一是拥有数量最多的、相关的高等院校、科研院所、国家工程技术研究中心、国家重点实验室、国家级企业技术中心等科研机构；二是集聚了全国数量最多的、创新型的、高水平的工程技术研究人员；三是较为过硬的企业竞争力；四是上述科研机构、企业和研究人员创造了数量最多的专利，尤其是发明专利。

而广东省全口径装备制造业创新能力被挤出前 10 强，其主要原因在于该省电子、计算机通信设备制造业占比较高，而我国电子、计算机通信设备制造业普遍技术含量很低，产品附加值不高，创新能力不强；广东省装备制造业创新能力也落后于北京市、浙江省、江苏省、上海市和安徽省，其主要原因在于该省装备制造业中很大部分属于简单组装型、加工贸易型产业，其产业发展模式决定了其对创新重视程度的不足，进而使得其创新能力和创新动力均较薄弱。

安徽省全口径装备制造业与装备制造业的创新能力分别位居全国第四和第五位，河南省全口径装备制造业创新能力排名第十，均得益于近几年两个省份（全口径）装备制造业的持续快速增长与竞争力提升；黑龙江省和陕西省全口径装备制造业与装备制造业的创新能力均挤进了前 10 强，主要源于两个省份拥有数量较多的知名企业、科研机构和工程技术研究人员，并创造了较多的专利。

云南省全口径装备制造业创新能力进入前10强，山西省装备制造业创新能力也位列第十，其主要原因在于两个省份均拥有一定特色、竞争力较强的装备制造行业，且这些特色行业的创新能力、专利产出水平均较高。

此外，贵州省全口径装备制造业与装备制造业的创新能力均位居第十一位，其主要原因在于虽然该省（全口径）装备制造业规模较小，但中国航空工业、中国航天科工等国防科技工业企业均在该省建立了重要的产业基地，军民结合类装备制造业竞争优势明显，创新能力突出。

（3）当前装备制造业摆脱低迷的出路在于转型升级

虽然我国已经成为装备制造业大国，但我们应清醒地看到，我国还远不是装备制造强国，与发达国家相比，仍有较大差距，大而不强的问题仍很突出，自主创新能力不强，基础配套能力薄弱，产业结构不合理，发展方式总体较为粗放，在国际国内经济增速放缓的情况下就陷入低迷状态，转型升级刻不容缓。

以装备制造业的主体机械工业为例。正如中国机械工业联合会执行副会长蔡惟慈所指出的那样，从表象看，机械工业近两年的颓势是因为需求不旺，产能过剩。但这仅是表层原因，更深、也更本质的原因是我国经济发展阶段已经发生深刻变化，但行业发展模式并未能随之而变化。我国已由短缺经济转变为过剩经济，市场已由卖方市场转变为买方市场，卖方市场主要矛盾是解决有无问题，买方市场主要矛盾是解决好坏问题，卖方市场主要靠扩大规模获取效益，买方市场必须能人所不能才能发展，化被动为主动必须转变发展的模式①。

支撑“十五”和“十一五”高速发展的市场基础，主要是高速工业化阶段井喷式爆发的巨大需求，当时过猛的需求造就了特定时期的“短缺”现象，而短缺经济环境培育了典型的“卖方市场”。在“卖方市场”中，市场的主要矛盾是解决“有无”问题，是作为“供方”的机械企业有没有足够大的产品生产和供应能力；而需方则往往是“饥不择食”，无法计较供方的产品质量和性能。因此，在当时的市场环境下，机械企业当务之急是提高生产效率和批

① 中国机械工业联合会执行副会长蔡惟慈在“2013全国机械工业经济形势报告会”的主题报告，2013年11月14日。

量，主要考虑的是怎样才能获得更大的规模效益。在那种氛围下，外延扩张，不断新建厂房、复制生产和总装线就成为业内的普遍选择。这种发展模式已形成巨大惯性，从而埋下了今天困难的种子。

进入“十二五”以后，一方面我国工业化已由初中期转入中后期，井喷式的需求增长已转向常态增长；另一方面，在日益尖锐的资源和环境压力约束下，“科学发展观”越来越受到自上到下的认可，由追求“速度、规模”转向“质量、效益”已形成社会共识。在此背景下，需求总量的增长更加趋于理性；但与此同时，前十年超高速膨胀的产能已到释放期，“供给”能力大大增加。在这一增一减之间，“短缺”经济迅速转变为越来越严重的“过剩”经济。

过剩经济环境下，必然形成“买方市场”。在“买方市场”下，主导权和话语权由机械企业转入用户方。用户出于自身利益的需要，必然在产品性能、质量、操作方便性等方面不断提高要求，同时货比多家，要求价格尽量优惠。在“买方市场”下，矛盾的主要方面由解决“有无”转向“好坏”。能否满足用户不断提高、日益多样化的要求，成为衡量“好坏”的唯一标准，也成为设备制造企业能否得到用户认可、最终争得稀缺订单的主要因素。

在前面所述背景下，今天的机械企业必须由全力追求众多同行都能生产的产品的“规模效益”转向千方百计地获取以企业自身独特优势为支撑的“稀缺性效益”。而“稀缺性”效益来自性能质量和性价比高人一筹的产品；人所不能的工艺绝招；比同行企业更精益的管理水平；具有品牌营销和国际化营销超常收益的营销本领；能力超群、品质卓异、眼光远大的人才队伍。

总而言之，当前我国经济发展的阶段与环境已经发生深刻变化，装备制造业摆脱低迷的出路在于转型升级，在于立足于顽强的自主创新基础上的打造企业自身独特优势。

（4）未来我国应增强高端制造业核心竞争力

放眼全球，目前全球装备制造业的格局可以划分为三个世界①：美、日、德等发达国家是第一世界，虽然这些国家经济发展暂时遇到一些困难，但依然

① “中国制造，世界第一?”，《装备制造》，2013 年第 11 期。

掌握着世界制造业的发展方向和最核心的技术，是主导者；中国、印度、巴西等国家是第二世界，这些国家拥有巨大的制造业市场，虽然发展迅速，但距第一世界仍然有很大距离，是跟随者；其他处于工业化初期的国家为第三世界，这些国家既无先进技术又没有太强的工业基础，是原材料和能源的供应者，与第一、二世界的差距逐渐拉大。尽管中国装备工业销售额2009年已经跃居世界第一，美国、日本、德国、法国、意大利和英国等主要发达国家的制造业产值加起来仍占到总量的70%，在国民经济中占有突出地位。特别是高端制造产品，仍被发达国家牢牢控制。

制造业是中国工业经济的主导力量，高端制造业则处于制造业价值链高端和产业链核心环节，是推动工业转型升级的引擎，是衡量一个国家核心竞争力的重要标志。当前国际形势复杂多变，国内经济发展也处在矛盾交错、转型升级压力凸显的复杂时期，发展高端制造业面临的风险和挑战增多。

当前我国政府相关部门的主导思想是抓住新一轮科技革命和产业变革带来的重大机遇，实施创新驱动发展战略，不断增强高端制造业核心竞争力。未来将重点做好以下五个方面的工作①。一是着力增强高端制造业创新能力。加快提升工业基础能力，大力加强关键核心技术攻关，重视市场培育，与终端用户开展广泛合作。二是大力推动产业结构优化升级。组织实施一批国家重大产业创新发展工程，推动高新技术成果的产业化应用，促进战略性新兴产业规模化发展，加快推动传统产业提档升级。三是加快推进信息化和工业化深度融合。促进信息网络技术的广泛应用，加快重点领域装备智能化，以信息化促进高端制造业的数字化、智能化和柔性化发展。四是积极培育具有国际竞争力的大企业集团。着力培育一批跨国公司和国际品牌，支持企业强强联合，鼓励优势企业在全球范围开展资源和价值链整合，重点培育发展一批世界级高端制造产业基地和产业集群。五是加快推进制造业服务化和国际化。加快推动制造业分工细化和服务外包，进一步拓展国际合作的广度和深度，鼓励实力强、资本雄厚的大型企业加快“走出去”，在全球范围开展资源配置和价值链整合。

① 工业和信息化部副部长苏波同志在第十五届中国国际工业博览会上的讲话。详见工业和信息化部装备工业司：《苏波出席第十五届中国国际工业博览会》，2013年11月7日。

2.3　房地产行业：2013年回顾与2014年展望

2013年以来，在维持房地产调控政策总体平稳的同时，中央着力房地产调控的长效机制，土地制度改革进度加快、保障安居工程持续推进、差别化信贷政策继续实施。与此同时，由于“国五条”后各地房地产市场分化日益加剧，多个城市根据当地市场形势微调限购等行政性手段，调整方向有紧有松。1～10月，全国整体量价企稳回升，投资增速趋于平稳且较明显高于去年，新开工面积止跌反弹，土地市场供需全面增长，住宅用地表现尤为突出，房企回归一二线城市引发“地王”潮，部分地块楼面价逼近甚至超越周边房价，品牌价值促使行业集中度进一步提升。短期趋势来看，调控政策持续差异化，2014年上半年市场量价仍有望延续增长态势，下半年将趋缓，长期来看，以房地产长效机制促进市场理性回归、促进行业长期发展逐步明晰。

2.3.1　2013年政策环境总体平稳

2013年，“国五条”落地宣告房地产调控进一步趋紧，抑制热点城市投资投机需求再度升级，北京、上海等城市配套细则相对严格，其他绝大多数城市基本延续“国五条”政策方向。在限购、限贷等阶段性调控政策收紧的同时，中央加紧完善房地产调控的长效机制，日趋明晰的保障房政策、渐具雏形的住房信息联网及不动产登记条例，以及房产税试点范围可能扩大等，在一定程度上为稳定市场预期及今后房地产市场长期健康发展提供了保障。

与此同时，由于“国五条”后各地房地产市场分化日益加剧，多个城市根据当地市场形势微调限购等行政性手段，调整方向有紧有松。热点城市供需矛盾短期内仍难以缓解的局面下，地方政府面临的房价上涨压力明显，尤其是年初制定了不超过城镇居民人均可支配收入实际增幅这一房价控制目标的部分城市，地方政府将继续加大调控力度，四个一线城市（北上广深）在10～11月先后出台相关政策升级调控平抑市场预期，而在第三季度，温州、芜湖等地由于市场持续低迷对原限购政策进行适度放松调整或出台相关鼓励政策。

2.3.2 全国整体量价企稳回升

全国商品房销售累计同比增速持续收窄。2013 年 1 ~ 10 月，全国商品房销售面积为 9.6 亿平方米，同比增长 21.8%，销售额为 6.1 万亿元，同比增长 32.3%，销售指标累计同比增速 2013 年以来持续收窄，但绝对水平创同期新高。住宅市场亦表现如此，前十月累计销售 8.6 亿平方米，同比增长 22.3%，销售额为 5.1 万亿元，同比增长 32.6%，住宅同比增速略高于商品房。从价格来看，1 ~ 10 月全国商品房和住宅销售均价分别为 6384 元/平方米和 6006 元/平方米，与 2012 年同期相比分别上涨 8.6% 和 8.4%，与 1 ~ 9 月相比，涨幅分别表现为持平和缩小 0.1 个百分点。根据中国房地产指数系统百城价格指数，2013 年 10 月，全国 100 个城市住宅平均价格为 10685 元/平方米，环比上涨 1.24%，是 2012 年 6 月以来连续第 17 个月环比上涨，同比上涨 10.69%，连续第 11 个月上涨。

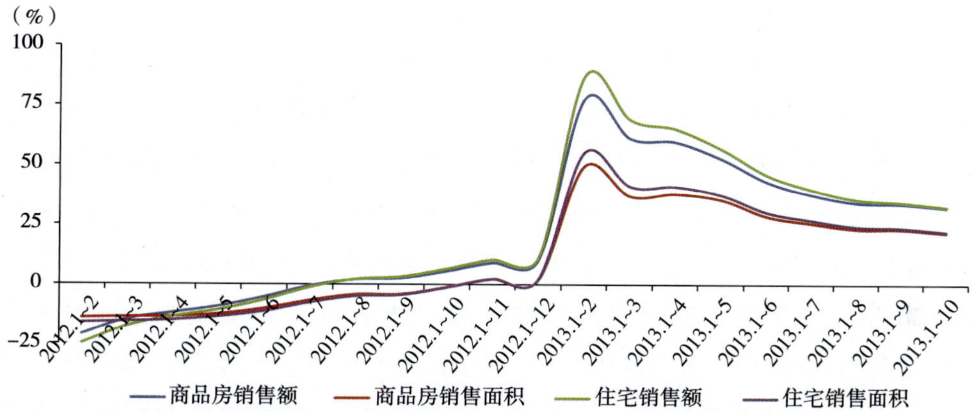

图 2.3 2012 年至今全国商品房和住宅累计销售面积以及销售额同比增速

数据来源：国家统计局，CREIS 中指数据。

投资增速明显高于上年，新开工面积止跌反弹，绝对水平创同期最高。2013 年1 ~ 10 月，全国房地产开发投资额为 6.9 万亿元，同比增长 19.2%，增速较 1 ~ 9 月回落 0.5 个百分点，为 2013 年以来最低水平，其中，住宅开发投资额为 4.7 万亿元，同比增长 18.9%，增速比 1 ~ 9 月回落 0.6 个百分点，为 2013 年以来首次低于 19.0%，占房地产开发投资的比重为 68.7%。累计新开工增速亦有所放缓，1 ~ 10 月全国房屋新开工面积为 15.6 亿平方米，同比增长

6.5%，较1～9月回落0.8个百分点。其中，住宅新开工面积为11.4亿平方米，同比增长5.2%，较1～9月回落1.2个百分点。但与上年相比，2013年以来投资开工增速较去年有明显回升，且绝对水平均达到历年同期最高水平。

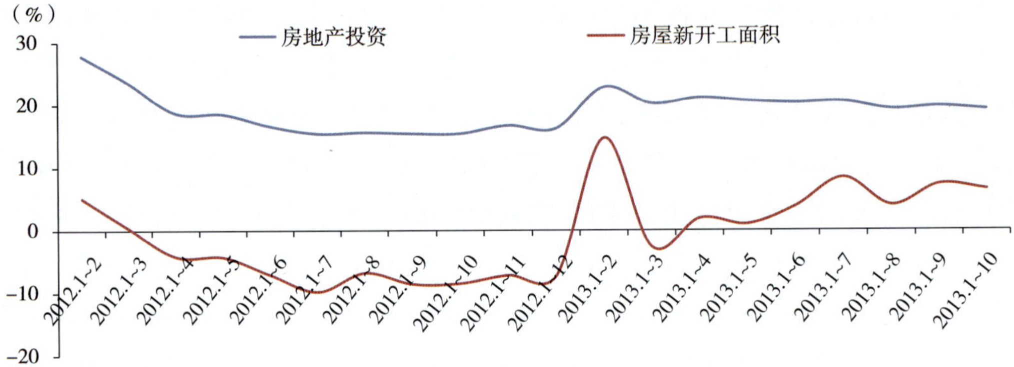

图2.4　2012年至今累计房地产开发投资及房屋新开工面积同比增速

数据来源：CREIS中指数据，国家统计局。

2.3.3　政策和预期导致2013年市场加速转变

重点城市供需两旺创近四年同期最高，政策和预期导致不同阶段市场表现分化。根据中国指数研究院数据显示，2013年1～10月，20个代表城市住宅月均成交面积和新批上市面积分别为1335万平方米和1359万平方米，同比分别增长12%和13%，且均高于2010～2011年同期，为近四年同期最高水平。分季度来看，1～2月房地产市场趋热导致"国五条"政策出台，在政策预期和推盘量低位回升等多重因素带动下，需求集中释放，3月成交量达到年内最高水平，接近1600万平方米。二季度，"国五条"细则落地抑制价格涨幅收窄，成交量和供应量持续回落，但"国五条"出台后一个季度代表城市成交量较出台当月（3月）下降17%，明显小于"国十条"之后的44%。三季度以来，随着政策效应的逐渐淡化，供需和价格均企稳回升，"金九"供应量超过1900万平方米，达到年内最高水平，在推盘量加大的带动下，10月成交量回升至年内次高水平，与3月高点基本持平。总体来看，房地产调控政策和对市场的预期导致今年市场加速转变。

城市间供需和价格表现分化反推政策微调，不同城市间政策趋向分化。2013年1～10月，北京市累计新批上市面积仅占同期成交量6成左右，供不应求态势更趋严重，土地市场持续火热加大房价上涨预期。根据中国指数研究院百城价格指数显示，北京多个月份住宅均价同比涨幅超过10%，10月价格同比涨幅更是接近30%，广州、深圳等热点城市亦表现如此，价格涨幅领跑全国，“京七条”、“深八条”、“穗六条”相继落地收紧需求，调节供需。与之形成鲜明对比的是，温州住宅均价持续下降，百城价格指数数据显示自2012年7月以来温州价格指数同比持续下滑，个别月份降幅甚至超过20%，面对房地产市场持续低迷，地方政府适度放松调控政策以刺激市场，释放需求。

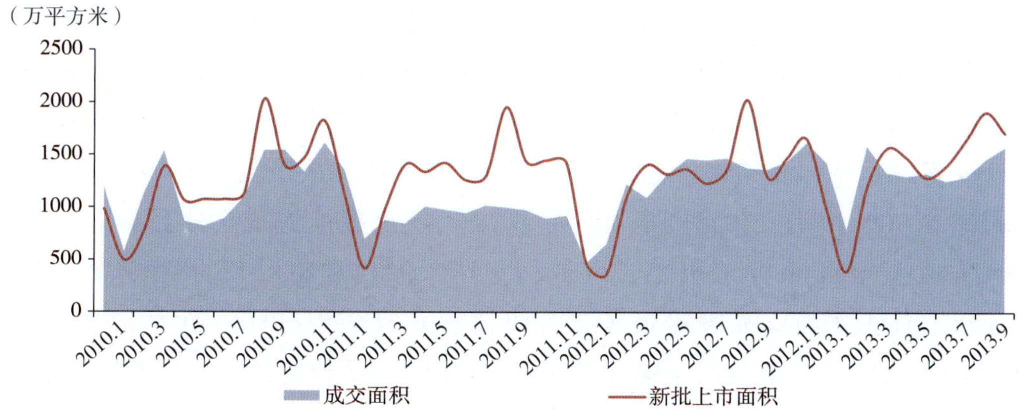

图2.5 2010年至今代表城市月度成交量和供应量走势

数据来源：CREIS中指数据，fdc. soufun. com。

2.3.4 企业拿地回归一二线热点城市

土地供需全面增长，住宅用地表现尤为突出。根据中国指数研究院对全国300个城市监测数据显示，2013年1～10月，全国各类土地累计推出13.5亿平方米，同比增长8.4%；成交11.4亿平方米，同比增长13.6%；总出让金达2.4万亿元，同比大幅增长64.8%；楼面均价为1150元/平方米，较上年同期大幅上涨33.1%；平均溢价率为16.2%，较上年同期增加9.5个百分点。从不同类型土地来看，住宅用地得到更多企业的关注，成交量、价格涨幅、溢价率等各项指标均好于商办用地。

房企回归一二线引发“地王”潮，“地王”楼面价格逼近甚至超过周边房价。从全国住宅用地楼面地价前十名地块来看，十大单价地王均位于一二线热点城市。一二线城市土地市场持续发热，高楼面价地块频现，源于房企纷纷回归一二线城市，而一二线城市优质土地资源的稀缺更是加剧抢地热潮，再加上销售良好为品牌房企带来充足的现金流入，导致地王涌现。部分热点城市北京土地市场极其火热，地王成交楼面均价甚至超过周边一二手房售价，地价房价互相促进上涨，高楼面价地块频现将进一步加大房价上涨预期。

2.3.5 销售业绩和拿地力度明显增加

前十月销售业绩稳步提升，代表企业年度销售目标完成率均超九成。2013年前十月，十家代表企业销售额和销售业绩均稳步提升，累计销售额为7362亿元，相比去年同期增长34%，累计销售面积为7121万平方米，同比增长27%。具体企业来看，前十月，万科累计实现销售金额1458亿元，行业龙头地位继续稳固，保利累计销售额也超千亿元。中海及恒大销售额分别为967亿和913亿元。从年度销售目标完成率来看，前十月多数代表企业年度销售目标完成率在90%以上，中海、碧桂园、绿城及世茂提前完成全年目标。万科和恒大完成全年目标90%以上，金地、龙湖、保利和富力目标完成率也超过80%。总体上来看，品牌房企普遍有望超额完成全年目标，恒大、中海及碧桂园全年销售额有望首次突破千亿元，与万科、保利携手跨入千亿“房企俱乐部”。

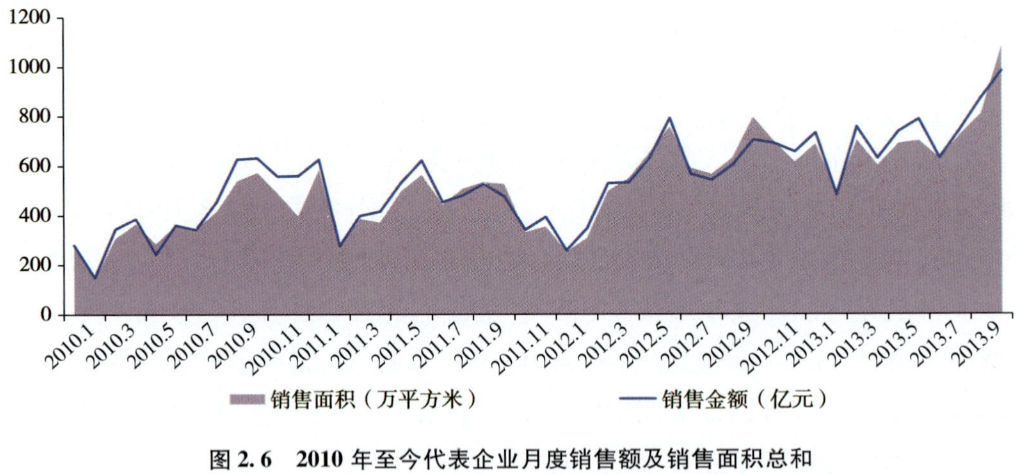

图2.6 2010年至今代表企业月度销售额及销售面积总和

注：代表企业包括万科、恒大、中海、保利、碧桂园、龙湖、世茂、绿城、富力、金地。

数据来源：CREIS中指数据，fdc. soufun. com。

前十月拿地金额已超去年去年，品牌房企加速布局一二线城市。2013 年前十月，十大代表性企业累计拿地金额为 2719 亿元，同比增长 1 倍，比上年全年水平高出 26%，累计拿地面积为 8543 万平方米，相比上年同期增长 36%，一二线热点城市继续成为品牌房企争夺焦点是拿地金额增幅明显高于拿地面积增幅的主要因素。与上年同期相比，企业拿地与销售比大幅提高，1～10 月代表企业拿地面积与销售面积比为 1.20，比上年同期高 0.08，拿地金额与销售金额比值由上年同期的 0.25 提升至 0.37，为 2011 年以来的最高水平，重点布局一二线城市促使企业拿地支出明显增加。

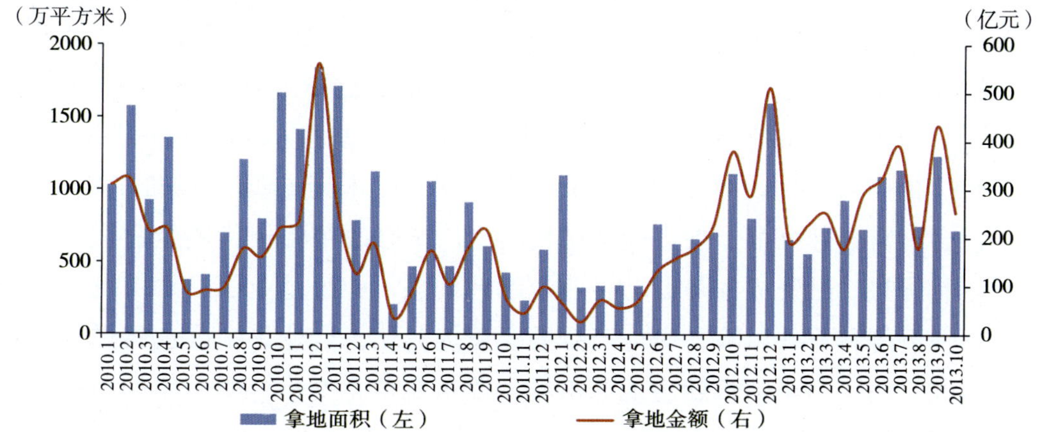

图 2.7　2010 年至今十大代表性企业拿地情况

数据来源：CREIS 中指数据，fdc. soufun. com。

品牌价值全方位提升市场竞争力，行业集中度进一步提升。国务院发展研究中心企业研究所与中国指数研究院《2013 年中国房地产品牌价值研究》表明，品牌作为提供优质产品、履行服务承诺的重要保证，在激烈的市场竞争中，成为驱动企业快速发展的重要引擎，而品牌企业凭借良好的市场表现、强大的品牌影响力和资源整合力，进一步巩固优势品牌地位，促进了品牌价值的快速累积。2013 全国品牌企业品牌价值均值为 113.43 亿元，同比增长 19.78%。其中，行业领导公司品牌中海地产、万科与保利地产的品牌价值分别达 297.74 亿元、296.03 亿元和 260.92 亿元，超过全国品牌企业品牌价值均值的 2.3 倍，强势品牌的领先优势持续彰显。依托品牌竞争优势，23 家全国品牌企业截至 2013 年上半年的市场份额已超过 20%，较 2012 年底提升 2.67 个百分点，行业集中度进一步提升。

2.3.6 2014 年走势

2013 年 11 月 12 日，中共十八届三中全会闭幕，《中共中央关于全面深化改革若干重大问题的决定》出台。会议确定了未来我国社会经济改革的总体方向和 2020 年阶段性目标，在《决定》中提出十五项重要改革方向，并明确将经济体制改革作为重点；强调在改革过程中建设统一开放、竞争有序的市场体系，使市场在资源配置中起决定性作用。与房地产业密切相关的户籍、土地、财税、金融等多方面要素也将迎来改革全面深化的关键时期。具体来看，户籍制度改革促进有经济实力的新市民购房需求释放，对冲人口增速减缓对房地产市场的影响，加速城镇住房供需结构的差异化。土地制度改革将优化土地结构，增加土地供应量，促进土地价格合理化，在促进行业集约化发展的同时，有利于平抑热点城市的高房价。财税制度改革将促进地方政府构建“重保有、轻流转”的财税结构，改变对于土地财政的依赖，构建合理的房价形成机制，促进社会财富合理分配，促进经济结构转型。金融改革将使优质企业在寻求资金时更具优势，融资成本降低，企业流动性增强，中小企业面临的市场压力增大，存在倒闭和兼并风险，房地产企业会更加分化，行业集中度也将进一步提升。因此，明年乃至中长期房地产市场环境正在孕育变化，明后年的市场有望逐渐回归理性。

预计 2013 年四季度至 2014 年上半年，旺盛需求促进房地产市场仍将保持向上增长，“地王”频现以及部分城市供应不足态势将继续加大房价上涨预期，其他绝大多数城市价格趋于平稳，全国总体价格水平不会大幅反弹。但 2014 年下半年，由于需求透支，货币环境相对稳健，新增贷款增幅下降，2013 年出让的大量土地逐渐集中入市，量价增长速度将放缓。随着经济结构调整带来的增速趋缓、城镇化稳步推进，房地产行业迈入平稳缓慢增长期。根据中国指数研究院测算，2020 年末我国城镇总人口约为 8.4 亿，按人均 35 平方米住房计算，住宅总存量约为 295.1 亿平方米；2011 ~ 2020 年需新建住房约 157.0 亿平方米，其中约 5600 万套共计 33.6 亿平方米为保障房（按套均 60 平方米计算），2011 ~ 2020 年新建商品住宅需求总量超过 120 亿平方米。尽管行业发展逐步趋缓，但市场供需关系更趋良性，潜在需求依然强力，市场前景依然向好。

2.4　煤炭行业：2013 年回顾与 2014 年展望

从2012 年 5 月起，我国煤炭市场进入下行区间，煤炭价格大幅下降。2013 年，煤炭市场环境进一步恶化，但程度收窄，产量、消费量等指标在3 季度有所回调。2013 年，我国煤炭市场化改革又迈出实质性步伐，年初电煤价格双轨制取消，年中动力煤期货上市。此外，发布于2007 年的《煤炭产业政策》在2013 年得到修订，这是新形势的需求，也是对煤炭企业提出的新要求，必然对其发展方向发挥重要的引导作用。在经济发展调整阶段，煤炭产业也面临着较大的转型压力，转变原来的粗放供应模式将是转型的核心。

2.4.1　2013 年煤炭经济形势进一步恶化

（1）煤炭产量负增长

国家统计局关于煤炭产量数据的最早显示时间为1998 年，至2012 年的10 余年间一直是增长态势。但在2013 年出现负增长，反映出我国煤炭企业的经营环境已较为严峻。具体见图 2. 8。

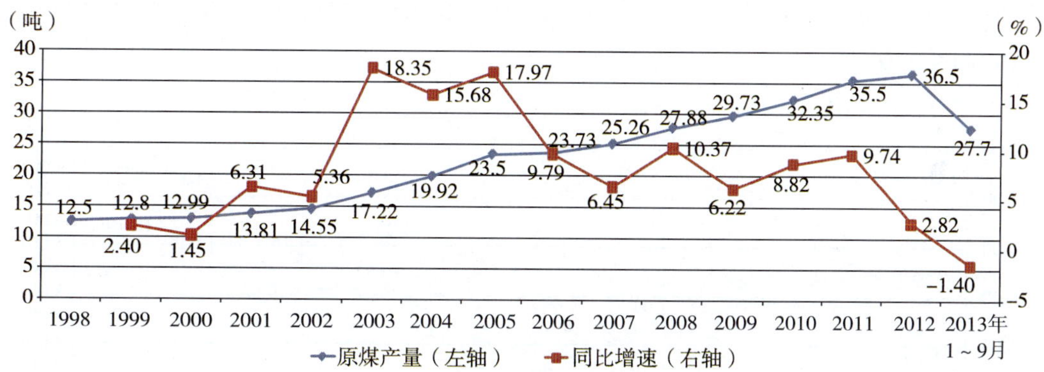

图 2. 8　我国煤炭产量及增速的变化情况

资料来源：国家统计局。

自 2012 年 1 季度开始，我国煤炭产量的增速开始持续下降，但在 2012 年仍然保持着增长态势，到了 2013 年开始出现负增长并持续了 3 个季度。在2012 年上半年，煤炭产量增速从 2011 年的 9. 74% 下降至 1 季度的 5. 8% ，2 季度稍有下滑至 5. 6%；下半年，产量增速再下一个台阶，下滑至 3 季度的

3.6% 和 4 季度的 3.7%。进入 2013 年，煤炭产业的经营形势更为恶化，至目前已经连续 3 个季度产量负增长。具体见表 2.3。

表 2.3　　2012 年 1 季度至今我国煤炭产量分季度变化情况

时间	2012 年 1 季度	2012 年 前 2 季度	2012 年 前 3 季度	2012 年 前 4 季度	2013 年 1 季度	2013 年 前 2 季度	2013 年 前 3 季度
产量（吨）	8.38	19.1	28.8	36.6	8.3	17.9	27.7
同比增速（%）	5.8	5.6	3.6	3.7	-0.95	-3.7	-1.4

资料来源：国家统计局。

（2）煤炭消费增速不断回落而净进口量仍在较快增长

与产量负增长不同，我国煤炭消费量仍在增长，但增速回落明显。据中国煤炭工业协会统计，2012 年我国煤炭消费实物量约 39 亿吨，同比增长 6.5%，增速同比回落 2.4 个百分点。2013 年前 3 季度，煤炭消费量 30.1 亿吨，同比增长 2.6%，增速同比回落 0.2 个百分点。受世界金融危机影响，全球煤炭消费量增速同比下降，2012 年与 2011 年相比下降 2.03 个百分点，与 2010 年相比下降 4.23 个百分点，与金融危机之后的 2009 年相比提高了 3.33 个百分点。与世界煤炭消费量连续三年增速直线下降不同，我国煤炭消费量曾在 2010 年和 2011 年保持了 9% 以上的增长幅度，2012 的增速才快速下降了 3 个百分点。具体见图 2.9。

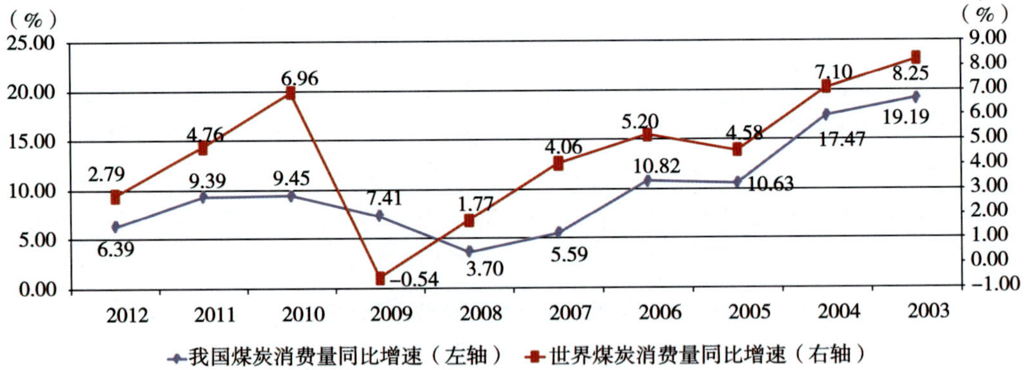

图 2.9　我国和世界煤炭消费量增速变化情况

资料来源：《BP Statistical Review of World Energy 2013》，BP Group。

2008 年至 2012 年，我国煤炭消费量占国内一次能源消费量的比重在 68% ~70% 区间；占世界一次能源消费量比重稳步提升，从 2008 年的 11.97%

提高到2012年的15.01%。2013年，我国煤炭消费增速有可能与2012年基本持平，在国内和世界一次能源消费结构中所占的比重可能仍将保持2012年的趋势。

表2.4　　煤炭在我国和世界一次能源消费结构所占比重（%）

年度	我国煤炭消费量占国内一次能源消费量比重	我国煤炭消费量占世界一次能源消费量比重
1995	74.6	27.2
1998	69.6	26.7
2000	69.1	24.37
2001	67.8	24.71
2002	67.83	7.59
2003	69.72	8.74
2004	69.53	9.80
2005	70.47	10.54
2006	70.86	11.36
2007	70.28	11.70
2008	69.51	11.97
2009	69.98	13.00
2010	68.85	13.48
2011	69.30	14.40
2012	68.49	15.01

资料来源：国家统计局；《World Energy Outlook 2007》，IEA；《BP Statistical Review of World Energy 2013》，BP Group。

在消费增速明显放缓的同时，煤炭进口量扔保持了两位数字的增长态势。国内煤炭市场国际化竞争的特征非常明显。具体见图2.10。

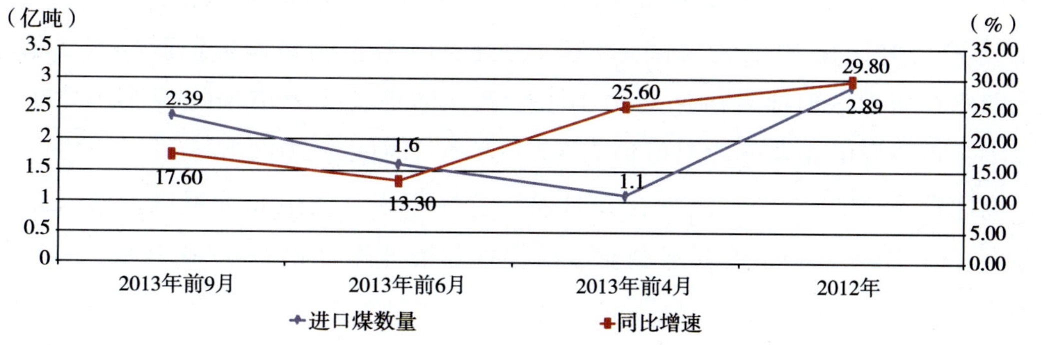

图2.10　我国进口煤基本情况

注：受国内煤炭价格快速下降影响，2013年6月份的煤炭进口量锐减，但从7月份开始又呈现较快上涨势头。
资料来源：国家统计局。

目前，澳大利亚、加拿大、伊朗、吉尔吉斯斯坦、俄罗斯联邦、美国等国家是我国煤炭的主要进口国。受市场等多重因素影响，不同国家的进口量虽然以上升为主，但仍然呈现一定幅度的波动。具体见表 2. 5。

表 2. 5　主要煤炭进口国进口量同比增长情况（%）

国家	2013 年前 6 月	2013 年前 5 月	2013 年前 4 月	2013 年前 3 月	2013 年前 2 月	2013 年 1 月	2012 年全年
澳大利亚	46. 49	49. 11	59. 31	74. 25	82. 47	119. 99	82. 62
加拿大	45. 13	66. 4	67. 93	61. 03	67. 61	194. 27	86. 05
伊朗	32. 99	0. 9	22. 98	16. 19	0	0	30. 75
吉尔吉斯斯坦	31. 88	15. 49	24. 13	28. 81	44. 52	—	147. 41
俄罗斯联邦	31. 18	40. 81	40. 32	55. 83	90. 24	89. 97	89. 22
美国	3. 37	29. 71	24. 8	21. 7	26. 83	-31. 24	84. 49

资料来源：煤炭运销协会。

（3）社会库存压力小于上年度但仍然维持在高位

根据煤炭运销协会数据，2013 年 1 季度，煤炭企业库存略有下降，在 7500 万 ~8000 万吨之间，与 2012 年的 7300 万 ~9400 万吨区间相比压力减少。但自 2013 年 2 季度以来，煤炭企业库存一直高居 8500 万吨以上，形势不容乐观。

根据煤炭运销协会数据，2013 年，发电企业库存压力同样小于 2012 年。2013 年以来，重点发电企业库存仅在 7、8 月份低于 7000 万吨，其余月份均高于 7200 万吨，在 10 月份又高达 8102 万吨。电力企业和煤炭企业都承受了较大的库存压力，但前者的压力稍小于后者，体现了买方市场的特性。2011 年以来，重点发电企业库存最低值为 5071 万吨，时间是 2011 年 3 月，2013 年的最高库存是 8239 万吨，出现在 2 月份。近 3 年来，发电企业最高库存与最低库存相差 3168 万吨，而煤炭企业最高库存和最低库存相差 4390 万吨。具体见图 2. 11。

根据煤炭运销协会数据，2013 年 1 ~9 月份，主要港口库存均高于 4000 万吨，压力甚至大于 2012 年。2012 年，主要港口库存只有 3 个月大于 4000 万吨，最高值是 4249 万吨。

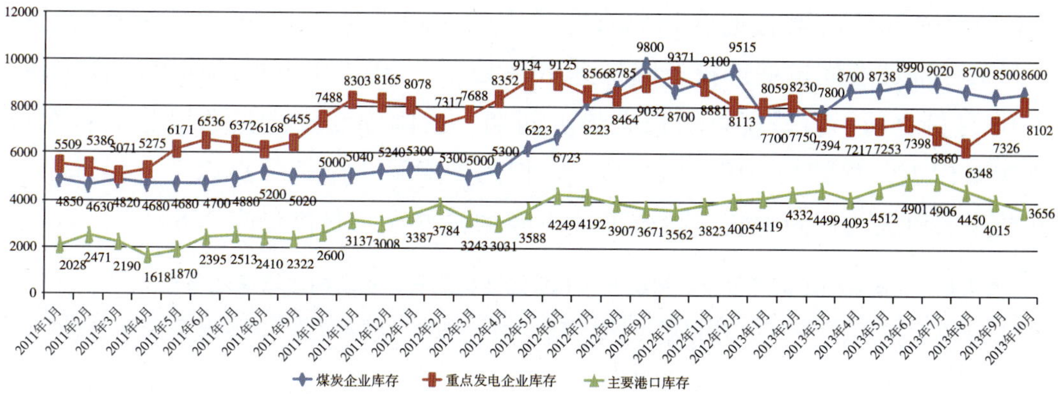

图 2.11　2011 年以来我国煤炭企业、重点发电企业、主要港口煤炭库存情况（单位：万吨）

资料来源：煤炭运销协会。

另据中国煤炭工业协会数据，2013 年 9 月末，煤炭企业库存合计 8500 万吨，重点发电企业库存可用天数为 21 天，主要港口库存与去年同期相比增长 8.3%。煤炭企业、重点发电企业、主要港口库存是我国煤炭社会库存的重要组成。将图 3 中三者数据相加，可以反映出我国煤炭社会库存的高位态势。具体见图 2.12。

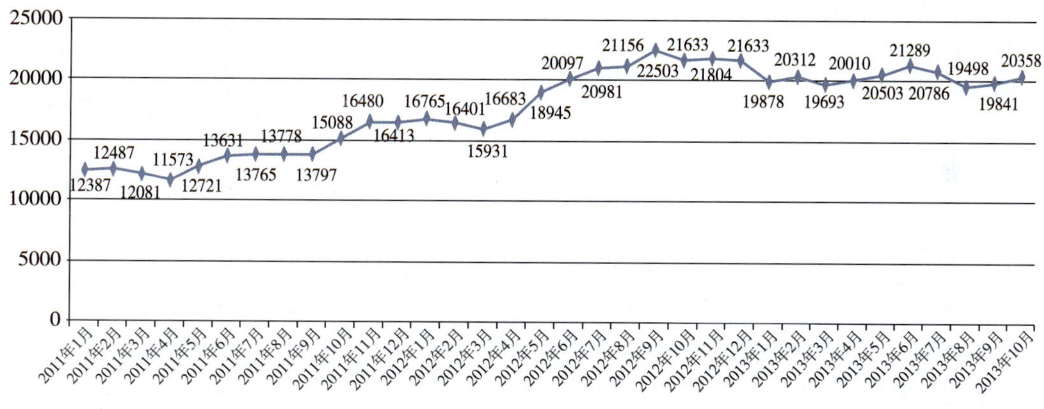

图 2.12　2011 年以来煤炭企业、重点发电企业、主要港口煤炭库存合计变化情况（单位：万吨）

资料来源：煤炭运销协会。

（4）固定资产投资快速下滑

根据国家统计局数据，2013 年前 3 季度，我国煤炭开采和洗选业固定资产投资同比增速仅为 -0.3%，前 10 个月的值回升至 1.3%，但仍然与 2012 年前

7个月超过20%的增长速度相比有非常大的差距。自2012年8月份开始，煤炭开采和洗选业固定资产投资降低到10%以下，2013年下滑的速度同样很快，在10月份之前一直呈现负增长态势。同期，我国固定资产投资增速一直保持在20%以上，尽管与2011年的23.8%相比下降了3个百分点以上，但远不如煤炭开采和洗选业固定资产投资增速下降的幅度大。具体见表2.6。

表2.6　我国固定资产投资、煤炭开采和洗选业固定资产投资同比增速（%）

时间	固定资产同比增速	煤炭开采和洗选业固定资产增速
2013年前10月	20.1	1.3
2013年前9月	20.2	-0.3
2013年前8月	20.3	-3.1
2013年前7月	20.1	-1.6
2013年前6月	20.1	-2.5
2013年前5月	20.4	-2.4
2013年前4月	20.6	-6.6
2013年前3月	20.9	-12.6
2013年前2月	21.2	-4.7
2012年全年	20.6	7.7
2012年前11月	20.7	8.7
2012年前10月	20.7	3.9
2012年前9月	20.5	3.9
2012年前8月	20.2	7.7
2012年前7月	20.4	18.4
2012年前6月	20.4	23.1
2012年前5月	20.1	25.2
2012年前4月	20.2	30
2012年前3月	20.9	35.1
2012年前2月	21.5	23
2011年全年	23.8	25.9

资料来源：国家统计局。

（5）行业利润持续下降

2013年以来，在工业和信息化部重点监测的12个工业行业中仅有2个行业的利润增速持续下降，煤炭是其中之一。据工业和信息化部统计，2013 年 1～9 月份，煤炭行业利润同比下降 38.8%，主营业务收入利润率为 6.37%，同比下降 3.88 个百分点，企业亏损面为 25.3%，同比扩大 4.6 个百分点。2013 年，煤炭行业主营业务收入利润增速与 2012 年相比均有较大幅度的下降。具体见图 2.13。

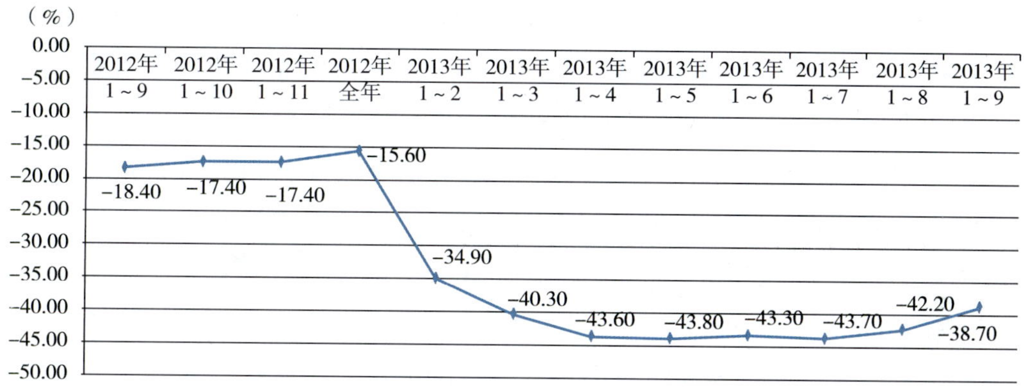

图 2.13　煤炭行业主营业务收入利润增长情况

资料来源：工业和信息化部。

另据中国煤炭工业协会统计，2013 年前 8 个月规模以上煤炭企业利润同比下降 42.2%，亏损企业亏损额同比增长 102.2%；90 家直报的大型煤炭企业利润同比下降 40.75%，90 家企业中已有 29 家企业亏损，亏损面比去年增加了 13.3 个百分点。具体见表 2.7。

表 2.7　　90 家重点煤炭企业利润情况

时间	利润同比增长（%）	亏损企业数（家）	亏损面（%）
2013 年前 8 个月	-40.75	29	32.2
2013 年前 5 个月	-43.1	26	28.9
2012 年	-22.3	19	21.1
2012 年前 9 个月	-22.2	17	18.9
2012 年前 8 个月	-14.5	16	17.8
2012 年前 6 个月		6	6.7

资料来源：中国煤炭工业协会。

（6）市场下行幅度从 3 季度开始收窄、4 季度形势可能进一步缓解

分析不同部门 3 季度的统计数据可以发现，煤炭行业的下行趋势出现放

缓迹象。其中，根据中国煤炭工业协会数据，2013年以来，煤炭产量增速在1季度同比下降6.75个百分点，前2季度下降9.3个百分点，前3季度下降5个百分点；前2季度增速环比下降2.75个百分点，前3季度增速环比提高2.3个百分点。据统计，前10个月煤炭产量仍为负增长，但同比增速的降幅再度收窄。

与2012年的大幅度下滑相比，2013年煤炭消费量下降幅度逐步缩小。据中国煤炭工业协会统计，2013年1季度、前2季度我国煤炭消费量增速均同比回落1个百分点，而前3季度的回落值仅为0.2个百分点。

根据国家统计局数据，2013年1~9月份，煤炭开采和洗选业固定资产投资累计增速同比都是负值，前3个月下降幅度最快，同比增速为-12.6%。之后降幅缩小。下半年的最大降幅出现在8月份，累计同比增速为-3.1%。9月份的累计同比增速为-0.3%，与8月份相比提高了2.8个百分点。10月份，全国固定资产累计同比增速没有出现大变化的前提下，煤炭开采和洗选业固定资产投资累计同比增速恢复为正，达到了1.3%。

据工业和信息化部统计，2013年煤炭行业主营业务收入利润累计同比增速一直保持两位数字的负增长。2月份的降幅最低，为-34.9%。3月份达到-40.3%，此后直到7月份，累计同比增速一直保持在43.0%~43.8%的区间。从8月开始，累计同比增速开始有所下降，达到42.20%，9月份的降幅又收窄了3.5个百分点，达到-38.7%。

煤炭库存情况虽然没有出现好转，但煤炭价格在9月份降幅减少，在10月份出现回调。根据秦皇岛港煤炭网数据，2013年环渤海动力煤平均价格继续下滑，进入7月份下滑幅度加大，但到9月份下滑幅度减缓，到了10月中旬价格小幅回升。2013年1月至10月9日，环渤海动力煤平均价格从633元/吨下降至530元/吨，截至11月20日回升到565元/吨。具体见图2.14。

3季度以来，多项指标显示我国经济出现企稳态势。根据国务院发展研究中心、中国银行、国家信息中心、世界银行、摩根大通等国内外不同机构对我国的经济预测，2013年我国GDP增速可能处于7.5%~7.8%的区间，4季度的增速将在7.6%~7.7%之间。目前的情况显示，4季度国内经济至少不会进一步恶化。根据目前煤炭价格、铁路运输和航运量发展趋势，我国煤炭经济形势在4季度依然严峻，但困难程度可能会有所缓解。

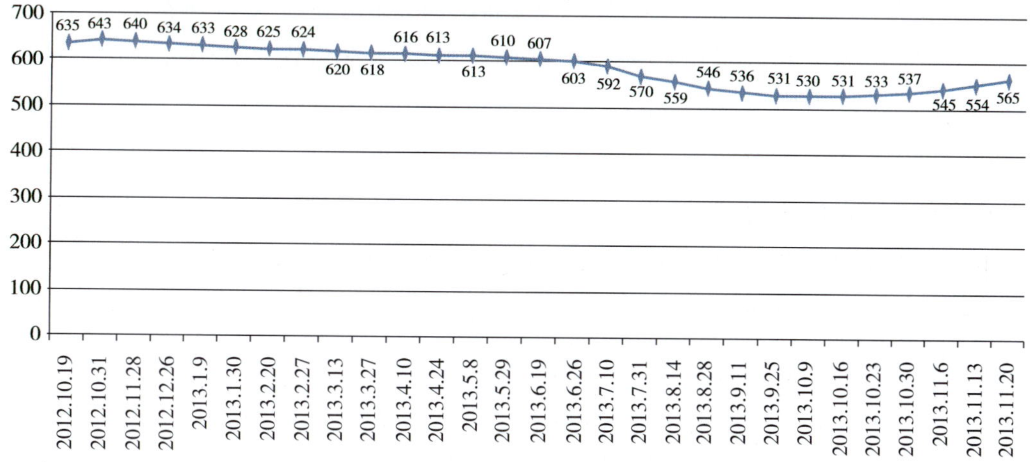

图2.14　环渤海动力煤平均价格（单位：元/吨）

资料来源：秦皇岛煤炭网。

2.4.2　政策环境不断完善

2013年，与煤炭产业市场化改革相关的政策环境取得较大突破，产业政策将更加有利于完善流通环节，环境政策将对煤炭消费产生巨大影响。

（1）煤炭价格形成机制将更趋市场化

2013年1月1日起，饱受争议的电煤价格双轨制被正式取消，标志着我国煤炭市场化改革又迈出了坚实一步。8月22日、9月12日，郑州商品交易所相继获得证监会关于开展动力煤期货交易和上市动力煤期货合约的批文。9月26日，动力煤期货在郑商所正式上市。至此，我国煤炭市场体系得到重构，由现货和期货两大市场构成，现货价格和期货价格由市场供需决定的现代化交易模式正在逐步形成。

发现价格是市场的重要功能之一，价格形成机制科学与否是市场的价格发现功能能否充分发挥的决定性因素。因此，煤炭市场化改革的核心之一是要形成市场化的价格形成机制。以前，我国没有煤炭期货市场，现货市场的价格由于存在双规制而不能完全体现市场供需状态，煤炭价格形成机制一直存在缺陷，制约了煤炭市场化改革的进程。从2013年开始，呼吁多年的双规制问题、煤炭期货问题终于得到解决，煤炭产业的市场环境不断完善。然而，煤炭价格形成机制改革并没有因为政策的突破而完成，恰恰相反，目前仍处于探索和创新阶段。首先，现货市场的交易模式仍然较为传统，新型交易尚不成熟，依靠传统交易模式形成的现货价格滞后于现代化市场体系建设的步伐。其次，期货市场的作用尚未充分发挥，还没有与现货市场形成良性互动。接下来，煤炭市场化改革之路到了攻坚阶段，煤炭价格形成机制改革将是重点和难点。但不论如何，市场化将成为大势所趋。

（2）煤炭产业发展环境将更趋完善

我国的《煤炭产业政策》执行于2007年，当年的市场环境与目前最大的区别在于四个方面：一是煤炭市场格局发生了变化，由当年的卖方市场转变为目前的买方市场；二是政府调控的基本原则发生了变化，目前更加强调发挥市场的决定性作用，这与发挥市场的基础性作用相比更加强调了市场的地位；三是进口煤数量持续增长，尤其是美国非常规天然气页岩气的大规模应用对煤炭市场必将产生越来越大的冲击，国内煤炭市场将面临更多的国际化竞争；四是对环境保护的重视程度越来越高，从节能减排到大气污染防治，反映出我国政府的环境保护达到了一个新的高度。

由于目前的煤炭市场环境发生了较大的变化，国家能源局在2013年对发布于2007年的《煤炭产业政策》进行了修订。修订的主要内容充分体现了目前产业发展环境的新趋势。新的《煤炭产业政策》将更加有利于煤炭产业的健康发展，对产业未来的发展方向发挥了指导性作用，可归纳为三个方面：一是充分发挥市场的决定性作用，改革目前的煤炭价格形成机制；二是根据目前的煤炭供需格局，调整区域煤炭供应策略；三是根据我国非常规天然气特征，大力发展煤层气；三是完善煤炭市场体系，健全煤炭储备机制；四是控制大中型城市煤炭直接燃用量，改善城市大气环境。

（3）燃煤标准将更趋严格

现阶段，大气污染防治任务非常艰巨。煤炭消费企业成为了治理的重点。例如河北省，到2014年，将淘汰水泥落后产能6100万吨以上，淘汰平板玻璃产能3600万重量箱；到2017年，钢铁产能压缩6000万吨，现有工业企业的燃煤设施全部改用天然气或由周边电厂供汽供电，基本完成燃煤锅炉、窑炉、自备电站的天然气替代改造任务；到2017年，煤炭占能源消费总量比重较

2012 年明显降低，全省净削减 4000 万吨。这一政策与煤炭需求密切相关。今后，将有更多的地区加大大气污染防治力度，对未来煤炭需求必将形成硬约束。

约束主要体现在两个方面：一是压缩煤炭消费，提高天然气等清洁能源的利用率；二是强化燃煤标准，推动成品煤质量的提升。长期以来，我国消费的煤炭以原煤为主，煤炭市场“有什么，卖什么”，但随着煤炭买方市场的逐步形成，以及大气污染防治工作的日益强化，煤炭消费侧对生产端将愈发“苛刻”，“要什么，卖什么”将成为煤炭供应的必然趋势。今后，为满足环境保护的要求，我国二氧化硫、碳氧化合物等的排放将严格控制，燃煤标准将更为严格。随着法律体系的日益完善、执法力度的不断加强，煤炭行业原有的发展模式必将发生根本性改变，规范性、标准化将成为根本方向。

2.4.3 新形势下煤炭供应模式面临创新

在经济增速放缓、环保压力加大、进口煤大幅增加的环境下，煤炭供应面临着巨大的竞争压力，煤炭产业已经进入了全面转型期，延续了几十年的煤炭粗放供应难以为继。煤炭粗放供应是指，在经济高速增长条件下，煤炭总需求大于总供给，市场供应的煤炭以原煤为主，不能与消费端的设备指标相匹配。生产侧“开采什么，卖什么”，消费端“有什么，买什么”。电厂等消费企业虽会对“抢购”的煤炭进行加工，但煤质仍难以与设备指标精确匹配。消费端身为客户，却享受不到应有的服务，通常要负责一切采购事项，包括寻找煤源、联系货运和仓储、筹备资金等。我国以粗放为主的煤炭供应模式存在诸多弊端，是火电厂效率难以提升、煤企能力不足以及政府调控不能有效平抑市场波动的主要原因。

国内外均存在先进的煤炭供应模式，并取得了良好绩效。例如美国的精煤（clean coal/washed coal）发电。美国电厂既要关注污染物排放的水平，又要提高发电效率，因此非常讲究煤质，进火电厂的煤炭主要是经过加工的精煤——“清洁后”的煤炭。加工的主要方式是定制化的洗煤和配煤，加工的过程较为精细，加工后的煤标准化程度高，能与燃煤锅炉指标相匹配。国内也不乏先进实践。神华下属的国华电力在全国及海外拥有 37 家电厂。根据每家电厂的不同需求，国华燃料中心与神华集团对接，由神华集团统一调度，供应国华下属的各个电厂。流程是，电厂需求汇总—集团综合分析煤炭、物流等资源，明确供应方案（涵盖采购、加工、运输等）—集团获取煤源，或自产或外购—集团负责加工与储运—标准化的成品煤进厂。凭借完善的内部煤炭供应体系，神华煤炭供应具备较强的服务能力、加工能力、资源协调能力和资金管理能力，基本实现了供应以客户需求为导向，各个环节与火电厂分工合作的模式。供应电厂的煤绝大部分经过了精细化的加工，以成品煤为主。与神华相类似的例子还有山西兴能发电有限责任公司。兴能是山西焦煤集团子公司，在古交县拥有 5 个煤矿，1 个发电厂和 1 个精细配煤厂。由于内部供应体系所具备的服务、加工、资源协调及资金管理等能力，同样取得了非常好的绩效。

流通体系不完善是我国煤炭粗放供应的根源之一。但美国的煤炭供应包含着较强的服务能力，能够为消费端提供专业化的加工、物流等服务。国内少数集团企业内部供应体系完善，同样实现了良好的供应效果。国内外先进供应模式的实质是煤炭精益供应。基于精益思想，煤炭精益供应是指，市场供应的煤炭以与客户需求相匹配的半成品煤或成品煤为主，并确保在客户要求的时间、按要求的数量送到指定的地点。消费端“要什么”，供应方“供什么”。投入锅炉的成品煤与锅炉指标精确匹配，消费端的运营成本和环境污染明显降低，生产侧的发展能力较大提升，市场资源配置更趋合理和高效。因此，面对波动，市场的自调节功能将有效发挥。

中高速、低碳化，是我国未来经济发展的两大主要趋势。煤炭的需求增速将明显下降，用煤行业的环保标准、能耗标准都将从严控制。新的发展形势下，煤业的转型任务非常紧迫。走煤电、煤化等深加工之路也是煤业延长产业链、提高产品附加值的转型路径之一。但深加工的用煤量占煤炭总消费量的比例较小。目前，我国有不少于 30 亿吨的煤炭流转至消费端，今后这一数字还将增长。因此，转变供应模式才是转型的核心。不论从提升煤炭消费的经济、社会和环保效应角度，从行业健康、可持续发展角度，还是从企业能力提升的角度，煤业都需要转变粗放供应模式，实现精益发展。我国煤炭流通体制并不完善，但神华集团、兴能集团是利用内部完善的煤炭供应体制弥补社会流通环节的不完善，实现对内部火电厂的精益供应。在买方市场格局下，我国煤炭流通体制改革将不断深化，这一模式将逐步改变煤炭消费理念和煤业发展理念，将在煤炭生产和消费之间建立一种新型的供需关系，使产业链更为完整，形成较为成熟的生产—流通—消费格局，从而为煤炭产业转型带来革命性变革。

2.5 石油和化工行业：2013年回顾与2014年展望

2.5.1 行业经济发展主要特点

2013年，石油和化工行业经济运行总体平稳，基本符合预期。统计局数据显示，1～9月，全行业规模以上企业28296家，实现主营收入约9.59万亿元，同比增长9.0%，占全国规模主营收入的13.0%；利润总额6063.2亿元，增长12.5%，占全国规模利润总额的15.0%；上缴税金6433.1亿元，增长5.0%；完成固定资产投资1.45万亿元，增长18.4%；资产总计9.91万亿元，增幅12.2%。前三季度，实现进出口总额4832.6亿美元，同比增长2.0%，占全国进出口总额的15.8%，其中出口1334.7亿美元，增长3.4%，占全国出口总额的8.3%。1～9月，全国石油天然气总产量（油当量）同比增长4.1%；主要化学品总产量增幅约5.3%。行业经济发展呈现以下主要特点。

（1）运行稳中向好、内生动力增强

前三季度，行业经济增长稳中趋快。数据显示，一季度全行业增加值同比增长9.0%，上半年为9.1%，1～9月上升至9.4%。1～9月，全行业收入增幅9.0%，上半年为9.3%，增长走势基本平稳。在行业经济保持平稳运行的同时，内生动力在不断增强。据统计局数据，一季度全行业利润增长10.6%，上半年为9.6%，1～9月回升至12.5%，其中，三季度增幅达18.2%，整体效益向好。前三季度，全行业亏损企业亏损额同比下降22.3%，亏损面由年初的21.3%降至15.4%。从化工行业看，前三季度增长动力主要来自专用化学品制造、有机化学原料和橡胶制品业等三大支柱产业，它们对化工行业利润的贡献率分别达到41.6%、32.7%和30.5%。

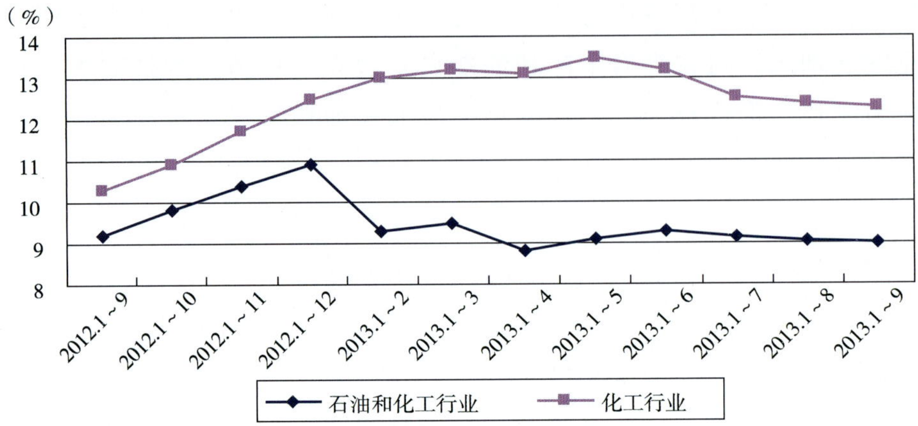

图 2.15　2012.09～2013.09 石油和化工行业主营收入累计增长走势

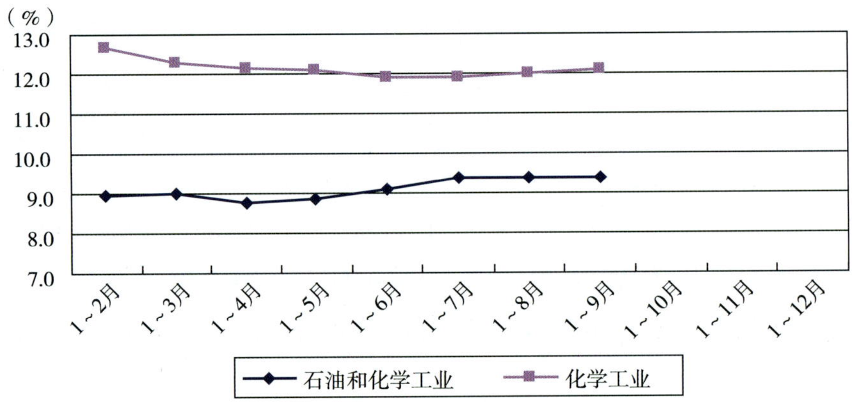

图 2.16　2013 年 1～9 月石油和化工行业增加值累计增长走势

（2）投资保持平稳较快增长，结构出现明显变化

前三季度，全行业固定资产投资增幅 18.4%，比上半年加快近 2 个百分点，占全国固定资产总额（不含农户）的 4.7%。四大投资领域中，对化学工业的投资明显减缓。1～9 月，油气开采、炼油和专用设备制造业投资增幅分别达 26.1%、22.1% 和 33.2%，化学工业增速只有 15.6%，多年来历史同期首次低于油气开采和炼油业。从化工各行业看，有机化学原料、合成材料，以及涂（颜）料制造等精细化学品投资增长较快。1～9 月，上述三子行业投资增幅分别达到 30.1%、23.4% 和 26.8%，大大高于全行业平均增速。

同时，一些过剩行业投资持续回落。如，前三季度无机酸行业投资增幅只有 5.5%，无机碱则是下降 8.4%，磷肥行业投资降幅更是超过 37%。

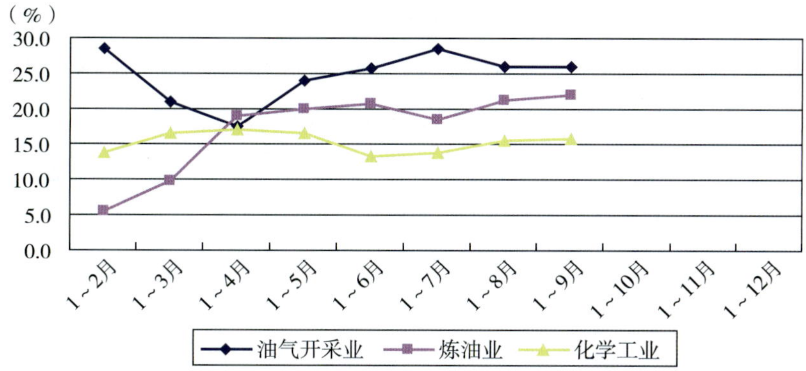

图 2.17　2013 年 1～9 月油气开采、炼油和化工行业投资累计增长走势

（3）价格触底回升，油气行业回升步伐较快

2013 年上半年，石油和化工行业价格总水平持续下降，直到进入第三季度后，油气开采和炼油业才开始止跌转涨。不过，化工行业价格依然保持较大降幅。价格指数显示，1～9 月，石油和化工行业生产者出厂价累计同比降幅 3.1%，比上半年收窄 0.6 个百分点。分行业看，石油天然气开采业同比下降 3.4%，降幅较上半年缩小 1.8 个百分点；炼油业降幅 2.2%，较上半年缩小 1.1 个百分点；化学工业降幅 3.7%，较上半年收窄 0.2 个百分点；专用设备制造业下降 0.3%，较上半年扩大 0.4 个百分点。

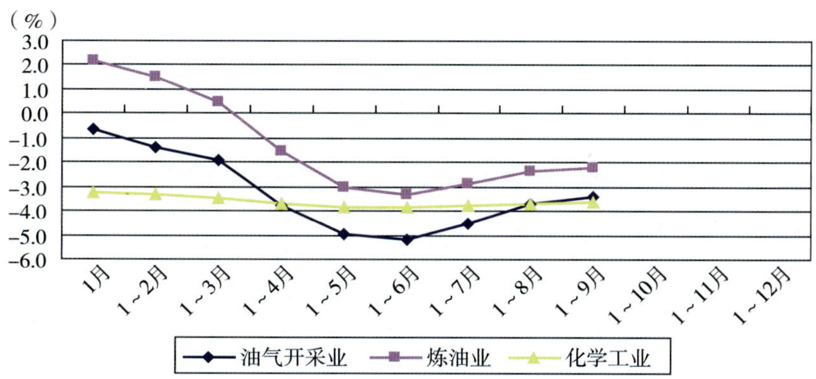

图 2.18　2013 年 1～9 月油气开采、炼油和化工行业出厂价累计变化情况

（4）出口保持增长，橡胶制品仍居主导地位

据海关数据，1～9 月，全行业出口总额 1334.7 亿美元，同比增幅 3.4%，2012 年同期增幅为零，占全国出口总额的 8.3%。出口产品中，橡

胶制品仍居主导地位。前三季度出口总额达350.0亿美元，同比增长6.2%，占全行业出口总额的26.2%，比上年同期提高0.7个百分点。此外，2013年来成品油出口保持了较快增长，前三季度出口1246.4万吨，占成品油总产量（汽、煤、柴油合计）的5.8%，同比增长45.3%；出口额124.3亿美元，增幅38.3%，占全行业出口总额的9.3%。总的看，我国石化和化工产品出口结构较为单一，档次偏低。从目前出口情况分析，外需市场虽在改善，但很缓慢。

（5）东部地区经济增长较快且效益较好

东部地区收入增长保持领先。1～9月，东部11省市主营收入6.36万亿元，增长9.6%，占全国行业收入比重66.3%。中部8省主营收入1.66万亿元，增长7.9%，占比17.3%。西部12省市区主营收入1.57万亿元，增幅7.5%，占比16.4%。从下半年来收入增长走势看，东部地区稳中趋快，中、西部地区呈下降趋势。

利润增长主要来自东部地区。1～9月，东部地区利润总额3468.2亿元，同比增长21.3%，占全国行业利润总额的57.2%。中部地区利润总额1039.5亿元，同比增长1.2%，占比17.1%。西部地区利润总额1555.4亿元，同比增幅3.3%，占比25.7%。东部地区利润增幅显著高于中、西部地区，效益相对较好。目前情况显示，东部地区产业转型升级取得积极成效，抵御风险的能力明显强于中、西部地区。

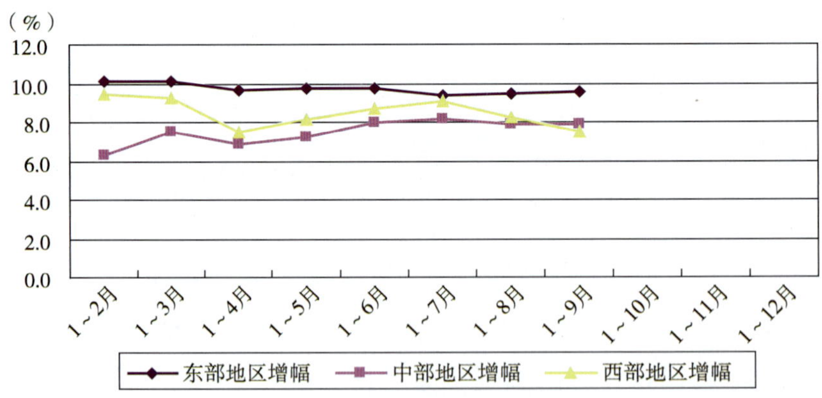

图2.19　2013年1～9月东部、中部和西部地区主营收入累计增幅情况

2.5.2　当前行业经济运行中的主要问题

一是部分行业产能过剩问题依然很突出。最新数据显示，2013 年前三季度，尿素产量增幅为 9.5%，而表观消费量增长只有 3.8%，装置平均利用率保持在 90% 以上，产能释放较大，对市场形成极大压力。市场监测显示，2013 年以来尿素价格持续走低，1～9 月市场均价仅为 1998 元/吨，创近年来同期最低，同比跌幅达 12.8%；受此影响，氮肥行业效益大幅下滑，利润同比降幅超过六成五。无机盐、无机碱行业也大致如此，价格连连下挫。前三季度，烧碱装置平均利用率在 75% 左右，纯碱装置平均利用率大约 80%；烧碱（片碱）市场均价为 2672 元/吨，同比下跌 18.1%，液碱（32% 离子膜）均价 706 元/吨，跌幅 23.1%；纯碱（重灰）市场均价 1397 元/吨，同比下跌 12.0%，轻灰均价为 1292 元/吨，跌幅 14.0%。1～9 月，无机碱行业利润在去年同期大幅下降的基础上，再度下降 41.7%，无机盐行业降幅为 15.7%。此外，前三季度，聚氯乙烯装置利用率约 61%，甲醇不足 60%，它们价格也是长期低位徘徊。值得注意的是，化肥、“两碱”、聚氯乙烯等产品市场需求增长明显减缓，且产业链较短、附加值较低，在产能扩张上应尤为谨慎，在化解产能过剩上应有更大力度。

二是化工市场有效需求仍然不足。2013 年以来，主要化学品的需求增长明显放缓。数据显示，前三季度主要化学品表观消费总量的增幅仅为 3.7%，较上年同期大幅回落 4.6 个百分点。其中，无机化学品增幅 4.5%，同比回落 1.5 个百分点；有机化学品增速 5.1%，同比减缓 3.1 个百分点；合成材料增幅只有 2.2%，同比回落 4.5 个百分点；合成纤维单（聚合）体表观消费量下降 3.1%，而 2012 年同期增幅为 8.1%。

据目前情况分析，化工市场虽然处于回升之中，但较为缓慢，市场依然疲弱。1～9 月，化工行业价格总水平同比跌幅 3.7%，比一季度扩大 0.3 个百分点，比上半年仅缩小 0.1 个百分点。

三是产业结构调整还不能适应市场变化要求。近年来，石油和化工行业产业结构调整虽然在稳步推进，但仍不适应市场变化的要求。一方面产能过剩问题突出，另一方面又在大量进口，特别是有机原料和合成材料进口量较大。海关数据显示，1～9 月，我国净进口有机化学品达 1989 万吨，同比增长

12.4%；净进口合成树脂1957.4万吨，比上年同期略有下降，是国内合成树脂总产量的45.6%。大量进口上述产品反映出我产品两方面问题：一是产品竞争力提升较为缓慢。如甲醇，由于原料成本的差异，我产品难与中东地区一较高下。二是差异化产品少，档次偏低。这种情况在合成材料领域表现尤为突出。如合成树脂，国内通用料供应充足，但专用料、特种料产量稀少，基本依赖进口。值得注意的是，我们很多企业在转型升级上仍犹豫观望，决心不大，行动不力，这样下去有可能被市场淘汰。

2.5.3 行业经济发展趋势

未来两三年内，行业经济增速将保持相对平稳，增幅回落。过去10年（2003～2012年），石油和化工行业主营收入年均增幅达23.6%，总规模超过12万亿元；在高速增长的同时，资源和环境的约束力也空前加大。随着国内外宏观经济环境的深刻变化，行业结构调整、转型升级的推进，这种不可持续的高速增长模式基本结束。未来两三年内，行业经济增长将趋于平稳，增幅较以往明显回落，预计收入年均增速在12%～13%左右，但增长的质量显著提高。

投资将保持较快增长，结构将继续变化。过去两年，石油和化工行业投资增速均保持在23%以上，预计未来两年，行业投资将继续较快增长，年均增幅将在20%上下。随着国家对新兴产业扶持力度的加大，以及对能源领域政策的逐步完善，行业投资结构将随之继续变化。未来，非常规油气领域的勘探开发投资将会继续增加，油气管网支线及储运设施建设也将是投资的另一亮点。对化学工业的投资总体上将趋缓。其中，无机化学原料、化肥制造等产能过剩行业的投资将会受到更大的约束；化工新材料、高端合成材料及特种专用化学品、精细化学品等将持续快速增长。

市场需求增速放缓，需求结构将发生改变。根据我国宏观经济转型升级发展趋势看，随着经济增速放缓，对能源和化学品的需求增长减缓将成为必然。过去5年间，我国原油表观消费量年均增幅为6.7%，天然气表观消费量年均增幅达15.4%；主要化工产品表观消费总量年均增长8.9%。未来5年，除天然气消费继续保持较快增速外，油品和主要化学品的消费都将明显放缓。预计原油表观消费量平均增幅在5%左右，主要化学品约6%。在市场需求放缓的同时，消费结构也将发生变化。天然气在油气消费中比重持续上升，将由目前21%升至25%以上；在成品油消费中，汽、煤油占比将不断扩大，柴油缩小。在大宗化工产品中，如纯碱、烧碱、通用合成树脂等产品市场容量变得相对稳定，扩张难度不断加大，而特种专用化学品、化工新材料、精细化学品等量小质高的产品将成为市场需求增长的主力。新材料、新能源、节能、环保等新兴产业将成为引领未来市场需求的主要方向。

出口产品中，橡胶制品的主导地位短期内难以动摇，但有机化学品、合成材料等产品的出口将会加快。长期以来，在石油和化工行业的出口总额中，橡胶制品一直居统治地位，目前占比达26%左右。这种状况一定时期内尚难改变，不过，随着行业产品结构调整升级加快，出口产品结构将发生变化。未来，有机化学品、合成树脂、专用化学品、成品油等产品的出口占比将会上升。到2018年，有机化学品在行业出口额中的比重将由2012年19.6%上升至23%上下；专用化学品占比将由9.8%回升至12%以上，成品油占比将由7.4%扩大至11%左右；而橡胶制品占比届时可能降至23%左右。

2.6　新能源行业：2013年回顾与2014年展望

2.6.1　光伏行业低位回暖

2013年促进光伏发展的政策密集出台。以2013年7月出台的《国务院关于促进光伏产业健康发展的若干意见》为核心的系列新政策①的内容主要以推动国内市场应用为主，同时也鼓励兼并重组、抑制产能盲目扩张来促进光伏行业的结构调整和技术发展。系列新政发挥了明显的积极效果，2013年二季度

① 包括关于光伏发电增值税政策的通知（2013年9月23日），国家发展改革委关于发挥价格杠杆作用促进光伏产业健康发展的通知（2013年8月26日，财政部关于分布式光伏发电实行按照电量补贴政策等有关问题的通知2013年7月24日），国务院关于促进光伏产业健康发展的若干意见（2013年7月4日），国家能源局关于申报分布式光伏发电规模化应用示范区的通知（2012－09－14），住房和城乡建设部公告第1428号——关于发布国家标准《光伏发电站设计规范》的公告（2012年6月28日），关于组织实施中央国家机关屋顶光伏发电示范项目的通知（2012年2月13日），发展改革委关于完善太阳能光伏发电上网电价政策的通知（2011年7月24日），工业和信息化部2013年9月和10月颁布的《光伏制造行业规范公告管理暂行办法》，《光伏制造行业规范条件》等。

以来光伏企业的低位回暖很大原因上得益于政策效果的显现。调研中企业和地方政府亦一致评价“光伏的有关政策找到了对的方向”，但是这些新政仍存在需要改进的方面。

2013 年第二季度光伏行业出现低位回暖。得益于 2012、2013 年以来系列新政策对国内应用市场的支持，光伏企业的开工率回升。浙江大型光伏企业多处于满产状态，中小企业开工率达到 70% 左右；2013 年 1 ~ 8 月，全省光伏总产值 340 亿元，利润 10% 左右，产量较 2012 年同期增长 30%。江苏的总体产能利用率提高了 10% ~ 20%，硅片、电池和组件的产能利用率分别达到 62.6%、65.7% 和 67%。江苏常州光伏企业的亏损面由 50.7% 收窄至 39.1%，亏损总额与 2012 年同期相比下降了 41.4%；产值、主营业务收入降幅分别由年初的 26.8 和 20.8% 逐步减小至 5.9% 和 3.0%；全行业实现了自 2012 年下半年以来首次盈利；产成品库存与上年同期相比降幅达 26.7%。产品价格止跌企稳。硅太阳能电池价格从 2012 年年初的均价 5.8 元/瓦，跌至 2013 年 5 月份 3.5 元/瓦，又逐月提升至 8 月份的 3.7 元/瓦。

全球光伏应用市场持续增长，市场重心向中日美等国转移。2013 年上半年，全球光伏市场需求达到 16GW，较上年同期提高了 9%。其中日本约为 3GW、我国约为 2.8GW、德国约为 1.9GW、美国 1.6GW，这四个国家约占全球市场的 60%。市场需求总体上仍呈现增长趋势，预计全年全球光伏装机量将达到 35GW，其中欧洲市场约为 10GW、我国约为 8GW、日本约为 5GW、美国约为 3.5GW，市场重心逐渐由以往的欧洲向中、日、美等国家转移。

表 2.8　　全球主要国家装机情况

国家	2013 上半年（GW）	全年预计（GW）
日本	3	5 ~ 10
中国	2.8	7 ~ 10
德国	1.9	3.5 ~ 4.5
美国	1.6	3.5 ~ 4
全球合计	16	35

国内光伏应用市场规模快速扩大，并网问题仍将是市场发展的瓶颈。我国 2013 年上半年的 2.8GW 装机中，有 1.5GW 来自于 2012 年第二批金太阳和光电建筑工程，另外 1.3GW 则为大型光伏电站。预计我国全年装机量有望达到

8GW，其中大型光伏电站5GW、金太阳示范工程2GW、分布式发电规模示范区1GW，随着电价补贴、资金来源、分布式发电管理办法等细则落实，乐观情况下甚至可达到10GW，装机规模将位居全球第一。由于光伏电站建设与电网建设周期不匹配，电源与电网规划的协调仍将是光伏市场进一步扩大的关键。

光伏发电逐步实现用户侧平价上网，应用将由政策驱动向市场驱动过渡。虽然一些传统光伏国家，如意大利等正在大力削减补贴或给光伏装机设限，但随着光伏产品价格的快速下降，光伏发电在部分国家已经实现用户侧平价上网，如德国，其屋顶光伏系统发电成本已低于零售电价，我国在部分地区的工商业屋顶上也已实现用户侧平价上网，光伏应用市场正逐渐由补贴驱动向纯市场驱动转变。

虽然我国光伏市场发展潜力巨大，但是，2013年上半年受补贴资金不能及时到位、上网电价也迟迟未能确定、上网配套等措施尚未明确等影响，市场多呈现观望态势，预计随着国务院政策文件的出台，电价政策等相关配套文件也会很快落实，市场将会迎来新的发展机遇。

2.6.2 风电发展现曙光

风电有系列优惠政策，新政着重风电的并网和消纳。中国自20世纪70年代开始尝试风电机组的开发，从1996年开始，启动了“乘风工程”、“双加工程”、“国债风电项目”、科技支撑计划等一系列的支持项目推动了风电的发展。按风能资源状况和工程建设条件，将全国分为4类风能资源区，相应制定风电标杆上网电价①。4类资源区风电标杆电价水平分别为每千瓦时0.51元、0.54元、0.58元和0.61元。海上风电上网电价现阶段为审批电价和招标电价结合的方式，价格区间为0.62～0.97元/千瓦时。风电亦有系列税收优惠政策，对利用风力生产的电力实现的增值税实行即征即退50%的政策②。自2008年1月1日起，对国内企业为开发、制造1.2MW以上的大功率风力发电机组而进口部分关键零部件、原材料所缴纳的进口关税和进口环节增值税实行先征

① 2009年7月，国家发改委《关于完善风力发电上网电价政策的通知》。

② 国家税务总局财税〔2008〕156号文《关于资源综合利用及其他产品增值税政策的通知》。

后退政策。对进口单机功率不小于1.5MW的风电机组配套的关键零部件和原材料，免征关税和进口环节增值税[①]。自2009年1月1日起，在维持现行增值税税率不变的前提下，允许企业逐年抵扣其新购进设备所含的进项税额。风电企业享受所得税三免三减半的优惠（自项目取得生产经营收入的第一个纳税年度起，前三年免征企业所得税，第四年至第六年减半征收企业所得税）[②]。

2013年1月召开的全国能源工作会议提出了能源工作总规划，明确提出要大力发展新能源和可再生能源，要协调地发展风电。全年实现新增风电总装机量1800万千瓦。2月国家能源局《关于做好2013年风电并网和消纳相关工作的通知》要求做好风电并网和消纳工作。5月15日，国务院发布了《关于取消和下放一批行政审批项目等事项的决定》，对于风电行业企业投资风电站项目核准，由国家发展改革委审批变更为下放地方政府投资主管部门审批，为风电行业的发展提供了良好的环境。

主要矛盾得到缓解，行业出现低位回暖。一方面，我国风电历经连续多年高速增长，2012年风电并网总量达到6083万千瓦，连续两年位居全球第一，年发电量超过1000亿千瓦时，占全国总发电量的2%，已成为第三大主力电源，对优化能源结构、促进节能减排的作用日益凸显。但另一方面，一些新的矛盾和问题，阻碍了风电产业的可持续发展，其中，又以弃风限电日益严重，送出和消纳亟待解决为最。弃风限电，是指在风电发展初期，风机处于正常情况下，由于当地电网接纳能力不足、风电场建设工期不匹配和风电不稳定等自身特点导致的部分风电场风机暂停的现象。国家能源局《关于做好2013年风电并网和消纳相关工作的通知》指出，“随着我国风电装机快速增长，2012年部分地区弃风限电现象严重，全国弃风电量约200亿千瓦时，风电平均利用小时数比2011年有所下降，个别省（区）风电利用小时数下降到1400小时左右，浪费了清洁能源和投资，加剧了环境矛盾”。

经过一轮波折，2013年中国风电发展已进入稳步发展的时期。2012年全

① 2007年初，财政部、发展改革委、海关总署和税务总局四部委联合发布《关于落实国务院加快振兴装备制造业的若干意见有关进口税收政策的通知》。

② 财政部、国家税务总局和国家发展改革委联合发布《关于公布公共基础设施项目企业所得税优惠目录（2008年版）的通知》（财税〔2008〕116号）。

年风电累计并网率已经达到 80%，是 2007 年以来的新高。风机价格回升至 2010 年水平，较最低点提升 10%。风电限电情况出现改善从 2013 年上半年开始，主要的风电运营商在发电利用小时数上都出现了较为明显的改善，限电情况的改善直接带动了运营商业绩的恢复。

风电利用小时数提升主要源于两个主要原因：第一，并网设施改善，如特高压电网建设完成：从 2012 年开始，国家电网在输变电线路上投入资金进行改造，一定程度上改善了风电就地消纳的问题，同时部分特高压线路的建成，如哈密到郑州线的建设完成也改善了新疆地区风电消纳的问题，直接带动新疆地区风电项目增长，据估计，新疆未来可能会在哈密进行 8GW 的风电装机。

第二，风电装机结构性转移至并网条件较好的南部地区，大量未招标项目可能招标，国家 2013 年新公布的第三批风电项目大部分已经集中在西南、东部等并网条件较好的地区。从 2012 年国家新增装机的比例来看，虽然内蒙古等地区装机比例仍然较大，但是如云南、贵州等并网条件较好的地区的风电新增装机增长迅速。预计如果未来发电装机摒弃并网条件差的地区而逐渐向并网条件较好的地区转移，则未来对于风电运营企业的发电利用小时数和风电整机企业未来的出货都将有很大的帮助。

大环境不变的情况下，预计 2014 年光电仍保持上扬态势。并网条件改善带动风机招标量出现回升。在 2013 年，国家先是审批了约 30GW 的风电项目，同时，从上半年的招标情况来看，同比出现了大幅度的增长，2013 年上半年招标量达到了 8. 8GW，同比增长了 100%，这部分招标量的提升将在明年企业报表得以体现①。因而，在大环境没有明显变化的情况下，预计光电行业明年继续呈上扬态势。

国际竞争力有待提升。我国风电在技术、产品及全球化方面的竞争力都有待提升。我国风电技术竞争力与国际先进水平的差距，主要体现在关键部件技术缺失及整体设计技术薄弱两个方面。已实现商业化生产的风电机组，基本上都是在引进技术、消化吸收的基础上，通过部分自制加外部采购关键零部件，进行整机组装而实现批量化生产。主轴轴承、齿轮箱轴承等风电机组的关键零

① 张弢："风电行业：风电行业处于复苏区间关注进一步政策利好"，东方财富网，2013 年 9 月 24 日。

件，风机、变流器和整机控制系统等风电机组中技术含量最高的关键部件等的设计制造技术，我国还没有完全掌握。风电机组整体设计技术至今仍然是薄弱环节。新机型开发基本采用与国外公司联合的方式，合作开发过程中仍然以国外设计机构为主，尚未完全形成我国企业的设计理念和方法。从产品竞争力来看，我国企业关键零部件配套能力不够强。兆瓦级以上风电机组配套的轴承、变流器、变桨矩系统处于小批量生产阶段，整机控制系统处于试制阶段，很大程度上仍依赖于技术跟踪，未能形成具有国际先进水平的自主研发能力和自主知识产权。而且我国产品不注重质量，近年来，投入运行的一些国产机组还出现了整机倒塌损毁、零部件大批量损坏更换、机组长时间不能正常投运等质量问题，影响了国产品牌信誉度。全球化方面，2007 年中国政绩制造企业开始开拓海外市场，出口量很少，仅出口五六个国家。而风电较为集中的其他几个国家如丹麦、西班牙、美国、德国、印度等国家风电出口超过 30 个国家，有的装机容量 93% 销往国际市场。

2.6.3　核电发展可能提速

政策重启对核电的支持。日本福岛核灾难事故发生后，我国暂停对核电项目的审批。2012 年 10 月开闸后，政策不断出台，重启对核电的支持。2013 年 6 月 15 日，国家发展改革委下发通知，将现行核电上网电价由个别定价改为对新建核电机组实施统一标杆上网电价政策。这标志着我国核电结束了“一厂一价”的电价机制，有利于企业提高自主创新能力，加强内部管理控制，提升产品服务能力，提高企业综合竞争力，促进行业良性竞争。9 月 12 日，国务院公布《大气污染防治行动计划》。从“大气国十条”透露的信息看，国家能源供需格局将出现重大变化，一直被暂缓的核电建设可能提速。10 月，国家能源局发布的《建立服务核电企业科学发展协调工作机制方案的通知》也利好我国核电产业的发展。核电税收还享有优惠政策：项目投产后的 15 年享受增值税先征后返的财政补贴，返还部分免征企业所得税。企业所得税三免三减半。

多国核电市场也陆续兴起。2013 年 10 月，土耳其与日本首相就土耳其锡诺普核电站和两国之间的合作签署了一份框架协议，将建造四座 Atmea1 型压水堆。11 月，英国政府与法国电力集团（EDF）签订了价值约 260 亿美元（约合人民币 1584 亿元）的核电站交易，这是日本福岛核灾难爆发至今，欧洲兴建的首座核电站。

我国核电市场空间巨大。截至2013年9月，我国投入商业运行的核电机组数量已达17台，核电总装机容量14833.79MWe（兆瓦电力）。2013年1~9月全国累计发电量38688.4亿千瓦时，核电累计发电量800.56亿千瓦时，约占全国累计发电量的2.07%，远低于世界平均水平。世界平均核电发电量占总发电量的14%~16%，如果达到国际平均水平，中国未来核电装机总容量应该为1.5亿~2亿千瓦，也就是说中国发展核电的空间还很大。

当前核电能更有效替代化石能源。“大气国十条”明确提出；积极有序发展水电，开发利用地热能、风能、太阳能、生物质能，安全高效发展核电。到2017年，运行核电机组装机容量达到5000万千瓦，非化石能源消费比重提高到13%。在眼下风电、光伏受制于设备、储能、并网“阻滞”的情况下，要实现2017年我国非化石能源提高到13%的目标，必须大规模依靠核电替代化石能源。从环境、资源角度来看，核电与火电、水电相比，在节能减排上更具优势。核电链的温室气体排放只是同等规模煤电链的百分之一左右。

核电发展仍然面临一些障碍。一是核电技术发展方向存在争议。在新建堆型的选择上，中国核工业集团公司力主自主研发的堆型；中国广东核电集团公司与法国公司有多年的合作；2006年成立的国家核电技术公司在社会AP1000技术的主要引进方和消化方。核电的试验装置，各个集团之间也不协调。在我国核电从设计到建造和运营都落后于发达国家的情况下，这种分散性的技术发展不利于我国核电产业国际竞争力的提升。二是投资经营体制。我国核电发展初期基于安全角度考虑，对该产业的准入实行严格控制。由国家指定中国核工业集团、中国广东核电集团等少数企业进行投资、建设和经营，由此形成了核电企业既是业主又是承包商和运营商的发展模式。这种模式在核电发展初期对于确保核电安全万无一失发挥了重要作用，但也造成了少数企业的垄断地位，限制了市场竞争，制约了核电发展步伐。三是人才问题。国内有核电专业的高校有40来所，但学核电设计的比较多，管理、设备制造、建造、运行的相对较少。

本章统稿人王怀宇。撰写执笔人依次分别为王晓明、贾涛、范保群、中国指数研究院、周健奇、中国石油和化工联合会、王怀宇。

第三章 国有企业改革与发展

3.1　国有企业和国有资产的总量与结构

对于国有企业和国有资产的现状，本章主要从其总体状况、行业布局和地区分布三个维度进行分析，并与往年情况作一比较。

3.1.1　国有企业和国有资产的总体状况

（1）国企总量

根据国务院国资委的统计[①]，截至2011年底，全国各级国有及国有控股企业共144715户，其中中央国有企业共44232家，包括国务院国资委监管企业及各级子企业有33037家，79个中央部门（单位）管理企业及各级子企业11195家，地方国有企业100483家。

全部144715户国有企业，2011年末从业人员全国合计数为3914.2万人。

按照国资委统计，全部144715户国有企业，2011年底总资产合计数为125.45万亿元，净资产为51.15万亿元，年末国有资产总量[②]为46.68万亿元。按照合并数看[③]，全部144715户国有企业2011年底的总资产为85.37万亿元，净资产为29.17万亿元，国有资产总量为21.99万亿元。从全国合并数来看，国有企业的资产负债率为65.8%。如表3.1所示。

表3.1　2011年底全国国有企业资产负债情况表　　单位：亿元

	总资产	负债	资产负债率（%）	所有者权益（净资产）	年末国有资产总量
全国合并	853748.4	562080.7	65.8	291667.7	219904.5
全国合计	1254460.6	742933.8	59.2	511507.9	466830.9

资料来源：根据《中国国有资产监督管理年鉴2012》数据整理。

---

① 统计范围为国务院国资委监管企业、79个中央部门（单位）和全国36个省（自治区、直辖市、计划单列市）所属的国有及国有控股企业14.5万户（以下简称国有企业）。详见国务院国有资产监督管理委员会编：《中国国有资产监管管理年鉴2012》，本节未特别指明数据来源的数据均来自该年鉴。

② 国有资产总量就是指属于国家所有的净资产部分。

③ 全国国有及国有控股企业在逐级编制合并报表过程中，按照《企业会计准则第33号——合并财务报表》对集团合并事项进行了关联交易抵消。

而财政部由于数据来源和统计口径与国资委或有差异，其统计显示，截至2011年底，全国国有企业户数为13.6万家，国有企业总资产为75.91万亿元，净资产为27.30万亿元，资产负债率为64.0%，国有资产总量为21.73万亿元。总体看来，财政部数据与国资委的合并报表数据出入并不大，能够相互印证，因此可以说，截至2011年底，我国国有企业的国有资产总量接近22万亿元。

表3.2 全国国有企业主要财务指标

	企业户数（万家）	利润总量（亿元）	资产总量（亿元）	净资产总量（亿元）	资产负债率（%）	国有资产总量（亿元）
2001	17.4	2811.2	166709.6	61436.2	65.0	59827.2
2002	15.9	3786.3	180218.9	66543.1	64.8	65476.7
2003	14.6	4769.4	199709.8	70990.8	65.9	70405.6
2004	13.6	7368.8	215602.3	76763.2	65.7	77345.6
2005	12.6	9579.9	242560.1	87386.9	65.1	87831.6
2006	11.6	12193.5	277308.1	98014.4	67.4	96170.6
2007	11.2	17441.8	347068.1	144595.6	68.7	112205.8
2008	11.0	13335.2	416219.2	166210.8	61.6	134365.5
2009	11.1	15606.8	514137.2	198720.3	62.8	157398.3
2010	11.4	21428.2	640214.3	234171.1	63.4	185364.6
2011	13.6	24669.8	759081.8	272991.0	64.0	217307.7

资料来源：根据《中国财政年鉴2011》、《中国财政年鉴2012》整理。

从国资委的统计来看，与2010年底相比①，2011年底我国国有企业的户数增加、就业人数增长、资产增长、负债率略有上升、国有资产总量增加，国有资产保值增值的任务完成得不错。

表3.3 2010年与2011年全国国有企业总量情况的比较

	全国国有企业户数	就业人数（万人）	总资产（亿元）	净资产（亿元）	负债率	国有资产总量（亿元）
2010	124455	3760.7	686186.5	245379.7	64.2%	187492.9
2011	144715	3908	853748.4	291667.7	65.8%	219904.5
增长率	16.3%	3.9%	24.4%	18.9%	2.5%	17.3%

资料来源：根据《中国国有资产监督管理年鉴2011》、《中国国有资产监督管理年鉴2012》整理，均采用合并报表数。增长率计算的前提是假定2011与2012的统计范围完全一致。

① 从《中国国有资产监督管理年鉴2011》、《中国国有资产监督管理年鉴2012》的描述来看，其统计范围并没有发生变化，但不排除2012年统计时有2011年统计并未纳入的国有企业加入统计的可能性。

（2）规模状况

按照国资委的大中小微型国企的规模划分看[①]，截至2011年底，我国大型国企的户数为8248户，户数占比为5.70%，但从业人员占到全国的58.87%，国有资产占了全国国有资产（合计数）的42.67%。小型国企数量有5万多家，户数占全国国企的35.59%，从业人员占全国的11.12%，国有资产占了全国的18.75%。由于新的企业划分标准颁布，微型企业单独统计，2011年底，我国微型国有企业有近6万家，户数占全部14.5万家国企的41.05%，从业人员116.9万人，从业人员占比2.99%，国有资产总量占比21.12%。值得注意的是，小型+微型国有企业的户数占了全部国企的76.64%，从业人员占全部国企的14.11%，国有资产总量占全部的39.87%，约40%。如表3.4所示。

表3.4　　2011年全国国有企业按规模分析表1

	户数（户）	户数占比（%）	年末从业人员人数（万人）	从业人员占比（%）	年末国有资产总量（亿元）	国有资产总量占比（%）
大型	8248	5.70	2304.4	58.87	199187.2	42.67
中型	25562	17.66	1057.8	27.02	81528.6	17.46
小型	51504	35.59	435.1	11.12	87513.2	18.75
微型	59401	41.05	116.9	2.99	98601.9	21.12
合计	144715	100	3914.2	100	466830.9	100

资料来源：根据《中国国有资产监督管理年鉴2012》数据整理计算。

大中小微型国企的资产情况如表3.5所示（未进行报表合并）。从表中可以看出，随着企业规模的扩大，资产负债率逐步有所提高。

表3.5　　2011年底全国国有企业按规模分析表2　　单位：亿元

	资产总计	负债合计	资产负债率（%）	所有者权益（净资产）
大型	603284.2	379518.2	62.9	223753.1
中型	223260.5	135518.3	60.7	87743.4
小型	206472.3	114269.4	55.3	92201.8
微型	221443.5	113627.9	51.3	107809.7

资料来源：根据《中国国有资产监督管理年鉴2012》数据整理。

---

① 2011年9月2日，国家统计局发布了《国家统计局关于印发统计上大中小微型企业划分办法的通知》（国统字〔2011〕75号），新增加了微型企业的划分，因此，国资委主编的《中国国有资产监督管理年鉴》从2012年开始也相应地对微型企业进行统计。具体可参看该通知。

细心的读者会发现，微型国企的户均资产接近4亿元。按照新的企业划型标准，比如工业微型企业从业人员20人以下，或营业收入300万元以下，并不考查资产状况。这恰恰说明，有相当多的微型国企资产大、收入低，效益很差，国有资本理应按照三中全会精神，从这些企业中退出。

与2010年相比，我国大型国有企业的状况大幅提高，大型国有企业户数从3659家提高到8248家，户数占比从2.94%提高到5.70%，国有资产总量从115759.6亿元提高到199187.2亿元，占全国国企比重从30.96%提高到42.67%。究其原因，是国企群体的成长，不仅原有的大型国企继续成长，还有不少2010年的中型国企成长或通过兼并重组成为大型国企，说明国企正按照“做大做强”的方向迈进。如表3.6所示。

表3.6　我国大型国有企业状况变化

	户数（户）	户数占全国比重（%）	年末从业人员人数（万人）	从业人员占全国比重（%）	年末国有资产总量（亿元）	国有资产总量占全国国企比重（%）
2010年大型国企	3659	2.94	2010	53.49	115759.6	30.96
2011年大型国企	8248	5.70	2304.4	58.87	199187.2	42.67%

资料来源：根据《中国国有资产监督管理年鉴2011》、《中国国有资产监督管理年鉴2012》整理。

与之相应的，总体而言，我国小微、微型国有企业的地位在下降，小微型国有资产总量占全国国企的比重从2010年的48.77%下降到2011年的39.87%。

表3.7　我国小型、微型国有企业状况变化

	户数（户）	户数占全国比重（%）	年末从业人员人数（万人）	从业人员占全国比重（%）	年末国有资产总量（亿元）	国有资产总量占全国国企比重（%）
2010年小型国企	106354	85.46	632.5	16.83	182336.9	48.77
2011年小型国企+微型国企	110905	76.64	552	14.11	186115.1	39.87

资料来源：根据《中国国有资产监督管理年鉴2011》、《中国国有资产监督管理年鉴2012》整理。2010年统计时小型国企包括后来统计口径的小型国企和微型国企。

（3）中央企业与地方国企

按隶属关系来分，全国的国有企业可以分为中央国有企业和地方国有企业两大类，其中央企44232户，户数占比为30.56%，从业人员1834.4万人，占比约47%，2011年年末央企的国有资产总量为10.2万亿元，比地方国有企业少1.5万亿元，占全国的46.5%；地方国企数量为100483户，户数占比约

70%，从业人员2073.7万人，2011年末国有资产总量为11.8万亿元，占全国的53.5%。相关指标如表3.8、表3.9所示。目前中央国企与地方国企的大致格局是：户数三七开，人员与国资总量大致五五开，其中地方国企略多。

表3.8　　2011年全国国有企业按隶属关系分析表1

	户数（户）	户数占比（%）	年末从业人员人数（万人）	从业人员占比（%）	年末国有资产总量（亿元）	国有资产总量占比（%）
中央	44232	30.56	1834.4	46.94	102244.7	46.50
地方	100483	69.44	2073.7	53.06	117659.8	53.50
合计	144715	100	3908.1	100	219904.5	100

资料来源：根据《中国国有资产监督管理年鉴2012》数据整理计算。

表3.9　　2011年全国国有企业按隶属关系分析表2　　单位：亿元

	总资产	负债	资产负债率（%）	所有者权益（净资产）
中央	383998.7	247655.2	64.5	136343.5
地方	469749.7	314425.5	66.9	155324.2

资料来源：根据《中国国有资产监督管理年鉴2012》数据整理。

从变化趋势来看，比较2010年与2011年数据，尽管中央国企和地方国企都在发展，但从占全国国有资产总量的比重来看，中央国企的份额在下降，从2010年的48.92%下降到2011年的46.50%，与之对应的是地方国企所占比重上升。同时，有意思的是，中央国企的户均国有资产在减少，而地方国有企业的户均国有资产有所增加。

表3.10　　2010～2011年中央国企与地方国企的变化比较

	2010年国有资产总量（亿元）	2011年国有资产总量（亿元）	2010年国资占全国比重（%）	2011年国资占全国比重（%）	2010年户均国有资产（亿元）	2011年户均国有资产（亿元）
中央国企	94804.5	102244.7	48.92	46.50	3.07	2.31
地方国企	99001.3	117659.8	51.08	53.50	1.06	1.17

资料来源：根据《中国国有资产监督管理年鉴2011》、《中国国有资产监督管理年鉴2012》整理。

3.1.2　国有企业和国有资产的行业布局

行业布局是中国国有企业和国有资产非常受社会关注的一个方面。本节加以分析。

（1）按产业作用分类的国企分布

对于国资委统计的144715户国有企业而言，国资委按其产业作用分为三类，即基础性行业、一般生产加工行业、商贸服务及其他行业①。这三类行业的各项指标见表3.11、表3.12所示。

表3.11　　2011年按产业作用分类的国有企业分析表1

	户数（户）	户数占比（%）	年末从业人员人数（万人）	从业人员占比（%）	年末国有资产总量（亿元）	国有资产占比（%）
基础性行业	40834	28.22	1984.5	50.70	265042.9	56.77
一般生产加工行业	28430	19.65	1192.3	30.46	58190.2	12.46
商贸服务及其他行业	75451	52.14	737.4	18.84	143597.8	30.76
合计	144715	100	3914.2	100	466830.9	100

资料来源：根据《中国国有资产监督管理年鉴2012》数据整理计算。

从户数分布来看，基础性行业占总户数的28.22%，一般生产加工行业占19.65%，商贸服务及其他行业占52.14%。但从国有资产占比来看，基础性行业国有企业的国有资产占了56.77%，一般生产加工行业占了12.46%，商贸服务及其他行业占了30.76%。

表3.12　　2011年按产业作用分类的国有企业分析表2　　单位：亿元

	资产总计	负债合计	资产负债率（%）	所有者权益（净资产）
基础性行业	608227.3	321454.2	52.9	286756.5
一般生产加工行业	154313.9	85302.8	55.3	69009
商贸服务及其他行业	491919.4	336176.8	68.3	155742.4

资料来源：根据《中国国有资产监督管理年鉴2012》数据整理。

---

① 按照《财政部办公厅关于印发〈会计信息统计分类具体规定〉的通知》（财办统〔2002〕23号）的规定，将国民经济行业按产业作用划分为基础性行业、一般生产加工行业、商贸服务及其他行业三类。其中（1）基础性行业，包括：采掘业（06～11，数字为细分行业的标识代码，下同），原材料制造业（25、31、32、33、261），电力、煤气及水的生产和供应业（44～46），建筑业（472、48），交通运输、仓储和邮政业（51～59），电信业（601）；（2）一般生产加工行业（不含261、472），包括：农林牧渔业（01～04），一般加工制造业（13～24、26～30、34～43），建筑业（49、47、50）；（3）商贸服务及其他行业（不含601），包括：农林牧渔服务业（05），信息传输、计算机服务和软件业（60～62），批发和零售、住宿及餐饮业（63～67），金融业（68～71），房地产业（72），租赁和商务服务业（73～74），科学研究、技术服务和地质勘查业（75～78），水利、环境和公共设施管理业（79～81），居民服务和其他服务业（82～83），教育（84），卫生、社会保障和社会福利业（85～87），文化、体育和娱乐业（88～92），公共管理和社会组织（93～97），国际组织（98）。

将2011数据与2010年相比，我们可以发现国有企业和国有资产在三大类行业之间的一些变化。如表3.13。

表3.13　2010～2011年三大类行业国企国资的分布变化（%）

	2010年户数占比	2011年户数占比	2010年国有资产总量（亿元）	2011年国有资产总量（亿元）	2010年占全国国有资产比重	2011年占全国国有资产比重
基础性行业	27.47	28.22	217176.4	265042.9	58.09	56.77
一般生产加工行业	20.38	19.65	38473.2	58190.2	10.29	12.46
商贸服务及其他行业	52.15	52.14	118202.1	143597.8	31.62	30.76

从表3.13中不难观察出，基础性行业国企户数占比有所增长，从2010年的27.47%增加到2011年的28.22%，国有资产总量从2010年的21.7万亿元增长到2011年的26.5万亿元，但是在全部国有资产中的比重反而略有下降，从2010年的58.90%下降到2011年56.77%，下降约2个百分点；而一般生产加工行业国企户数占比略有下降，从20.38%下降到19.65%，但该行业国有资产占全国国有资产的比重上升了2个百分点，从2010年的10.29%上升到2011年的12.46%，该行业的国有资产总量从2010年的3.8万亿大幅增长到5.8万亿元；商贸服务业及其他行业的变化则不太大。如果统计范围没有发生变化，上述数据说明，从2010年到2011年，尽管基础性行业的国有资产在增加，但有更多的国有资产投入到一般生产加工行业，一般生产加工行业的国有资产占全国国有资产的比重没有下降，反而上升了2个百分点。当然，从行业国有资产占全国的比重来看，基础性行业仍然占56.77%，接近60%，远远超过商贸服务及其他行业、一般生产加工业。对国有经济布局调整的效果评估，还需要更长时间的观察和更多数据的支持。

（2）细分为十五类的国企行业分布①

考察国有企业的行业分布，更为具体的行业分类可以参看表3.14。从细分

① 《中国国有资产监督管理年鉴2012》将国企的行业分布划出了16类，比2011年年鉴15类多出了金融业。但仔细比较，《中国国有资产监督管理年鉴2012》所统计的金融业国企1088家，涉及国有资产总量1.1万亿元，显然不是中国国有金融企业的全部，只是个零头，应该只是近年来工商类国有企业进行产融结合，控股或设立了一些金融企业，从而在国资委的统计中被纳入。为便于和2010年比较，仍沿用2011年鉴的15类行业，将金融业纳入“其他”类别。

的行业分布来看，截至2011年底，我国农林牧渔业国企户数有6227家，户数占比为4.30%，从业人员有345.6万人，占全部国企人员的8.83%，国有资产总量仅为2625.8亿元，占全部国有资产总量（合计数）比重仅为0.56%，不足1%。这说明农林牧渔业国企在整个国有经济中的地位已经微不足道。工业仍然是国有经济分布的最大部分，工业国企共有近4万家，户数占比为27.35%，从业人员1876.5万人，人员占比接近50%，达到47.94%，而工业国有资产总量达到18.58万亿元，占全部国有资产总量的39.81%，近40%。

表3.14　　2011年全国国有企业行业分析表1

	户数（户）	户数占比（%）	年末从业人员人数（万人）	人员占比（%）	年末国有资产总量（亿元）	该行业国有资产占全部国有资产比重（%）
全国合并	144715		3908		219904.5	
全国合计	144715	100	3914.2	100	466830.9	100
一、农林牧渔业	6227	4.30	345.6	8.83	2625.8	0.56
二、工业	39581	27.35	1876.5	47.94	185831.9	39.81
三、建筑业	7937	5.48	361.6	9.24	20520.4	4.40
四、地质勘查及水利业	1305	0.90	14.4	0.37	2036.2	0.44
五、交通运输业	8415	5.81	445.4	11.38	73912.8	15.83
六、仓储业	7781	5.38	31.6	0.81	1740.1	0.37
七、邮电通信业	691	0.48	127	3.24	39163.2	8.39
八、批发和零售、餐饮业	22522	15.56	241	6.16	22113.8	4.74
九、房地产业	12731	8.80	75.4	1.93	25154.6	5.39
十、信息技术服务业	1418	0.98	21	0.54	1049	0.22
十一、社会服务业	23320	16.11	203.1	5.19	74224.8	15.90
十二、卫生体育福利业	507	0.35	9.1	0.23	384.7	0.08
十三、教育文化广播业	4725	3.27	39.2	1.00	3473.5	0.74
十四、科学研究和技术服务业	6194	4.28	63.8	1.63	3031.4	0.65
十五、其他	1361	0.94	59.4	1.52	11568.8	2.48

资料来源：根据《中国国有资产监督管理年鉴2012》数据整理计算。

若将上表按照行业国有资产占全部国有资产的比重来排序，可以发现目前国有经济布局的行业分布。除工业国资占比近40%排名第一之外，社会服务业排名第二，国资总量为7.42万亿元，占比15.90%；交通运输业排名第三，国资总量7.39万亿元，占比15.83%；邮电通信业排名第四，国资总量3.92万亿元，占比8.39%；房地产业排名第五，国资总量2.52万亿元，占比5.39%。其余各行业的排序状况如表3.15所示。

表3.15　　2011年全国国有企业行业分析表2

排序	行业类别	年末国有资产总量（亿元）	该行业国资占全部国资的比重（%）
1	工业	185831.9	39.81
2	社会服务业	74224.8	15.90
3	交通运输业	73912.8	15.83
4	邮电通信业	39163.2	8.39
5	房地产业	25154.6	5.39
6	批发和零售、餐饮业	22113.8	4.74
7	建筑业	20520.4	4.40
8	其他	11568.8	2.48
9	教育文化广播业	3473.5	0.74
10	科学研究和技术服务业	3031.4	0.65
11	农林牧渔业	2625.8	0.56
12	地质勘查及水利业	2036.2	0.44
13	仓储业	1740.1	0.37
14	信息技术服务业	1049	0.22
15	卫生体育福利业	384.7	0.08

与2010年的数据进行比较，我们能发现国有经济在行业分布之间的一些变化。

表3.16　　2010～2011年全国国有企业的行业分布状况

	2010年该行业国资占全部国资的比重（%）	2010年排序	2011年该行业国资占全部国资的比重（%）	2011年排序	2010～2011年该行业国资占全部国资比重的变化
工业	38.11	1	39.81	1	增加1.7个百分点
社会服务业	15.78	3	15.90	2	增加0.12个百分点
交通运输业	16.77	2	15.83	3	减少0.94个百分点

续表

	2010 年该行业国资占全部国资的比重（%）	2010 年排序	2011 年该行业国资占全部国资的比重（%）	2011 年排序	2010～2011 年该行业国资占全部国资比重的变化
邮电通信业	8.94	4	8.39	4	减少 0.55 个百分点
房地产业	5.46	6	5.39	5	减少 0.07 个百分点
批发和零售、餐饮业	6.17	5	4.74	6	减少 1.43 个百分点
建筑业	3.78	7	4.40	7	增加 0.62 个百分点
其他	1.89	8	2.48	8	增加 0.59 个百分点
教育文化广播业	0.79	9	0.74	9	减少 0.05 个百分点
科学研究和技术服务业	0.59	10	0.65	10	增加 0.06 个百分点
农林牧渔业	0.58	11	0.56	11	减少 0.02 个百分点
地质勘查及水利业	0.50	12	0.44	12	减少 0.06 个百分点
仓储业	0.31	13	0.37	13	增加 0.06 个百分点
信息技术服务业	0.26	14	0.22	14	减少 0.04 个百分点
卫生体育福利业	0.07	15	0.08	15	增加 0.01 个百分点

资料来源：根据《中国国有资产监督管理年鉴 2012》、《中国企业发展报告 2013》整理计算。

从表 3.16 可以看出，国有资产在 15 类行业间的分布从 2010 年到 2011 年略有变化：在批发和零售与餐饮业、交通运输业、邮电通信业、房地产业等具有竞争性的行业中的国有资产占全部国资的比重有所下降，而在工业、建筑业、社会服务业等具有一定战略性、公益性与服务性的行业中国有资产占全部国资的比重有所上升。

（2）工业中的国企分布

工业作为国有企业和国有资产分布最为集中的行业领域，国企在工业内部的分布也值得考察。本小节延续《中国企业发展报告 2013》的分析方法，从两个角度来考察，一个是从国资委统计口径中的数据来看国有企业在工业领域的具体分布情况，另一个是从国家统计局所统计的规模以上工业企业数据中，来看国有企业在各个工业行业中的具体份额。

①基于国资委统计数据的国企在工业中的分布情况。

表 3.17　**2011 年全国工业国有企业分析表 1**

	户数（户）	户数占比（%）	年末从业人员人数（万人）	人员占比（%）	年末国有资产总量（亿元）	国有资产占比（%）
工业	39581	100	1876.5	100	185831.9	100
煤炭工业	2439	6.16	336.9	17.95	16864.4	9.08
石油和石化工业	660	1.67	183.2	9.76	48475.9	26.09
冶金工业	2586	6.53	218.7	11.65	23235.2	12.50
建材工业	2331	5.89	60.6	3.23	3012.7	1.62
化学工业	2984	7.54	112.4	5.99	5717.6	3.08
森林工业	200	0.51	7.4	0.39	70.7	0.04
食品工业	2122	5.36	32.8	1.75	902	0.49
烟草工业	168	0.42	28.5	1.52	10586.4	5.70
纺织工业	704	1.78	24	1.28	326.3	0.18
医药工业	789	1.99	29	1.55	1443.2	0.78
机械工业	7194	18.18	298.1	15.89	17654	9.50
其中：汽车工业	1153	2.91	91.1	4.85	8863.9	4.77
电子工业	1764	4.46	58.9	3.14	2569.1	1.38
电力工业	5823	14.71	215.4	11.48	37228	20.03
市政公用工业	3999	10.10	71.6	3.82	6408.6	3.45
其他工业	4555	11.51	123.6	6.59	4343.2	2.34

资料来源：根据《中国国有资产监督管理年鉴 2012》数据整理计算。

表 3.17 反映了国有工业企业在工业各行业中的户数、从业人员和国有资产的分布。如果专注于国有资产在工业各行业中的多寡，可以在上表的基础上对工业各行业的国有资产占全部工业国有资产的比重进行排序，如表 3.18 所示。

表 3.18　**2011 年全国工业国有企业分析表 2**

	年末国有资产总量（亿元）	行业国有资产总量占全部工业国资的比重（%）
工业	185831.9	100
石油和石化工业	48475.9	26.09
电力工业	37228	20.03
冶金工业	23235.2	12.50

续表

	年末国有资产总量（亿元）	行业国有资产总量占全部工业国资的比重（%）
机械工业	17654	9.50
煤炭工业	16864.4	9.08
烟草工业	10586.4	5.70
市政公用工业	6408.6	3.45
化学工业	5717.6	3.08
其他工业	4343.2	2.34
建材工业	3012.7	1.62
电子工业	2569.1	1.38
医药工业	1443.2	0.78
食品工业	902	0.49
纺织工业	326.3	0.18
森林工业	70.7	0.04

从表 3.18 可以看出，截至 2011 年底，在工业国有资产分布的具体工业子行业中，行业国有资产占全部工业国资比重最高的前五个行业分别为石油和石化工业（26.09%）、电力工业（20.03%）、冶金工业（12.50%）、机械工业（9.50%）、煤炭工业（9.08%），这 5 个行业的国有资产相加占全部工业国资的比重为 77.2%，近 80%。而这 5 大行业可以说是关乎国计民生、具有一定战略意义的能源、原材料和装备工业。烟草工业是利税大户，排在第 6，行业国资占全部工业国资的比重为 5.70%；市政公用工业占 3.45%。化学工业及其后的 7 个行业共 8 个竞争性工业行业，其行业国资总量占全部工业工资的比重之和也才仅为 9.91%，不足 10%。

另外，工业各个行业中国有企业的资产负债率情况也不一样，以资产负债率来排序，情况如表 3.19。

表 3.19　2011 年全国工业国有企业分析表 3　　单位：亿元

	资产负债率（%）	资产总计	负债合计	所有者权益（净资产）
工业	55.4	472070.1	261596.9	210454.5
森林工业	77.9	371.8	289.5	82.3
食品工业	68.9	3558.4	2450.6	1105.9

续表

	资产负债率（%）	资产总计	负债合计	所有者权益（净资产）
纺织工业	68.8	1363.9	938.1	425.8
电力工业	63.9	110402.5	70520.2	39882.2
化学工业	62.9	18998.3	11942.3	7043.7
建材工业	60.2	10325.4	6217.8	4107.6
煤炭工业	58.8	45488.9	26729.6	18759.3
冶金工业	58.4	64110.8	37409.4	26697
其他工业	56.5	12798.3	7234.9	5562.4
电子工业	55.6	9182.3	5106.9	4075.4
市政公用工业	55.6	15895.4	8835.9	7059.5
机械工业	55	51157.6	28115	23043.4
石油和石化工业	44.5	94839.3	42236.7	52602.6
医药工业	44.2	3770.6	1665.8	2104.7
烟草工业	13.4	12249.2	1641.5	10607.7

从表3.19可以看出，就全部工业国有企业而言，其资产负债率为55.4%。而对各个行业进行考察，尽管其资产负债率有一定的行业特点，但从各工业行业资产负债率的高低仍然可以看出行业效益的好坏及进一步改革的难度。资产负债率最高的行业是森林工业国有企业，资产负债率接近80%，为77.9%，森工国企较为困难也是事实；而烟草工业国有企业，民间称之为“富得流油”，其资产负债率仅为13.4%，非常低。

最后，让我们将工业国有资产的分布情况与《中国企业发展报告2013》中的2010年工业国资分布状况进行一个比较。如表3.20。

表3.20　　2010～2011年工业国有资产行业分布比较表

	2011年行业国有资产总量占全部工业国资的比重（%）	2011年按照比重从高到低排名位次	2010年行业国有资产总量占全部工业国资的比重（%）	2010年按照比重从高到低排名位次
石油和石化工业	26.09	1	24.95	1
电力工业	20.03	2	21.75	2
冶金工业	12.50	3	14.43	3
机械工业	9.50	4	8.15	5

续表

	2011年行业国有资产总量占全部工业国资的比重（%）	2011年按照比重从高到低排名位次	2010年行业国有资产总量占全部工业国资的比重（%）	2010年按照比重从高到低排名位次
煤炭工业	9.08	5	10.27	4
烟草工业	5.70	6	3.73	6
市政公用工业	3.45	7	2.63	8
化学工业	3.08	8	3.19	7
其他工业	2.34	9	1.77	10
建材工业	1.62	10	1.53	11
电子工业	1.38	11	1.85	9
医药工业	0.78	12	0.48	13
食品工业	0.49	13	0.49	12
纺织工业	0.18	14	0.25	14
森林工业	0.04	15	0.02	15

资料来源：根据《中国国有资产监督管理年鉴2012》和《中国企业发展报告2013》综合整理。

表3.20中将2010～2011年工业国资行业分布位次发生变化的行业用黄色标出，从中可以看到工业国有资产在各行业间比重的此消彼长，变动幅度在一定百分比之上的行业比重变化亦可看作是国资布局调整的一个风向标。

从2010年到2011年，行业国有资产总量占全部工业国资的比重前三位仍然是石油和石化工业、电力工业、冶金工业，这三个行业的比重之和从2010年的61.13%略有下降到2011年的58.62%。机械工业国有资产总量占全部工业国资的比重从2010年的10.27%下降到2011年的9.50%，而煤炭工业国有资产总量占全部工业国资的比重从2010年的8.15%上升到2011年的9.08%，一定程度上也反映出机械工业中国有资本的略微弱化和煤炭工业中国有资本的略微加强。市政公用工业国有资产总量占全部工业国资的比重从2010年的2.63%上升到2011年的3.45%，亦显示出国有经济在市政公用工业方面的加强。而电子工业国有资产总量占全部工业国资的比重从2010年的1.85%下降到2011年的1.38%，显示电子工业国资的地位有所弱化。其他各行业也有些比重变化，但比重变化过小，变化幅度在0.4个百分点之下的，则很难说是国有资产在工业各行业间的配置变化，恐怕更多地反映的是由于分子分母变化的计算问题。

②基于国家统计局统计数据的国企在工业中的分布情况。

对于规模以上的工业企业，国家统计局有较为详细的统计，从中可以看出国有经济在其中的分布状况。如表 3.21 所示。截至 2011 年底，从全国工业总体上看，工业国有企业数量占总企业数的 5.2%，工业国有企业的工业总产值占全部工业企业的 26.2%，工业国有企业的总资产占全部工业企业总资产的 41.7%，工业国有企业的所有者权益（净资产）占全部工业企业所有者权益的 38.7%，工业国有企业的利润占全部工业企业利润的 26.8%，工业国有企业的就业占全部工业企业就业的 19.8%。各细分工业行业国有企业各项指标占全行业的比重数也可从表 3.21 中清晰看出。

表 3.21　2011 年全国规模以上工业企业分行业中国有及国有控股企业占比状况（%）

行业名称	企业数	工业总产值	总资产	所有者权益	利润	就业
全国总计	5.2	26.2	41.7	38.7	26.8	19.8
煤炭开采和洗选业	11.5	53.6	72.0	70.8	54.0	66.8
石油和天然气开采业	40.2	92.1	94.7	96.5	90.4	96.3
黑色金属矿采选业	4.1	16.7	50.0	48.6	15.8	23.2
有色金属矿采选业	12.7	28.7	47.1	43.6	36.4	33.9
非金属矿采选业	5.5	12.3	34.1	33.6	16.8	18.1
其他采矿业	0.0	0.0	0.0	0.0	0.0	0.0
农副食品加工业	2.9	5.4	8.4	5.3	4.1	5.0
食品制造业	4.1	5.8	9.9	7.5	3.7	7.5
饮料制造业	5.6	16.5	28.6	32.5	32.3	18.7
烟草制品业	79.1	99.4	99.3	99.6	99.5	95.0
纺织业	1.2	2.4	5.0	4.3	1.7	4.3
纺织服装、鞋、帽制造业	1.1	1.4	2.3	1.7	1.0	1.9
皮革、毛皮、羽毛（绒）及其制品业	0.3	0.3	0.8	0.9	0.3	0.3
木材加工及木、竹、藤、棕、草制品业	1.4	2.3	5.6	3.9	1.3	4.2
家具制造业	0.5	1.8	2.4	2.2	3.7	1.1
造纸及纸制品业	1.8	6.9	12.1	10.4	2.8	7.1
印刷业和记录媒介的复制	8.1	11.5	18.2	21.4	16.0	13.9
文教体育用品制造业	1.0	1.2	2.4	2.5	1.6	1.1
石油加工、炼焦及核燃料加工业	10.9	68.6	58.8	64.3	-30.3	49.3
化学原料及化学制品制造业	5.0	18.7	29.1	26.2	12.7	21.2

续表

行业名称	企业数	工业总产值	总资产	所有者权益	利润	就业
医药制造业	7.1	11.8	20.3	19.4	15.4	17.1
化学纤维制造业	2.7	8.2	12.1	12.1	6.5	16.0
橡胶制品业	3.1	12.1	16.2	10.9	3.9	11.5
塑料制品业	1.5	2.7	5.1	4.8	2.4	2.6
非金属矿物制品业	4.6	10.6	19.7	17.2	14.1	9.9
黑色金属冶炼及压延加工业	4.6	36.9	54.5	55.0	14.4	40.1
有色金属冶炼及压延加工业	6.9	28.8	43.6	41.4	25.7	33.8
金属制品业	2.3	5.8	9.3	8.6	6.4	5.9
通用设备制造业	3.2	12.5	22.3	17.1	10.9	12.8
专用设备制造业	5.2	20.5	32.2	27.7	16.6	20.7
交通运输设备制造业	7.6	44.0	53.2	49.7	47.2	32.5
电气机械及器材制造业	2.8	8.9	15.0	11.4	6.2	6.7
通信设备、计算机及其他电子设备制造业	5.2	8.3	19.6	21.3	11.2	7.4
仪器仪表及文化、办公用机械制造业	6.4	10.3	18.8	19.0	14.1	11.0
工艺品及其他制造业	2.0	8.9	19.0	13.8	6.1	5.6
废弃资源和废旧材料回收加工业	3.3	3.8	6.5	5.2	3.1	3.5
电力、热力的生产和供应业	66.4	93.0	90.7	91.2	90.7	89.5
燃气生产和供应业	29.9	44.4	54.3	51.8	36.5	51.5
水的生产和供应业	61.4	69.4	79.6	81.3	23.5	83.6

资料来源：根据《中国统计年鉴2012》整理计算。利润占比有负值，显示该行业国企总体而言亏损。

表3.22　2011年全国规模以上工业企业分行业所有者权益状况

行业名称	全国规模以上工业企业所有者权益（亿元）	国有及国有控股工业企业所有者权益（亿元）	国有企业占行业比重（%）	国有企业占行业比重的分布
全国总计	282003.8	109233.2	38.7	
烟草制品业	4667.58	4646.62	99.6	70%以上
石油和天然气开采业	9631.23	9294.05	96.5	
电力、热力的生产和供应业	28116.77	25647.79	91.2	
水的生产和供应业	2607.42	2120.54	81.3	
煤炭开采和洗选业	15293.73	10828.83	70.8	
石油加工、炼焦及核燃料加工业	6924.78	4454.44	64.3	50%～70%
黑色金属冶炼及压延加工业	16848.1	9272.6	55.0	
燃气生产和供应业	1559.02	806.96	51.8	

续表

行业名称	全国规模以上工业企业所有者权益（亿元）	国有及国有控股工业企业所有者权益（亿元）	国有企业占行业比重（%）	国有企业占行业比重的分布
交通运输设备制造业	20925. 28	10401. 15	49. 7	
黑色金属矿采选业	3392. 94	1650. 27	48. 6	
有色金属矿采选业	1862. 93	812. 62	43. 6	30% ~50%
有色金属冶炼及压延加工业	8920. 36	3694. 5	41. 4	
非金属矿采选业	1148. 55	385. 81	33. 6	
饮料制造业	4728. 34	1535. 97	32. 5	
专用设备制造业	9874. 77	2730. 36	27. 6	
化学原料及化学制品制造业	19759. 18	5184. 59	26. 2	
印刷业和记录媒介的复制	1636. 9	350. 41	21. 4	
通信设备、计算机及其他电子设备制造业	17059. 67	3627. 51	21. 3	
医药制造业	7523. 01	1455. 59	19. 3	
仪器仪表及文化、办公用机械制造业	3061. 03	579. 92	18. 9	
非金属矿物制品业	13660. 55	2354. 32	17. 2	10% ~30%
通用设备制造业	13135. 76	2244. 26	17. 1	
工艺品及其他制造业	1776. 39	245. 39	13. 8	
化学纤维制造业	1991. 55	241. 63	12. 1	
电气机械及器材制造业	15618. 96	1776. 71	11. 4	
橡胶制品业	2133. 85	233. 2	10. 9	
造纸及纸制品业	4630. 45	481. 61	10. 4	
金属制品业	6550. 78	560. 48	8. 6	
食品制造业	4250. 49	316. 8	7. 5	
农副食品加工业	8948. 24	471. 37	5. 3	
废弃资源和废旧材料回收加工业	468. 4	24. 3	5. 2	
塑料制品业	4551. 61	216. 8	4. 8	
纺织业	8698. 53	374. 59	4. 3	
木材加工及木、竹、藤、棕、草制品业	2052. 92	79. 31	3. 9	10%以下
文教体育用品制造业	872. 47	21. 59	2. 5	
家具制造业	1395. 43	29. 99	2. 1	
纺织服装、鞋、帽制造业	3529. 34	59. 64	1. 7	
皮革、毛皮、羽毛（绒）及其制品业	2188. 54	20. 66	0. 9	
其他采矿业	7. 97	0	0. 0	

资料来源：根据《中国统计年鉴 2012》整理计算。

从所有者权益（即净资产）角度看，在某一行业中国有企业的净资产占全行业企业净资产的比重越高，说明在该行业中国有经济还占有重要地位；如果在该行业中国有企业的净资产占全行业企业净资产的比重越低，说明该行业国有经济越不占优势，对其他经济成分的开放度也越高。在表 3.22 中，国有企业净资产占全行业企业净资产比重在 70% 以上的行业有：烟草制品业（99.6%）、石油和天然气开采业（96.5%）、电力、热力的生产和供应业（91.2%）、水的生产和供应业（81.3%）、煤炭开采和洗选业（70.8%），即主要是国家专营、能源和公用事业行业。而国有企业净资产占全行业企业净资产比重在 10% 之下的行业有食品制造业、家具制造业等等，在这些行业中国有成分已经极低了。从表 3.22 中，我们可以看到在工业各细分行业中国有成分的比重分布状况，从而为国有经济布局调整找到基础。

将《中国企业发展报告 2013》中 2010 年工业国企状况与 2011 年做一比较，可以进一步发现国有资产在工业各行业中的布局调整迹象。

表 3.23　2010～2011 年各行业国有工业企业所有者权益比重变化情况

行业名称	2010 年国有工业企业所有者权益占行业比重（%）	2011 年国有工业企业所有者权益占行业比重（%）	2011 年比重减去 2010 比重（百分点）
全国总计	39.1	38.7	-0.4
烟草制品业	99.4	99.6	0.2
石油和天然气开采业	97.7	96.5	-1.2
电力、热力的生产和供应业	89.0	91.2	2.2
水的生产和供应业	79.8	81.3	1.5
煤炭开采和洗选业	70.5	70.8	0.3
石油加工、炼焦及核燃料加工业	65.8	64.3	-1.5
黑色金属冶炼及压延加工业	57.4	55.0	-2.4
燃气生产和供应业	52.8	51.8	-1.0
交通运输设备制造业	50.8	49.7	-1.1
黑色金属矿采选业	49.4	48.6	-0.8
有色金属矿采选业	42.9	43.6	0.7
有色金属冶炼及压延加工业	41.4	41.4	0.0
非金属矿采选业	31.7	33.6	1.9

续表

行业名称	2010 年国有工业企业所有者权益占行业比重（%）	2011 年国有工业企业所有者权益占行业比重（%）	2011 年比重减去 2010 比重（百分点）
饮料制造业	31.6	32.5	0.9
专用设备制造业	28.6	27.6	-1.0
化学原料及化学制品制造业	29.6	26.2	-3.4
印刷业和记录媒介的复制	21.8	21.4	-0.4
通信设备、计算机及其他电子设备制造业	16.3	21.3	5.0
医药制造业	20.7	19.3	-1.4
仪器仪表及文化、办公用机械制造业	17.6	18.9	1.3
非金属矿物制品业	16.5	17.2	0.7
通用设备制造业	17.1	17.1	0.0
工艺品及其他制造业	10.8	13.8	3.0
化学纤维制造业	15.6	12.1	-3.5
电气机械及器材制造业	10.6	11.4	0.8
橡胶制品业	11.4	10.9	-0.5
造纸及纸制品业	14.4	10.4	-4.0
金属制品业	8.1	8.6	0.5
食品制造业	8.9	7.5	-1.4
农副食品加工业	6.8	5.3	-1.5
废弃资源和废旧材料回收加工业	6.8	5.2	-1.6
塑料制品业	4.5	4.8	0.3
纺织业	4.4	4.3	-0.1
木材加工及木、竹、藤、棕、草制品业	3.4	3.9	0.5
文教体育用品制造业	2.4	2.5	0.1
家具制造业	2.0	2.1	0.1
纺织服装、鞋、帽制造业	1.8	1.7	-0.1
皮革、毛皮、羽毛（绒）及其制品业	1.0	0.9	-0.1
其他采矿业	1.6	0.0	-1.6

资料来源：根据《中国统计年鉴 2012》和《中国企业发展报告 2013》整理。

从全国情况看，国有工业企业净资产占全部工业企业净资产比重 2011 年比2010年下降了0.4个百分点，从2010年的39.1%下降到2011年的38.7%。其他各行业的比重变化如表3.23所示。值得注意的是，在前五位中，石油和天然气开采业中国有企业净资产占该行业工业企业净资产比重2011年比2010年下降了1.2个百分点，从97.7%下降到96.5%，显示出石油和天然气开采业对非公经济有进一步的开放；而电力、热力的生产和供应业，水的生产和供应业中国有比重上升，显示出国有经济加强公共服务的迹象；煤炭开采和洗选中国有比重上升，显示出煤矿整顿中的"国进民退"。其他各行业亦可做类似分析。另外，交通运输设备制造业中国有企业净资产占该行业工业企业净资产比重从2010年的50.8%下降到2011年的49.7%，比重降低到50%以下。

3.1.3 国有企业和国有资产的地区分布

（1）按区域划分的国企分布

从区域分布来看，截至2011年底，全国国有企业的约55%集中在东部沿海地区，尤其是在国有资产总量指标上，东部沿海地区占了66.44%；而西部边远地区在国企户数和国有资产总量指标上比中部内陆地区还略高。如表3.24所示。

表3.24　　2011年国有企业的区域分布表1

	户数（户）	户数占比（%）	年末从业人员人数（万人）	从业人员占比（%）	年末国有资产总量（亿元）	国有资产总量占比（%）
东部沿海地区	78557	55.94	1732.7	44.54	295025.4	66.44
中部内陆地区	29537	21.03	1136.4	29.21	63623.8	14.33
西部边远地区	32348	23.03	1021	26.25	85403.7	19.23

资料来源：根据《中国国有资产监督管理年鉴2012》数据整理计算。

表3.25　　2011年国有企业的区域分布表2　　单位：亿元

	资产总计	负债合计	资产负债率（%）	所有者权益（净资产）
东部沿海地区	783919.9	462021.3	58.9	321880.7
中部内陆地区	180009.1	109520.9	60.8	70487.1
西部边远地区	232647.6	140828.5	60.5	91819.1

资料来源：根据《中国国有资产监督管理年鉴2012》数据整理。

从资产负债率上看，2011 年东部沿海地区的国有企业比中西部国企略低。而从所有者权益即净资产角度看，东部沿海地区的国有企业净资产为 32.2 万亿元，是中部地区国有企业净资产的 4 倍多，是西部地区国有企业净资产的 3 倍多。

表 3.26　　2010 年与 2011 年国有企业的区域分布比较表

	2010 年国企净资产（亿元）	2011 年国企净资产（亿元）	2010 年末国有资产总量（亿元）	2010 年国有资产总量占比（%）	2011 年末国有资产总量（亿元）	2011 年国有资产总量占比（%）
东部沿海地区	262187.4	321880.7	240506.4	68.65	295025.4	66.44
中部内陆地区	54186	70487.1	48626	13.88	63623.8	14.33
西部边远地区	66200.5	91819.1	61225.5	17.48	85403.7	19.23

资料来源：根据《中国国有资产监督管理年鉴 2012》和《中国企业发展报告 2013》数据整理计算。

从表 3.26 中 2010 年与 2011 年的国有企业的区域分布比较表中可以看出，无论东中西部，国有企业净资产都有较快增长，国有资产总量在各地区也有较快增长，但从区域占比来看，东部国有资产总量占比有所下降，从 2010 年的 68.65% 下降到 2011 年的 66.44%，而中部、西部国有资产总量占比有所上升，反映出中西部地区国有资产总量增长得较东部更快。

（2）各省市自治区的国企分布

根据国资委的统计，地方国有企业共有 100483 家，其在全国各省市自治区的分布如表 3.27 所示。

表 3.27　　2011 年地方国有企业在各省市自治区的分布表 1

	户数（户）	户数占比（%）	年末从业人员人数（万人）	人员占比（%）	年末国有资产总量（亿元）	国有资产占比（%）
地方小计	100483		2073.7		117659.8	
北京市	6309	6.28	113.4	5.47	5730.4	4.87
天津市	4090	4.07	41.2	1.99	6016.9	5.11
河北省	2873	2.86	78.3	3.78	2521.6	2.14
山西省	5162	5.14	136.6	6.59	2964.1	2.52
内蒙古自治区	809	0.81	39.9	1.92	1522.8	1.29
辽宁省	3065	3.05	78.1	3.77	3565.6	3.03

续表

	户数（户）	户数占比（%）	年末从业人员人数（万人）	人员占比（%）	年末国有资产总量（亿元）	国有资产占比（%）
其中：大连市	599	0.60	11.3	0.54	1170.5	0.99
吉林省	884	0.88	33.5	1.62	578.4	0.49
黑龙江省	2867	2.85	87.4	4.21	1035	0.88
上海市	10475	10.42	142	6.85	11537	9.81
浙江省	6522	6.49	73.3	3.53	8690.1	7.39
其中：宁波市	714	0.71	6.6	0.32	1403.8	1.19
江苏省	5118	5.09	79.5	3.83	12143.8	10.32
安徽省	2646	2.63	86.1	4.15	4366	3.71
福建省	4236	4.22	58.3	2.81	3620.8	3.08
其中：厦门市	1063	1.06	13.9	0.67	1028.3	0.87
江西省	1601	1.59	45.6	2.20	2466.1	2.10
山东省	5360	5.33	174.1	8.40	5160.9	4.39
其中：青岛市	879	0.87	39.2	1.89	876.5	0.74
河南省	3973	3.95	113.5	5.47	2442.8	2.08
湖北省	2376	2.36	51.8	2.50	2860	2.43
湖南省	2001	1.99	48.7	2.35	2971.5	2.53
广东省	8067	8.03	127.8	6.16	7898.9	6.71
其中：深圳市	1088	1.08	19.4	0.94	1719.4	1.46
海南省	687	0.68	6.1	0.29	642.7	0.55
广西壮族自治区	3416	3.40	66.5	3.21	2993	2.54
贵州省	2108	2.10	48.5	2.34	2152.1	1.83
四川省	3467	3.45	66.6	3.21	5561.7	4.73
重庆市	2344	2.33	55.9	2.70	6797.7	5.78
云南省	2658	2.65	53.6	2.58	4184.7	3.56
陕西省	3156	3.14	74.9	3.61	3849.8	3.27
甘肃省	1418	1.41	39.7	1.91	1238.6	1.05
青海省	545	0.54	11.1	0.54	538.1	0.46
西藏自治区	382	0.38	2.6	0.13	93.7	0.08
宁夏回族自治区	496	0.49	7.1	0.34	393.7	0.33
新疆维吾尔自治区	1372	1.37	32.2	1.55	1121	0.95

资料来源：根据《中国国有资产监督管理年鉴2012》数据整理计算。

从表 3.27 可以看出，截至 2011 年底，国资总量最大的三个省份是江苏（12143.8 亿元）、上海（11537 亿元）、浙江（8690.1 亿元）；而青海、宁夏、西藏排在最后三位。总体上看，与 2010 年相比，各地排序变化不大。

表 3.28　　2011 年地方国有企业在各省市自治区的分布表 2　　单位：亿元

	资产总计	负债合计	资产负债率（%）	所有者权益（净资产）
地方小计	469749.7	314425.5	66.9	155324.2
北京市	26683.9	18301.3	68.6	8382.6
天津市	24265.1	16231.2	66.9	8033.9
河北省	12084.5	8325	68.9	3759.6
山西省	13985.2	9635.1	68.9	4350.1
内蒙古自治区	5157.7	2985.7	57.9	2172
辽宁省	13071.5	8511.3	65.1	4560.2
其中：大连市	3401.9	1879.7	55.3	1522.3
吉林省	2440.6	1602.1	65.6	838.4
黑龙江省	3332.4	2226.4	66.8	1106
上海市	84802.5	66272.8	78.1	18529.6
浙江省	24339.7	14164.6	58.2	10175.1
其中：宁波市	4535.9	2883.9	63.6	1652
江苏省	35186.3	20698.7	58.8	14487.6
安徽省	15188.2	9325.3	61.4	5862.9
福建省	12203.9	7592	62.2	4611.8
其中：厦门市	4259.8	2979.9	70	1279.9
江西省	7391.3	4151.1	56.2	3240.2
山东省	22821.7	15250.2	66.8	7571.5
其中：青岛市	4284.3	3020.2	70.5	1264.1
河南省	12439.5	8889.5	71.5	3550.1
湖北省	11937.9	8384.1	70.2	3553.8
湖南省	8948.3	5184.7	57.9	3763.6
广东省	28988	18267.3	63	10720.6
其中：深圳市	4968.2	2417.8	48.7	2550.4
海南省	1948.1	1172.2	60.2	775.9

续表

	资产总计	负债合计	资产负债率（%）	所有者权益（净资产）
广西壮族自治区	10619.6	7113.7	67	3505.9
贵州省	7662.4	5113.5	66.7	2548.9
四川省	21659.7	14296.2	66	7363.5
重庆市	21759.2	13961.4	64.2	7797.8
云南省	13140.6	8234.3	62.7	4906.3
陕西省	14561.4	9967.6	68.5	4593.7
甘肃省	4742.6	3012.2	63.5	1730.4
青海省	2316.9	1489.3	64.3	827.7
西藏自治区	234.5	90.5	38.6	144
宁夏回族自治区	2408.6	1872.6	77.7	536
新疆维吾尔自治区	3427.8	2103.5	61.4	1324.3

资料来源：根据《中国国有资产监督管理年鉴2012》数据整理。

从表3.28可以看出，各省国有企业资产负债率最高的前三位是上海市（78.1%）、宁夏回族自治区（77.7%）、河南省（71.5%），而负债率最低的是大连市（55.3%）、深圳市（48.7%）、西藏（38.6%）。

与2010年情况相比，各省国有资产总量变化如表3.29所示。

表3.29　　2010～2011年各省市自治区国有资产总量变化表　　单位：亿元

	2010年末国有资产总量	2011年末国有资产总量	增长幅度（%）
地方小计	99001.3	117659.8	18.85
北京市	5320.6	5730.4	7.70
天津市	6347.3	6016.9	-5.21
河北省	2307.8	2521.6	9.26
山西省	2756.5	2964.1	7.53
内蒙古自治区	1416.4	1522.8	7.51
辽宁省	3074.2	3565.6	15.98
其中：大连市	864.1	1170.5	35.46
吉林省	610.8	578.4	-5.30
黑龙江省	688.7	1035	50.28

续表

	2010 年末国有资产总量	2011 年末国有资产总量	增长幅度（%）
上海市	9324.1	11537	23.73
浙江省	6936.3	8690.1	25.28
其中：宁波市	1187	1403.8	18.26
江苏省	9854.2	12143.8	23.23
安徽省	3485.7	4366	25.25
福建省	3031.3	3620.8	19.45
其中：厦门市	813.7	1028.3	26.37
江西省	1793.3	2466.1	37.52
山东省	4442	5160.9	16.18
其中：青岛市	756	876.5	15.94
河南省	2351.2	2442.8	3.90
湖北省	1741.4	2860	64.24
湖南省	2221.4	2971.5	33.77
广东省	7361.3	7898.9	7.30
其中：深圳市	1775.3	1719.4	-3.15
海南省	479.9	642.7	33.92
广西壮族自治区	2608.6	2993	14.74
贵州省	1320.8	2152.1	62.94
四川省	4805.7	5561.7	15.73
重庆市	5271.5	6797.7	28.95
云南省	3638.5	4184.7	15.01
陕西省	2980.1	3849.8	29.18
甘肃省	1188	1238.6	4.26
青海省	409.9	538.1	31.28
西藏自治区	91.3	93.7	2.63
宁夏回族自治区	370.4	393.7	6.29
新疆维吾尔自治区	772	1121	45.21

资料来源：根据《中国国有资产监督管理年鉴 2012》、《中国企业发展报告 2013》数据整理计算。

从表 3.29 不难看出，从国资增长的角度看，湖北（64.24%）、贵州（62.94%）、黑龙江（50.28%）排在前三位，而深圳、天津和吉林是负增长。

3.1.4 重要结论和简要评论

从前文可以的数据分析中可以得出如下一些事实与看法。

①根据国务院国资委的统计，截至2011年底，全国各级国有及国有控股企业共144715户，其中，中央国有企业共44232家，包括国务院国资委监管企业及各级子企业有33037家，79个中央部门（单位）管理企业及各级子企业11195家；地方国有企业100483家。

全部144715户国有企业，2011年末从业人员全国合计数为3914.2万人，全国合并数为3908万人。

按照国资委统计，全部144715户国有企业，2011年底总资产合计数为125.45万亿元，净资产为51.15万亿元，年末国有资产总量[①]为46.68万亿元。按照合并数看[②]，全部144715户国有企业2011年底的总资产为85.37万亿元，净资产为29.17万亿元，国有资产总量为21.99万亿元。从全国合并数来看，国有企业的资产负债率为65.8%。

②截至2011年底，仍有较多的小微型国有企业。小型+微型国有企业的户数占了全部国企的76.64%，从业人员占全部国企的14.11%，国有资产总量占全部的39.87%，约40%。

③截至2011年底，中央国企与地方国企的格局是：户数三七开，人员与国资总量大致五五开，其中地方国企略多。

④2011年，从行业国有资产占全国的比重来看，基础性行业仍然占56.77%，接近60%，远远超过商贸服务及其他行业、一般生产加工业。

⑤从15类行业国有资产占全部国有资产的比重来排序，可以发现2011年除工业国资占比近40%排名第一之外，社会服务业排名第二，国资总量为7.42万亿元，占比15.90%；交通运输业排名第三，国资总量7.39万亿元，占比15.83%；邮电通信业排名第四，国资总量3.92万亿元，占比8.39%；房地产业排名第五，国资总量2.52万亿元，占比5.39%。

国有资产在15类行业间的分布从2010年到2011年略有变化：在批发和

① 国有资产总量就是指属于国家所有的净资产部分。

② 全国国有及国有控股企业在逐级编制合并报表过程中，按照《企业会计准则第33号——合并财务报表》对集团合并事项进行了关联交易抵消。

零售与餐饮业、交通运输业、邮电通信业、房地产业等具有竞争性的行业中的国有资产占全部国资的比重有所下降，而在工业、建筑业、社会服务业等具有一定战略性、公益性与服务性的行业中国有资产占全部国资的比重有所上升。

⑥在工业中，2011 年行业国有资产占全部工业国资比重最高的前五个行业分别为石油和石化工业（26.09%）、电力工业（20.03%）、冶金工业（12.50%）、机械工业（9.50%）、煤炭工业（9.08%），这 5 个行业的国有资产相加占全部工业国资的比重为近 80%。即国有工业资本仍集中于关乎国计民生、具有一定战略意义的能源、原材料和装备工业。而工业国资基本上从化学工业等竞争性行业中退出。

⑦在国有资本的区域分布方面，截至 2011 年底，全国国有企业的约 55% 集中在东部沿海地区。从 2010 年到 2011 年，无论东中西部，国有企业净资产都有较快增长，国有资产总量在各地区也有较快增长，但从区域占比来看，东部国有资产总量占比有所下降，从 2010 年的 68.65% 下降到 2011 年的 66.44%，而中部、西部国有资产总量占比有所上升，反映出中西部地区国有资产总量增长得较东部更快。

3.2　2013 年国有企业发展与改革状况

2013 年我国宏观经济仍然处于增长速度较低、企业效益较差的状况，不少国有企业处于经营困难境地，但国有企业不断加强管理开拓市场、企业经营效益呈逐步走稳的态势。

3.2.1　国有企业经营状况

（1）国有企业经营状况逐步好转

2013 年前 3 季度国有企业规模稳步扩大，经营状况持续提升，但仍处于比较困难的阶段。国有企业资产累计 87.95 万亿元，同比增长 13.2%，累计营业收入[①] 33.71 万亿元，同比增长 11.0%，累计实现利润总额 1.77 万亿元，同比

① 财政部统计的全国国有及国有控股企业，包括中央企业和 36 个省（自治区、直辖市、计划单列市）国有及国有控股企业。中央企业包括：中央部门所属的国有及国有控股企业及 113 户中央管理企业，以上均不含国有金融类企业。

增长10.5%，销售利润率5.24%，比上年同期提高0.12个百分点。

从营业收入增长速度看，2012年及2013年1～9月比2007年及以前的经济快速增长期有大幅度降低。例如2007年全年国有企业营业收入增长20.12%，2008年营业收入增长17.8%，2010年受2009年基数低的影响，反弹至31.1%，2011年也达到21.5%，相比较而言，2012年全年和2013年1～9月的11.0%的营业收入增长速度要比这些增长较快年份降低约10个百分点，但比国际金融危机后的2009年略高5.1个百分点（2009年营业收入增长5.9%）。

销售利润率比一般年份低1个百分点左右。2007年国有企业销售利润率为8.86%，2010和2011年分别为6.55%和6.13%，而2012年全年仅为5.18%，2013年前3季度为5.24%，比2008年的5.63%和2009年的5.95%还要低，由此可见，国有企业经营状况虽然在稳步好转，但仍处于非常困难的状况。

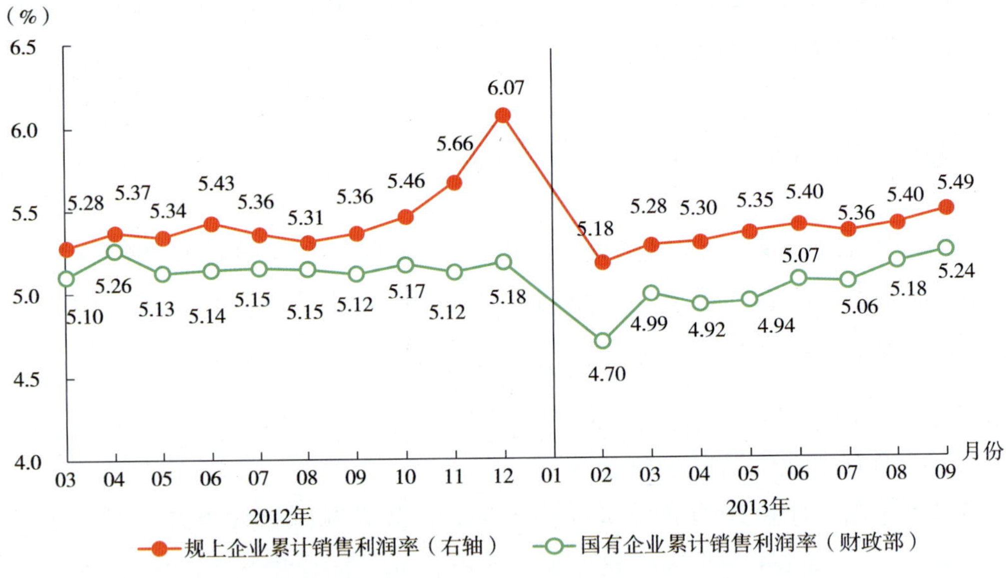

图3.1　国有企业销售利润率变化及与规模以上工业企业的比较

资料来源：根据财政部有关数据整理计算。

（2）地方国有企业经营状况明显差于中央国有企业

我国的央企大多规模大且多数处于垄断较强和进入难度大的行业，即使在经济困难时期，也能保持较好的收益水平。从销售利润率看，2013 年前 3 季度，央企实现销售收入 20.77 万亿元，利润总额共计 1.28 万亿元，销售利润率6.18%，高于规模以上工业企业平均利润率近 1 个百分点。而地方国企共实现销售收入 12.94 万亿元，利润总额仅 4829 亿元，销售利润率 3.73%，不仅低于央企 2.45 个百分点，也低于规模以上工业企业平均销售利润率 1.5 个百分点。

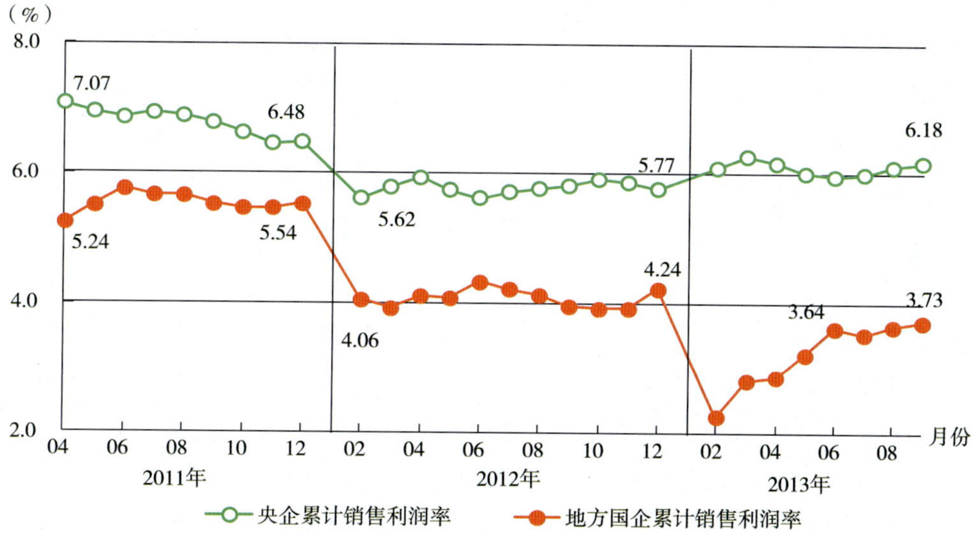

图 3.2　近年来央企和地方国企业销售利润率的差别

资料来源：根据财政部有关数据整理计算。

（3）不同行业国有企业的经营状况有很大差别

在经济增速较低和部分行业产能过剩矛盾突显的背景下，各行业国有企业的经营状况有着很大的差别。

从工业部门的亏损面看，2013 年国有企业亏损情况仍然较为严重。2013 年 1 ~9 月，工业部门国有企业的亏损面为 32.7%，即约三分之一的国有企业处于亏损状况。其中亏损面超过 50% 的有一个行业，亏损面 40% ~50% 的行业共有 8 个，这 8 个行业中，多数处于竞争性强行业，比如煤炭开采和洗选业、纺织业、印刷业，还有一些是属于受经济周期影响大和产能过剩较为严重的行业，比如石油加工、化纤制造、有色金属冶炼和专用设备制造（表 3.30）。

表 3.30　2013 年前 3 季度工业各部门国有企业的亏损面*（亿元，%）

行业	企业单位数	销售收入	利润总额	亏损面
06 煤炭开采和洗选业	547	7265.5	438.3	40.6
07 石油和天然气开采业	28	709.0	182.5	7.1
08 黑色金属矿采选业	77	836.3	36.1	18.2
09 有色金属矿采选业	107	690.3	39.0	27.1
10 非金属矿采选业	111	203.8	10.3	22.5
11 开采辅助活动	24	878.9	8.2	37.5
13 农副食品加工业	338	652.6	12.8	32.8
14 食品制造业	90	150.0	5.0	22.2
15 酒、饮料和精制茶制造业	95	603.1	195.3	24.2
16 烟草制品业	62	4959.9	765.1	9.7
17 纺织业	109	232.2	0.7	42.2
18 纺织服装、服饰业	101	98.4	5.5	19.8
19 皮革、毛皮、羽毛及其制品和制鞋业	24	62.9	3.1	16.7
20 木材加工和木、竹、藤、棕、草制品业	48	37.4	0.4	52.1
21 家具制造业	7	3.5	0.1	14.3
22 造纸和纸制品业	38	329.2	5.6	39.5
23 印刷和记录媒介复制业	161	188.2	23.5	40.4
24 文教、工美、体育和娱乐用品制造业	30	62.1	3.4	26.7
25 石油加工、炼焦和核燃料加工业	65	4698.3	92.2	47.7
26 化学原料和化学制品制造业	427	3187.2	-12.6	38.6
27 医药制造业	122	429.7	28.3	20.5
28 化学纤维制造业	15	164.5	1.9	40.0
29 橡胶和塑料制品业	98	187.3	3.4	22.4
30 非金属矿物制品业	515	956.0	49.5	34.8
31 黑色金属冶炼和压延加工业	153	8647.8	-8.9	39.9
32 有色金属冶炼和压延加工业	161	4681.8	25.5	46.0
33 金属制品业	200	758.4	19.4	30.5
34 通用设备制造业	331	1126.7	51.0	39.0

续表

行业	企业单位数	销售收入	利润总额	亏损面
35 专用设备制造业	288	1230.3	17.5	42.7
36 汽车制造业	213	5712.9	470.9	33.3
37 铁路船舶航空航天和其他运输设备制造	249	1585.5	37.9	33.3
38 电气机械和器材制造业	189	884.9	17.1	34.4
39 计算机、通信和其他电子设备制造业	168	1278.1	58.4	31.0
40 仪器仪表制造业	88	200.2	8.6	31.8
41 其他制造业	46	218.6	6.1	19.6
42 废弃资源综合利用业	14	32.4	1.6	14.3
43 金属制品、机械和设备修理业	38	118.7	1.3	34.2
44 电力、热力生产和供应业	2381.00	30368.1	1389.8	26.4
45 燃气生产和供应业	119	564.0	32.7	25.2
46 水的生产和供应业	585	517.8	9.7	44.6

＊此处根据国家统计局规模以上工业企业中的纯国有企业，不含国有控股的工业企业，国有企业约占国有及国有控股工业企业的接近50%，例如2013年1～9月，纯国有企业的单位数、销售收入和利润分别为8462家、8.55万亿元和4036亿元，而规模以上国有及国有控股工业企业分别为17992家、18.75万亿元和1.12万亿元，国有企业占比分别是47.0%、45.6%和36.3%。

资料来源：根据国家统计局有关数据整理计算。

在整体较为困难的环境中，也有一些行业的国有企业效益仍然较好，这些行业总体都带有进入门槛较高，行业集中度高的特点。其中石油和天然气开采业的销售利润率达25.7%，酒、饮料和茶的利润率达32.4%，烟草制品业的利润率达15.4%，印刷业虽然亏损面较高，但全行业的利润率仍有12.5%，医药制造业的利润率为6.6%，也高于工业平均水平，汽车制造业的利润率达8.2%。在这些行业中，石油和天然气开采及烟草制造属于垄断性行业，酒行业属于品牌效应特别显著，集中度较高的行业，医药制造和汽车制造的进入门槛都相高，存在准入限制。

有不少行业出现国有企业全行业亏损或者几乎零利润的困难情况。其中化学原料和化学药品制造业、钢铁冶炼业前3季度国有企业的利润总额分别为－12.6和－8.9亿元，这两个行业的国有企业经营规模较大，营业收入分别为3187亿元和8648亿元，全行业亏损的原因主要是由于产能过剩矛盾非常突出，而且产品同质化程度高、竞争性较强。另外在工业中其他还有11个行业的利润率小于2%（图3.3）。

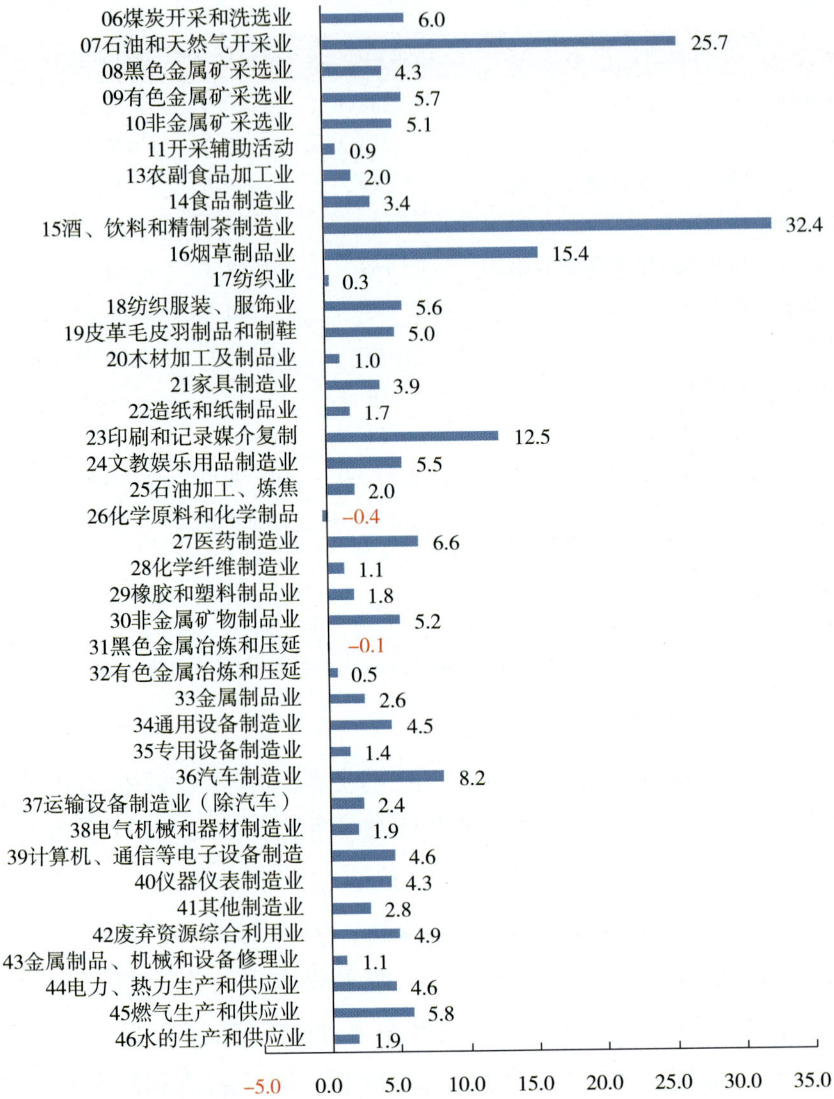

图 3.3　2013 年前 3 季度工业各行业国有企业的销售利润率

资料来源：根据财政部有关数据整理计算。

3.2.2　改善国有企业经营状况和增强国有企业竞争力的有关举措

（1）管理部门和国有企业采取了多种措施增收降支、提高效益

2013 年起国务院国资委修订出台了新的《中央企业负责人经营业绩考核暂行办法》，加强了对央企负责人提高国有企业经营效益的引导指标。其中在任期经营指标考核办法中，对以前的考核方法作了重要修改，在 2009 起实行

的任期考核基本指标为国有资本保值增值率和主营业务收入平均增长率，本次修改将主营业务收入平均增长率改为总资产周转率：

总资产周转率 = 三年主营业务收入之和/三年平均资产总额之和

与以前的主营业务收入增长率相比，总资产周转率更加具有效益导向，因为收入增长率主要与规模的扩张紧密相关，无论企业效益好坏，只要规模增长了，这一指标仍然会很好，而总资产周转率强调考核单位资产所产生的主营业务收入，注重的是资产使用结果，因此这一修改后的考核办法更有利于引导国企加强效益导向。

推进企业管理提升活动，向管理要效益。2013 年初，国资委专门下发《关于做好 2013 年中央企业管理提升活动有关工作的通知》，推动央企通过统筹推进专项提升，全面落实整改措施来提升企业管理水平，促进精细化管理，明确提出向管理要效益、要红利，实现效益合理增长的目标要求。国资委将管理提升活动作为央企 2013 年的重要管理工作，紧抓不懈，建立了专门的网站，定期推广优秀企业的先进经验，至 2013 年 11 月 15 日，共发布了 98 期工作简报，对央企的管理提升起到了推动和促进作用。

国资委成立保增长小组，并提出 5 项措施促进国有企业增长。2013 年 4 月 23 日，国资委召开视频会议，提出中央企业必须承担保增长的重大责任，建立了以国资委领导任组长、委内相关厅局参与的“保增长”工作小组，提出了央企保增长的具体目标为增加值增长要达到 8% 以上，利润增长要达到 10% 以上，并提出了五项措施：一是要坚持现金为王，严格控制风险；二是加快处置不良资产，止住出血点；三是强化管理，向管理要效益；四是完善激励约束机制，调动积极性；五是坚持突出主业，夯实发展基础。

在一系列增收节支措施下，不少国有企业提高效益有了显著成效。例如 2012 年巨亏 82. 34 亿元的中国铝业 2013 年前 3 季度减亏幅度明显，其归属于上市公司股东的净利润为 – 18. 46 亿元，而 2012 年同期亏损额为 43. 35 亿元，同比大幅减亏 24 亿余元。前三季度，中铝营业收入为 122. 06 亿元，同比增加 12. 16%，减亏的主要原因是由于该集团严控各项成本费用开支、努力提高主营业务毛利，另外其他一些举措如并购宁夏能源产生资本运作收益和生产运营收益等也提升了效益。另外一个巨亏的央企，中国远洋集团（2011 年亏损 104

亿元，2012 年亏损 95 亿元）积极采取多种措施减少亏损，通过出售资产、缩减船队缩小租金成本，还通过一系列措施减少管理成本，例如该集团采取了大幅度的减薪措施，通过对管理岗位进行“个别岗位的薪酬降幅超过七成，有些人只拿到原来的四分之一”的大幅度减薪，2012 年中国远洋总体人工费用降低 3.4%，其中管理人员成本降低 5.9%，销售人员降低 9.5%，人均工资降低 4.6%。根据 2013 年 3 季度公报，中国远洋前三季度共亏损 20.34 亿元，比 2012 年同期的 64.03 亿亏损有大幅度减少。

（2）引导国有企业加强长期竞争力的培养和提高

促进国有企业加强创新是提高竞争力的最重要举措之一。2013 年 2 月 4 日，《国务院办公厅关于强化企业技术创新主体地位全面提升企业创新能力的意见》发布，该意见特别提出要建立健全国有企业技术创新的经营业绩考核制度，落实和完善国有企业研发投入视同利润的考核措施，加强对不同行业研发投入和产出的分类考核，中央国有资本经营预算产业升级与发展专项资金要加大对中央企业技术创新的支持力度。其中将国有企业研发投入视同利润的考核措施对国有企业加强研发投入具有重要的引导意义。根据统计，2006 ~2012 年，中央企业科技投入年均增长 20% 以上，发明专利授权量年均增长 40% 以上。2013 年上半年，中央企业在国务院加强创新的意见引导下，继续加大科技投入，在云计算、物联网、智能电网等多个领域正在形成新的技术优势。

央企加大并购重组力度以提升企业实力。其中最具代表性的如 2013 年 3 月，中国华粮物流集团公司整体并入中粮集团有限公司，成为其全资子企业。华粮集团与中储粮一样，是国家政策性粮食物流企业，于 2006 年 8 月 1 日正式注册成立，注册资本为 47.55 亿元，其主要业务分别为政策性业务、准政策性业务和商业性业务。近年来中粮实现了从传统贸易商向实业商的转型，但在业务规模不断扩大的过程中也出现了自身粮食收储和物流不足等问题，而同期华粮由于缺乏贸易和加工业务的支撑，在经营中出现了亏损。重组可以同时破解两家企业的发展难题，实现优势互补，建立高效的新型粮食流通和加工产业体系。华粮集团并入中粮，有利于进一步提高央企在粮食领域的经营实力，有利于建立具有全球影响力国际化大粮商。

地方国企也根据各自情况推出了许多促进整合的措施。例如广东省出台了《广东关于促进企业兼并重组的实施意见》，其中特别提出要支持国有企业及老字号企业兼并重组。完善国有企业兼并重组激励制度，将市值管理绩效、兼并重组绩效纳入国有企业的业绩考核范畴，支持符合条件的企业按照有关规定实施股权激励。积极支持老字号企业兼并重组，依法确认老字号企业无形资产的价值和权属，加强对老字号品牌价值的保护，鼓励各种资本参与老字号企业改组改制，特别是对劣势老字号企业实施战略重组。上海市国资委力推重组整合及股权激励。2013 年上半年，包括上海建工、上海汽车、交运股份、隧道股份在内的上海市国资系统上市公司纷纷推出了资产重组方案，上海电气金泰公司 50% 股权转让广西柳工集团、光明食品集团收购全兴酒业公司 40% 股权，同时，市国资委系统已退出包括印刷、卫生、社会福利、新闻出版在内的 4 个行业，上海纺织、临港集团、兰生集团、水产集团以及长江计算机等 5 家企业有效管理层级压缩工作也取得进展。四川省人民政府出台《关于推进煤矿企业兼并重组的实施意见》，提出 8 项具体措施推进煤矿企业清理整顿和兼并重组。

加强对外投资，提升国有企业在全球范围内配置资源能力是提升国有企业竞争力的重要环节。根据中国社科院工业经济研究所的一项研究，2011 年末，我国非金融类对外投资存量为 3500 多亿美元，其中国有企业占投资存量六成以上。国资委副主任黄淑和 2013 年 8 月 26 日在《人民日报》的文章上指出，中央企业境外经营单位资产和利润总额占到了全部中央企业的 10% 以上，营业收入占到了近 20%，获取境外先进技术、高端人才、品牌渠道和保障能源资源安全的能力正在稳步提升。

3.2.3　国有企业改革的新进展

（1）央企改革的新进展[①]

在过去一年里，央企在改革方面迈出了新步伐。

多家央企完成公司化改造。2012 年 12 月，中国航天科技集团公司所属中国乐凯集团有限公司在保定揭牌，正式由全民所有制企业成为有限责任公司，

① 本部分信息来自国资委网站。

成立了公司董事会、监事会，聘任了新一届总经理、副总经理、财务总监等高级管理人员，建立了现代法人治理结构。2013 年4 月，随着贵州梅岭电源有限公司（原国营梅岭化工厂）营业执照领取，061 基地全民所有制企业改制工作全面完成。061 基地共有全民所有制企业 8 户。其中原贵州航天朝晖电器厂、贵州航天朝阳电器厂、中国江南航天工业集团林泉电机厂、苏州梅岭蓄电池厂、苏州江南航天机电工业公司、中国江南航天工业集团江南工业贸易公司等6 户企业分别于2010 年、2011 年完成改制并办理了工商变更手续。2013 年 4 月，国家工商总局颁发了中国核燃料有限公司营业执照，标志着该公司完成了由全民所有制企业向有限责任公司的转变。北京江南航天工业公司也完成了企业改制工作，领取了新的有限公司营业执照。

多家央企建立规范董事会、改进公司治理取得新进展。建立规范董事会的央企包括中国核工业集团公司和中国航空工业集团公司等。2013 年 3 月 25 日，国务院国资委组织召开中国核工业集团公司建设规范董事会工作会议，中国核工业集团公司董事会正式组建，也标志着中国核工业集团公司向建立现代企业制度、完善法人治理结构迈出了实质性步伐。4 月 15 日，国务院国资委召开中国航空工业集团公司建设规范董事会工作会议，宣布设立董事会，国资委领导要求中国航空工业集团公司以建设规范的董事会制度为契机，深化改革创新，实现体制机制转变，努力将中国航空工业集团公司建设成为具有国际竞争力的跨国集团公司。

多家央企资产重组和产权改革出现新进展。2013 年 1 月 8 日上午，中国远洋运输（集团）总公司控股的中远航运股份有限公司 2013 年第一次临时股东大会审议并全票通过了《中远航运收购广州远洋运输有限公司 100% 股权的关联交易议案》，中远航运将以自有资金 10.95 亿元人民币收购中国远洋运输（集团）总公司持有的广州远洋运输有限公司 100% 股权，标志着历时 6 年多的广州远洋/中远航运整体上市项目顺利完成。2013 年 3 月 13 日上午，中国唱片总公司整体重组并入中国华录集团有限公司大会在华录集团北京基地召开。2013 年 6 月 20 日，神华包神铁路集团干部大会在包头召开。会议宣布了神华集团关于组建神华包神铁路集团公司的决定。此次铁路整合，包括包神铁路公司、甘泉铁路公司、新准铁路公司，管理整合后所辖包神、甘泉、新准、塔韩

4条铁路线合纵连横，南北贯通，东西相向，正线总里程将达到800多公里，占到目前神华铁路总量的50%以上。2013年10月10日，中国电建集团第三十次党政联席会议审议并原则通过了中国电建两级总部整合建议方案，并对推进两级总部整合有关工作做出了安排部署。

央企改革还在其他方面迈出了步伐。如中国核工业建设集团公司人事制度改革拉开序幕。2013年3月15日，中国核工业建设集团公司召开公开招聘视频动员会，拉开了中国核建新一轮深化干部人事制度改革的序幕。这次公开招聘是中国核工业建设集团公司第一次大规模面向社会公开招聘中高级管理人才。

（2）地方政府不断探索推动国有企业改革路径

上海市在2013年的政府工作报告中提出，今后五年，上海要毫不动摇地巩固和发展公有制经济，推进国资国企开放性、市场化重组，推动国有资本有进有退，更多投向基础设施、公共服务、战略新兴产业等领域。2013年，上海要加快国资国企改革发展。建立国有资本有进有退、合理流动的常态化机制，进一步收缩领域、压缩层级；推进国有企业集团上市，加快上市公司国有股权管理；完善国有企业激励约束机制；健全国有企业分类监管、分类考核体系①。

重庆市国资委2013年在推进企业进行公司制改革的同时，坚持整体上市的国企改革路径。来自重庆能源集团的消息称，在重庆国资委的积极支持下，该集团子公司有3家启动上市准备工作，重庆燃气正在积极推进上市进程，巨能公司和顺安公司也启动了上市前期准备工作②。

浙江省国企改革的总体框架虽然还处在研究、论证和优化过程中，但基本思路已经初步厘清③，浙江省重点是按照“优化布局，做强主业，推进上市，分类监管”的原则，进一步深化市场化改革，有针对性地破解国企存在的矛盾和问题，增强国有企业发展的内生动力和内在活力。

---

① 闵琦：“上海‘发力’国企改革”，《中国经济导报》，2013年2月5日。

② “国企改革的重庆实践”，《国企》，2013年第11期。

③ 徐祖贤：“浙江新一轮国企改革指向更高水平的市场化”，2013年8月1日，见http://www.sasac.gov.cn/n1180/n1271/n20515/n2697175/15454582.html。

2012 年 11 月 14 日，青岛市国有企业改革领导小组召开会议，会议确定了 2013 年青岛市国有企业改革总体思路：认真贯彻落实党的“十八大”和青岛市第十一次党代会精神，以科学发展为主题，以加快转变经济发展方式为主线，实施政府投资公司深度整合，推进国有大企业改革重组，加快国有企业股权多元化步伐，提高市管企业市场化主体地位，不断增强国有经济的活力、影响力和带动力。突出抓好以下几个方面的工作：一是创新完善国有资产监管体制机制；二是抓统筹，推进政府投资公司深度整合；三是抓转型，加快国有大型企业改革重组；四是抓上市，推进国有大企业股权多元化；五是抓安置，维护国有企业职工利益①。

（3）十八届三中全会将推动国企改革的深化

2012 年党的十八大召开之后，各界对进一步深化改革，包括深化国企改革的呼声日益增强。2013 年春天，中央决定在 2013 年秋天召开十八届三中全会，专门讨论深化改革问题。许多研究机构都开展专门研究，为十八届三中全会的文件起草建言献策。国务院发展研究中心在深入研究的基础上，提交了《新一轮改革的战略与路径》的研究报告。由于这个研究报告提出了“三位一体改革思路，八个重点改革领域，三个关联性改革组合”，所以被称之为“383”方案。改革方案提出国企改革要重新界定国有资产职能，完成国企的公司制改造以为国有资产资本化创造条件，按照不同职能建立一批国有资本运营基金，同时建立和完善出资人制度和职业经理人制度。

2013 年 11 月召开的十八届三中全会审议通过了《中共中央关于全面深化改革若干重大问题的决定》（以下简称《决定》）。《决定》共分 16 项 60 条，其中第 5、6、7、8 等条提出了深化国有企业改革的方针。《决定》是对此前国企改革方向的总结和延伸，亦厘清了新阶段国有企业改革的思路和任务，将进一步深化国有企业改革，是新一轮国企改革的重要纲领性文件，国企改革有望进一步推进。

《决定》第 5 条再次强调“公有制”和“非公有制产权”“同样不可侵犯”，为非公有制经济的并行发展以及民营资本参与国有企业改革提供坚实的

---

① 凤凰网，“青岛市确定 2013 国有企业改革总思路”，2012 年 11 月 22 日。

制度基础。

《决定》指出“国有资本、集体资本、非公有资本等交叉持股、相互融合的混合所有制经济，是基本经济制度的重要实现形式，有利于国有资本放大功能、保值增值、提高竞争力，有利于各种所有制资本取长补短、相互促进、共同发展。允许更多国有经济和其他所有制经济发展成为混合所有制经济。国有资本投资项目允许非国有资本参股。允许混合所有制经济实行企业员工持股，形成资本所有者和劳动者利益共同体”。

《决定》首次明确以管资本为主，加强国有资产监管，组建国有资本运营公司，支持有条件的国有企业改组为国有资本投资公司。这种转变意义重大，有助于实现国有资本合理布局，有进有退。

对于国有资本的投向，《决定》规定“国有资本投资运营要服务于国家战略目标，更多投向关系国家安全、国民经济命脉的重要行业和关键领域，重点提供公共服务、发展重要前瞻性战略性产业、保护生态环境、支持科技进步、保障国家安全。划转部分国有资本充实社会保障基金。完善国有资本经营预算制度，提高国有资本收益上缴公共财政比例，向关系国家安全、国民经济命脉的重要行业和关键领域，重点提供公共服务、发展重要前瞻性战略性产业、保护生态环境、支持科技进步、保障国家安全。划转部分国有资本充实社会保障基金。完善国有资本经营预算制度，提高国有资本收益上缴公共财政比例，二〇二〇年提到百分之三十，更多用于保障和改善民生。”

《决定》进一步强调“推动国有企业完善现代企业制度”。“国有企业属于全民所有，是推进国家现代化、保障人民共同利益的重要力量。国有企业总体上已经同市场经济相融合，必须适应市场化、国际化新形势，以规范经营决策、资产保值增值、公平参与竞争、提高企业效率、增强企业活力、承担社会责任为重点，进一步深化国有企业改革。健全协调运转、有效制衡的公司法人治理结构。建立职业经理人制度，更好发挥企业家作用。深化企业内部管理人员能上能下、员工能进能出、收入能增能减的制度改革。建立长效激励约束机制，强化国有企业经营投资责任追究。探索推进国有企业财务预算等重大信息公开。国有企业要合理增加市场化选聘比例，合理确定并严格规范国有企业管理人员薪酬水平、职务待遇、职务消费、业务消费。”

《决定》亦首次在最高层面提出要“准确界定不同国有企业功能”。“国有资本加大对公益性企业的投入，在提供公共服务方面作出更大贡献。国有资本继续控股经营的自然垄断行业，实行以政企分开、政资分开、特许经营、政府监管为主要内容的改革，根据不同行业特点实行网运分开、放开竞争性业务，推进公共资源配置市场化。进一步破除各种形式的行政垄断”。这对于建立分类管理的国资管理体系具有重要作用。

3.2.4 重要结论和简要评论

2013 年，国有企业与其他所有制企业一样，都在接受经济增速下滑的考验。总的来看，随着宏观经济的稳中有进，国有企业也稳住了阵脚，主营业务收入增长速度和利润增长速度与上年最困难的时期相比，已经有所回升。但是也要看到，回升还不太稳定，也不太均衡，一些行业经营状况改善较快，如火电行业主要受益于煤炭价格低迷而导致盈利状况显著改善，而煤炭行业则因此而萎靡不振。

在经济增速下滑的考验中，不少国有企业正在通过加强管理、挖掘潜力等方式来改善自身经营状况，而且注重加强研发以提高未来的竞争力。一些国有企业还推进了董事会建设等方面的改革。

2013 年对于国有企业来说最重要的一件事情，就是十八届三中全会的召开。三中全会提出了深化国有企业改革的设想。可以预期，在 2014 年，国有企业改革将会有更多的进展。

3.3 综合性讨论

我国仍然有一个比较庞大的国有部门，而且在过去几年，国有企业数量呈现上升趋势，2011 年底全国各级国有及国有控股企业共 144715 户。从上世纪末以来到 2008 年，国有企业的数量总体而言趋于减少，而这几年却逐年增多，这不能不令人关注。全国国有企业职工大约 3900 万人，这也是一个比较庞大的群体。国有企业的总资产在 2011 年底已经超过 125 万亿元，净资产超过 51 万亿元。这些国有资产分布在非常广泛的行业和分散于许多企业之中，看来国有经济布局调整的任务还远远没有完成。在宏观经济增速下滑的背景中，在经营困难的压力下，国有经济能否进一步调整布局，国有企业是否会加快改革，对于打造中国经济升级版具有重要意义。十八届三中全会通过了关于全面深化改革若干重大问题的决定，重申了市场化的改革方向，提出市场机制要在资源配置中发挥决定性作用。相信国有企业也会朝着这个方向将深化改革的工作进行下去。

本章统稿人张文魁。撰写执笔人分别为贯涛、许召元、王怀宇、张文魁。

第四章　中小企业发展

本章讨论的中小企业，是根据工业和信息化部等四部门联合发布《中小企业划型标准规定》划分的中、小、微型企业群体。从所有制划分来讲，如果不考虑少数大型民营企业，中小企业概念与民营企业基本重合，在某种程度上，对中小企业的研究就是对民营企业的研究。

中小企业是促进就业、改善民生、稳定社会、发展经济、推动创新的基础力量，是构成市场经济主体中数量最大、最具活力的企业群体。新时期中小企业的发展状况，关系到我国经济社会结构调整与发展方式转变，关系到促进就业与社会稳定，关系到科技创新与转型升级。当前，我国中小微企业占全国企业总数的99.7%，其中小型微型企业占97.3%，提供城镇就业岗位超过80%，创造的最终产品和服务相当于国内生产总值的60%，上缴利税占50%。我国发明专利的65%、企业技术创新的75%以上和新产品开发的80%以上，都是由中小企业完成的。

4.1 中小企业发展情况

4.1.1 总量规模与结构

截至2013年10月底，全国实有企业1483.74万户（含分支机构，下同），比2012年底增长8.57%；注册资本（金）94.01万亿元，比2012年底增长13.90%。内资企业1439.27万户，比2012年底增长8.83%；注册资本（金）81.8万亿元，比2012年底增长15.68%。其中，私营企业1209.52万户，比2012年底增长11.40%；注册资本（金）37.4万亿元，比2012年底增长20.26%。外商投资企业44.47万户，比2012年底增长0.93%；注册资本12.21万亿元，比2012年底增长3.21%。个体工商户4351.03万户，比2012年底增长7.19%；资金数额2.33万亿元，比2012年底增长17.68%。农民专业合作社92.55万户，比2012年底增长34.33%；出资总额1.72万亿元，比

2012 年底增长 56. 36% 。

而从年度增长情况来看，2012 年底全国实有企业 1366. 6 万户（含分支机构，下同），同比增长 9. 06%，实有注册资本（金）82. 54 万亿元①，同比增长 14. 24% 。内资企业实有 1322. 54 万户，同比增长 9. 44%，实有注册资本（金）70. 71 万亿元，同比增长 15. 25% 。其中私营企业 1085. 72 万户，增长 12. 20%，注册资本（金）31. 1 万亿元，增长 20. 59% 。外商投资企业 44. 06 万户，下降 1. 32%，注册资本（金）11. 83 万亿元，增长 8. 52% 。个体工商户实有 4059. 27 万户，同比增长 8. 06%，资金数额 1. 98 万亿元，增长 22. 19% 。农民专业合作社实有 68. 9 万户，同比增长 32. 07%，出资总额 1. 1 万亿元，增长 52. 07% 。见表 4. 1、表 4. 2。

表 4. 1　　2002 ~ 2012 年全国私营企业发展情况

年份	户数（万户）	增长率（%）	人数（万人）	增长率（%）	注册资金（万亿元）	增长率（%）
2002	263. 83	20. 0	3247. 5	19. 7	2. 48	35. 9
2003	328. 72	24. 8	4299. 1	32. 3	3. 53	42. 6
2004	402. 41	22. 4	5017. 3	16. 7	4. 79	35. 8
2005	471. 95	17. 3	5824. 0	16. 1	6. 13	28. 0
2006	544. 14	15. 3	6586. 4	13. 1	7. 60	23. 9
2007	603. 05	10. 8	7253. 1	10. 1	9. 39	23. 5
2008	657. 42	9. 0	7904. 0	9. 0	11. 74	25. 0
2009	743. 15	13. 0	8607. 0	8. 9	14. 64	24. 8
2010	845. 51	13. 8	9418	9. 4	19. 21	31. 2
2011	967. 68	14. 45	10353. 6	9. 9	25. 79	34. 27
2012	1085. 72	12. 20	/	/	31. 10	20. 59
2013. 10	1209. 52	11. 40	/	/	37. 4	

资料来源：国家工商行政管理总局：《2011 年上半年全国市场主体发展总体情况》、《第八次全国私营企业抽样调查数据分析综合报告（摘要）》、《2009 ~ 2010 年中国民营经济发展报告》、《2011 年市场主体统计分析》、《2012 年上半年全国市场主体发展总体情况》、《2012 年全国市场主体发展总体情况》、《2013 年上半年全国市场主体发展报告》。

① 外商投资企业注册资本的货币单位原为美元，各年注册资本数按数据分析当日汇率折算。2012 年 12 月底数据按美元对人民币汇率 6. 2855 折算。

表 4.2　　2002～2012 年个体工商户发展情况

年份	注册资金总额（亿元）	增长率（%）	注册户数（万户）	增长率（%）	人数（万人）	增长率（%）
2002	3782.4	10.1	2377.5	-2.3	4742.9	-0.39
2003	4187.0	10.7	2353.2	-1.0	4299.1	-9.4
2004	5057.9	20.8	2350.5	-0.1	4587.1	6.7
2005	5809.5	14.9	2463.9	4.8	4900.5	6.8
2006	6468.8	11.4	2595.6	5.3	5159.7	5.3
2007	7350.8	13.6	2741.5	5.6	5496.2	6.5
2008	9006.0	22.52	2917.3	6.4	5776.4	5.1
2009	11900	20.55	3197.4	9.6	6585.4	14.01
2010	13400	12.61	3453.3	8.0	7097.67	7.78
2011	16200	20.84	3756.47	8.79	7945.28	11.94
2012	19800	22.19	4059.27	8.06	/	/
2013.10	23300	17.68	4351.03	7.19	/	/

资料来源：《2008～2009 年中国民营经济发展报告》、《2011 年上半年全国市场主体发展总体情况》、《2011 年市场主体统计分析》、《2012 年上半年全国市场主体发展总体情况》、《2012 年全国市场主体发展总体情况》、《2013 年上半年全国市场主体发展报告》。

从工业看，规模以上工业企业中（主营业务收入在 2000 万元以上），中小企业是主体。2012 年底，全国规模以上中小工业企业 33.4321 万家，占全部规模以上工业企业总数的 97.25%；资产总计 38.88 万亿元，占 50.60%；主营业务收入 54.46 万亿元，占 58.61%；利润 3.67 万亿元，占 59.34%。其中规模以上中型工业企业个数为 53866 个，同比增长 3.12%；资产合计 18.47 万亿元，同比底增长 13.38%；主营业务收入 21.84 万亿元，同比增加 11.88%；利润总额 1.54 万亿元，同比增长 0.59%。而规模以上小型工业企业为 280455 个，同比增长 9.42%；资产合计 20.41 万亿元，同比增长 23.08%；主营业务收入 32.63 万亿元，同比增加 15.13%；利润总额 2.13 万亿元，同比增加 9.78%。见表 4.3、表 4.4。

表 4.3　2003~2012 年全国规模以上中型工业企业主要经济指标比较　单位：亿元

年份	企业单位数（个）	工业总产值	资产合计	主营业务收入	利润总额	全部从业人员年平均人数（万人）
2003	21647	47065.22	58854.47	47157.78	2687.05	1917.63
2005	27271	76436.36	83738.56	75549.23	4210.33	2216.49
2006	30245	95383.60	98633.78	94575.71	5759.09	2394.27
2007	33596	121698.67	118284.42	118919.85	8214.80	2579.80
2008	37204	149810.20	141042.71	146074.77	9410.43	2789.17
2009	38036	159373.96	157956.50	155050.42	11368.03	2787.73
2010	42906	203925	191195	200997	17347	3082.4
2011	52236	199366	162942	195163	15310	2946.2
2012	53866	/	184741.97	218356.88	15400.33	/

注：全国规模以上工业企业统计范围 1998 年至 2006 年为全部国有及年主营业务收入在 500 万元及以上非国有工业企业；2007 年至 2010 年为年主营业务收入在 500 万元及以上的工业企业；2011 年为年主营业务收入在 2000 万元及以上的工业企业（下同）。

资料来源：《中国统计年鉴》。

表 4.4　2003~2012 年全国规模以上小型工业企业主要经济指标比较　单位：亿元

年份	企业单位数（个）	工业总产值	资产合计	主营业务收入	利润总额	全部从业人员年平均人数（万人）
2003	172591	46291.76	43675.98	43461.46	1814.26	2524.27
2005	242061	83918.78	65967.36	79306.13	3790.78	3097.04
2006	269031	108865.95	78804.07	102715.32	5141.21	3241.95
2007	300262	142620.42	96021.81	135701.24	7528.54	3472.10
2008	385721	188170.91	125976.71	181207.61	10633.13	4077.88
2009	393074	213124.98	142612.35	206771.30	12276.54	3999.92
2010	406224	264719	165430	258730	18072	4154.4
2011	256319	288178	165790	283400	19439	2957.3
2012	280455	/	204060.83	326270.12	21339.89	/

注：全国规模以上工业企业统计范围 1998 年至 2006 年为全部国有及年主营业务收入在 500 万元及以上非国有工业企业；2007 年至 2010 年为年主营业务收入在 500 万元及以上的工业企业；2011 年为年主营业务收入在 2000 万元及以上的工业企业（下同）。

资料来源：《中国统计年鉴》。

4.1.2　规模特点

从户均注册资金规模和从业人员规模来看，2013 年 6 月全国私营企业户均资金规模为301.13万元；相比2012年底，在户均资金规模上增长5.12%；相比2005年增长131.83%。见表4.5。

表4.5　全国私营企业户均规模及就业人数

年份	户数（万户）	注册资金（亿元）	户均资金规模（万元）	从业人员（万人）	户均就业规模（人）
2005年底	471.95	6130.07	129.89	4893.27	12.20
2011年底	967.68	257900	266.51	10353.6	10.7
2012年底	1085.72	311000	286.45		
2013年中	1136.27	342300	301.13		
增长比例（%）	458.40	140.76	131.93		

资料来源：国家工商行政管理总局：《2011年上半年全国市场主体发展总体情况》、《第八次全国私营企业抽样调查数据分析综合报告（摘要）》、《2009～2010年中国民营经济发展报告》、《2011年市场主体统计分析》、《2012年上半年全国市场主体发展总体情况》、《2012年全国市场主体发展总体情况》、《2013年上半年全国市场主体发展报告》。

个体工商户方面，2013年6月全国户均注册资金规模为5.25万元。相比2012年底，在户均资金规模上增长7.58%；相比2005年增长122.46%。见表4.6。

表4.6　个体工商户户均规模及就业人数

年份	户数（万户）	注册资金（亿元）	户均资金规模（万元）	从业人员（万人）	户均就业规模（人）
2005年底	2463.96	5809.5	2.36	5831.62	2.37
2011年底	3756.47	16200	4.31	7945.3	2.1
2012年底	4059.27	19800	4.88		
2013年中	4134.78	21700	5.25		
增长比例	68.71	273.53	122.59		

资料来源：国家工商行政管理总局：《2011年上半年全国市场主体发展总体情况》、《第八次全国私营企业抽样调查数据分析综合报告（摘要）》、《2009～2010年中国民营经济发展报告》、《2011年市场主体统计分析》、《2012年上半年全国市场主体发展总体情况》、《2012年全国市场主体发展总体情况》、《2013年上半年全国市场主体发展报告》。

2012年，全国个体工商户首次突破4000万户。截至2013年9月底，全国实有个体工商户4311.57万户，为全国企业户数的2.93倍。且这一倍数呈持续下降趋势：2011年6月底，全国个体工商户户数为企业户数的3.02倍，

2011年9月变为3.01倍；2012年6月为2.98倍，到2012年年底降为2.97倍；2013年第一季度末为2.96倍，到2013年第三季度末变成2.93倍（见表4.7）。

表4.7　近年来个体工商户与企业户数变动表

	2011.6	2011.9	2012.6	2012.12	2013.3	2013.6	2013.9
个体工商户总数（万户）	3601.13	3697.26	3896.07	4059.27	4062.92	4134.78	4311.57
企业总数（万户）	1191.16	1228.21	1308.57	1366.6	1374.88	1408.31	1469.31
个体工商户与企业户数比值	3.02	3.01	2.98	2.97	2.96	2.94	2.93

4.1.3　区域发展分布

截至2013年10月底，东部地区实有企业934.41万户，比2012年底增长9.17%；中部地区315.44万户，增长5.79%；西部地区233.89万户，增长10.08%。

从区域发展情况来看，全国各省市自治区私营企业分布的统计数据表明，全国私营企业最多的6个省，即发展户数超过50万户的6个省，总数量达到了545.2万户，江苏第一，共131.3万户；广东第二，125.6万户；上海第三，84.7万户；浙江77.5万户；山东66.1万户；北京60.0万户。这6个省加起来占了私营企业总数的一半还多。发展最少的6个省，分别是西藏最少约10000户；青海倒数第二约22000户；宁夏约46000户；甘肃约96000户；海南约102000户；新疆约117000户，这6个省加起来只有39.3万户，还不如前六个省的一个省的户数多（见表4.8）。

表4.8　2012年全国各地区私营企业就业人数

编号	地区	户数（万户）	就业人数（万人）	万人拥有企业数（个）	户均就业人数（人）
1	全国	1085.7	11296.1	80.2	10.4
2	江苏	131.3	1662.5	165.8	12.7
3	广东	125.6	1097.8	118.6	8.7
4	上海	84.7	666.5	355.9	7.9
5	浙江	77.5	986.9	141.6	12.7
6	山东	66.1	755.4	68.2	11.4

续表

编号	地区	户数（万户）	就业人数（万人）	万人拥有企业数（个）	户均就业人数（人）
7	北京	60.0	485.6	290.1	8.1
8	四川	44.8	402.9	55.5	9.0
9	河南	39.4	365.4	41.8	9.3
10	辽宁	37.4	421.6	85.2	11.3
11	福建	34.7	393.9	92.7	11.3
12	湖北	34.6	338.7	59.8	9.8
13	河北	33.9	250.4	46.5	7.4
14	安徽	30.4	295.5	50.8	9.7
15	重庆	29.2	370.6	99.2	12.7
16	湖南	24.9	398.4	37.5	16.0
17	陕西	23.8	186.5	63.4	7.8
18	广西	22.7	247.9	48.5	10.9
19	江西	22.6	329.7	50.2	14.6
20	云南	20.3	294.7	43.5	14.5
21	山西	20.3	194.6	56.2	9.6
22	黑龙江	19.8	217.1	51.6	11.0
23	天津	17.3	101.0	122.6	5.8
24	吉林	16.0	166.1	58.3	10.4
25	内蒙古	14.7	153.1	58.9	10.4
26	贵州	14.4	123.6	41.3	8.6
27	新疆	11.7	114.5	52.3	9.8
28	海南	10.2	70.0	115.3	6.9
29	甘肃	9.6	99.8	37.3	10.4
30	宁夏	4.6	43.7	70.7	9.6
31	青海	2.2	37.6	37.8	17.3
32	西藏	1.0	24.1	33.9	23.1

资料来源：《中国统计年鉴2013》。

从万人拥有私营企业个数来看，数量最多的6个省市自治区，上海355.9个，北京290.1个，江苏165.8个，浙江141.6个，天津122.6个，广东118.6个。万人拥有私营企业个数最少的6个省市自治区西藏33.9个，甘肃

37.3个，湖南37.5个，青海37.8个，贵州41.3个，河南41.8个。

从全国各地个体工商户分布的情况分析来看，全国个体工商户最多的6个省，即发展户数超过220万户的6个省，总数量达到了1718.3万户。广东第一，共361.9万户；江苏第二，352.8万户；山东第三，279.6万户；四川252.6万户；浙江249.9万户；河南221.6万户。这6个省加起来占了个体总数的约一半。发展最少的6个省，分别是西藏最少10.7万；青海倒数第二13.8万户；宁夏22.3万户；天津26.1万户；海南28.0万户；上海36.3万户。这6个省加起来只有137.0万户，还不如前六个省的一个省的户数多（见表4.9）。

表4.9　2012年全国各地区个体就业人数

编号	地区	个体户数（万户）	个体就业人数（万人）	万人拥有个体企业数（个）	户均就业人数（人）
1	全国	4059.3	8628.3	299.8	2.1
2	广东	361.9	711.2	341.6	2.0
3	江苏	352.8	570.4	445.4	1.6
4	山东	279.6	619.6	288.7	2.2
5	四川	252.6	481.2	312.8	1.9
6	浙江	249.9	559.3	456.2	2.2
7	河南	221.6	500.1	235.6	2.3
8	湖北	201.4	572.9	348.6	2.8
9	湖南	168.0	323.5	253.1	1.9
10	辽宁	167.7	385.4	382.2	2.3
11	河北	152.0	390.9	208.5	2.6
12	安徽	151.9	350.7	253.6	2.3
13	云南	139.6	268.3	299.6	1.9
14	江西	126.6	330.2	281.0	2.6
15	黑龙江	119.4	287.1	311.5	2.4
16	广西	117.3	229.7	250.6	2.0
17	重庆	101.7	177.9	345.5	1.7
18	吉林	99.1	240.9	360.4	2.4
19	内蒙古	96.7	207.8	388.4	2.1
20	福建	95.0	258.9	253.5	2.7

续表

编号	地区	个体户数（万户）	个体就业人数（万人）	万人拥有个体企业数（个）	户均就业人数（人）
21	山西	94. 1	191. 6	260. 5	2. 0
22	陕西	90. 8	234. 0	241. 8	2. 6
23	贵州	89. 5	152. 8	256. 8	1. 7
24	北京	69. 1	106. 7	334. 0	1. 5
25	甘肃	66. 3	126. 1	257. 3	1. 9
26	新疆	57. 6	97. 2	257. 9	1. 7
27	上海	36. 3	45. 5	152. 5	1. 3
28	海南	28. 0	46. 7	315. 1	1. 7
29	天津	26. 1	47. 1	184. 4	1. 8
30	宁夏	22. 3	55. 2	344. 2	2. 5
31	青海	13. 8	32. 3	240. 1	2. 3
32	西藏	10. 7	27. 3	347. 6	2. 5

资料来源：《中国统计年鉴 2013》。

从万人拥有个体工商户个数来看，数量最多的 6 个省市自治区，浙江 456. 2 个，江苏 445. 4 个，内蒙古 388. 4 个，辽宁 382. 2 个，吉林 360. 4 个，湖北 348. 6 个。万人拥有个体工商户个数来看，数量最少的 6 个省市自治区，分别是上海 152. 5 个，天津 184. 4 个，河北 208. 5 个，河南 235. 6 个，青海 240. 1 个，山西 241. 8 个。

从区域看，西部区企业实有户数发展速度相对较快。东部 12 省市实有企业户数为 855. 95 万户，比上年增长 8. 70%，占全国企业总户数的 62. 63%；中部 9 省市实有企业 298. 17 万户，比上年增长 8. 37%，占全国企业总户数的 21. 82%；西部 10 省市实有企业 212. 48 万户，比上年增长 11. 50%，占全国企业实有总户数的 15. 55%。

西部地区私营企业发展速度较快。东部 12 省市私营企业数 710. 5 万户，比上年底增长 10. 92%，占全国私营企业总户数的 64. 61%；中部 9 省私营企业数 208. 0 万户，比上年底增长 5. 77%，占全国个体工商户总户数的 19. 15%；西部 10 省市实有 176. 20 万户，比上年底增长 27. 16%，占全国个体工商户总户数的 16. 23%。

中、西部区个体工商户发展较快，与上年同期相比，增长率均超过 10%。

东部12省市实有个体工商户1935.61万户，比上年增长5.33%，占全国个体工商户总户数的47.69%；中部9省市实有1278.83万户，比上年增长10.85%，占全国个体工商户总户数的31.50%；西部10省市实有844.83万户，比上年增长10.40%，占全国个体工商户总户数的20.81%。

4.1.4 产业与行业分布

从产业分布情况看，全国实有企业在第一、三产业发展较快。截至2013年10月底，企业在第一产业实有40.95万户，比2012年底增长8.2%；第二产业373.92万户，增长5.0%；第三产业1068.86万户，增长9.9%。企业在第一、二、三产业中的占比数分别为2.8%、25.2%、72%。

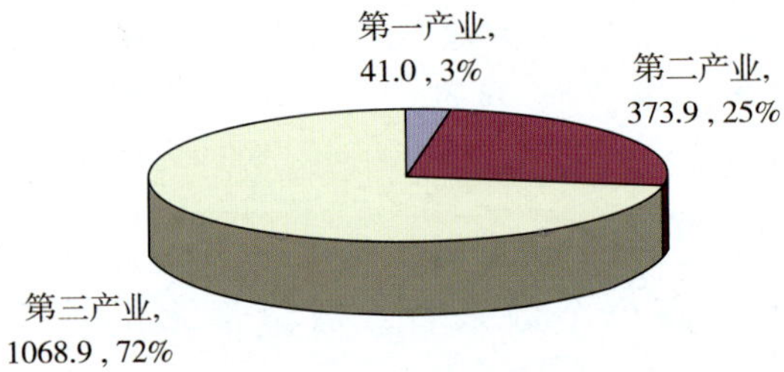

图4.1 产业分布企业户数及占比（截至2013年10月底，万户）

2012年底，全国个体工商户在第一产业实有76.25万户，比上年增长22.94%，占全国个体工商户实有总户数的1.88%；第二产业实有317.75万户，比上年增长4.23%，占全国个体工商户实有总户数的7.83%；第三产业实有3665.27万户，比上年增长8.13%，占全国个体工商户实有总户数的90.29%。

从规模以上工业企业私营企业所在行业分布情况来看，全国最多的6个行业，即发展户数超过11100户的6个行业，总数量达到了80915个，其中非金属矿物制品业17084户，农副食品加工业13717户，纺织业13573户，通用设备制造业12832户，化学原料和化学制品制造业12543户，金属制品业11166户。这6个行业加起来占总数约42.75%。发展最少的6个行业，分别是烟草制品业4户，其他采矿业12户，石油和天然气开采业12户，开采辅助活动39户，水的生产和供应业117户，金属制品、机械和设备修理业162户。这6个行业加起来只有346户，远远少于前六个行业的一个行业的户数（见表4.10）。

表 4.10　　2012 年按行业分规模以上工业企业私营企业主要指标　　单位：亿元

	企业单位数（个）	资产总计	主营业务入	利润总额
总计	189289	152548.13	285621.48	20191.90
非金属矿物制品业	17084	12486.91	22284.90	1786.54
农副食品加工业	13717	8469.70	23898.72	1607.73
纺织业	13573	8950.23	16567.98	1032.63
通用设备制造业	12832	8582.66	15418.07	1108.70
化学原料和化学制品制造业	12543	11441.71	22596.81	1668.59
金属制品业	11166	8090.77	14695.66	998.76
电气机械和器材制造业	11080	11250.53	18614.50	1262.55
橡胶和塑料制品业	9064	5749.31	11185.90	793.49
专用设备制造业	8123	6045.47	10458.19	841.89
纺织服装、服饰业	7789	3853.17	7852.30	495.35
黑色金属冶炼和压延加工业	7087	11024.57	21559.84	1080.01
木材加工和木、竹、藤、棕、草制品业	6192	2418.57	6995.48	531.59
汽车制造业	5414	5327.57	8596.30	548.56
煤炭开采和洗选业	4472	4695.24	6576.43	685.68
皮革、毛皮、羽毛及其制品和制鞋业	4254	1958.35	4898.64	368.69
计算机、通信和其他电子设备制造业	4201	4334.12	5798.84	419.56
造纸和纸制品业	4165	2556.15	4891.65	326.80
有色金属冶炼和压延加工业	3999	5432.55	12099.88	682.90
食品制造业	3830	2761.43	5466.73	435.18
文教、工美、体育和娱乐用品制造业	3607	1963.61	4506.78	273.87
酒、饮料和精制茶制造业	2731	1902.20	3743.34	330.59
家具制造业	2642	1588.44	2927.99	212.57
医药制造业	2610	2796.17	4601.83	424.01
铁路、船舶、航空航天和其他运输设备制造业	2511	2763.12	4444.96	295.54
黑色金属矿采选业	2493	2555.14	5035.65	675.08
印刷和记录媒介复制业	2243	1282.85	2036.72	153.17
非金属矿采选业	2136	930.33	2395.48	198.95
仪器仪表制造业	1731	1655.72	2477.60	197.07
化学纤维制造业	1305	1836.36	2641.36	107.14
石油加工、炼焦和核燃料加工业	1056	4116.26	5111.57	213.14

续表

	企业单位数（个）	资产总计	主营业务入	利润总额
有色金属矿采选业	1038	976.75	1922.99	191.67
其他制造业	818	376.18	849.34	58.17
废弃资源综合利用业	651	511.84	1313.37	93.06
电力、热力生产和供应业	590	1340.83	542.78	42.85
燃气生产和供应业	196	190.22	202.53	16.84
金属制品、机械和设备修理业	162	130.86	226.84	15.39
水的生产和供应业	117	120.65	95.23	7.91
开采辅助活动	39	32.99	35.33	4.16
石油和天然气开采业	12	26.49	31.83	3.51
其他采矿业	12	6.59	15.40	1.62
烟草制品业	4	15.53	5.76	0.39

资料来源：《中国统计年鉴 2013》。

4.2 年度政策措施及重大事件

4.2.1 全国人大启动《中小企业促进法》修法工作

2003 年，《中小企业促进法》出台，到现在已 10 年。2012 年 12 月 24 日第十一届全国人民代表大会常务委员会第三十次会议听取了法制工作委员会“关于《中华人民共和国中小企业促进法》有关制度立法后评估工作情况的报告”，决定将《中小企业促进法》的修改列入全国人大常委会 2013 年立法工作计划。

全国人民代表大会常务委员会法制工作委员会主要针对《中小企业促进法》的第十五条、十六条和二十二条的执行情况进行了评估。这三项法律制度直接涉及广大中小企业发展中面临的突出问题，事关改善中小企业融资环境、推进民间投资、鼓励创业和增加就业、调整经济结构，是《中小企业促进法》的核心内容和关键性制度。《中小企业促进法》实施以来，总体来看，中小企业三项法律制度具有较高的知晓度、认同度，得到了较好的贯彻实施和效果。同时，评估也发现，中小企业发展涉及财政、税收、金融、土地、劳动力成本、市场环境变化等方方面面的问题，广大中小企业面临的“融资难”、“创业难”等问题依然严峻。与三项法律制度相关的配套政策措施，也存在有待进一步提高其灵活性、针对性和有效性的问题。因此建议对《中小企业促进法》进行修改，丰富完善相关制度内容；细化和完善《中小企业促进法》有关制度的配套措施，增强法律的可操作性，如细化和完善第十五条、第十六条制度，构建支持中小企业和微型企业发展的良好融资制度环境；加强对《中小企业促进法》及其相关配套政策的宣传贯彻与执法监督，营造有利于中小企业发展的良好环境。

2013 年 7 月 1 日开始，全国人大财政经济委员会邀请了国务院发展研究中心、社科院、中国中小企业协会、中国中小企业发展促进中心、中国民私营经济研究会、北京联合大学、中关村等研究中介机构，以及若干政府部门、若干中小企业等连续召开了三场座谈会议，正式启动了对《中小企业促进法》修法工作。

4.3.2　落实国务院关于扶助小微企业发展的政策要求

为推动《国务院关于进一步支持小型微型企业健康发展的意见》（国发〔2012〕14 号）贯彻落实，工业和信息化产业部于 2013 年 3 月 8 日发出《关于开展扶助小微企业专项行动的通知》，银监会 3 月 21 日发布《关于深化小微企业金融服务的意见》，财政部 4 月 27 日出台《地方特色产业中小企业发展资金管理办法》，国家发改委于 7 月 23 日发布了《国家发展改革委关于加强小微企业融资服务支持小微企业发展的指导意见》，财政部、国家税务总局于 7 月 28 日下发了《关于暂免征收部分小微企业增值税和营业税的通知》等文件。

表 4.11　　国务院及各部委 2013 年促进中小企业发展的政策

发文日期	发文部门	文件名称
2013 年 1 月 17 日	工业和信息化部	关于加强国家中小企业公共服务示范平台管理工作的通知（工信厅企业〔2013〕7 号）
2013 年 3 月 08 日	工业和信息化部	关于开展扶助小微企业专项行动的通知（工信部企业〔2013〕67 号）
2013 年 3 月 19 日	工业和信息化部	中小企业服务体系发展专项资金服务业务项目申报通知（工信厅企业函〔2013〕178 号）
2013 年 3 月 21 日	中国银监会	关于深化小微企业金融服务的意见（银监发〔2013〕7 号）
2013 年 4 月 09 日	工业和信息化部	关于推荐第三批国家中小企业公共服务示范平台的通知（工信厅企业函〔2013〕216 号）
2013 年 4 月 27 日	财政部	关于印发《地方特色产业中小企业发展资金管理办法》的通知（财企〔2013〕67 号）

续表

发文日期	发文部门	文件名称
2013 年 5 月 06 日	科技部	关于发布 2013 年科技型中小企业技术创新基金项目指南的通知（国科发计〔2013〕458 号）
2013 年 5 月 14 日	工业和信息化部	关于中小企业公共服务平台网络建设互联互通基本要求的通知（工信企函〔2013〕16 号）
2013 年 6 月 03 日	科技部办公厅 财政部办公厅	关于 2013 年度科技型中小企业技术创新基金项目申报工作的通知
2013 年 6 月 04 日	科技部 财政部	关于 2013 年度中欧中小企业节能减排科研合作资金项目立项的通知
2013 年 6 月 05 日	工业和信息化部	关于报送“扶助小微企业专项行动”进展情况的通知（工厅企业〔2013〕159 号）
2013 年 6 月 19 日	工业和信息化部	关于开拓中小企业人力资源做好 2013 年高校毕业生就业工作的通知（工信厅企业〔2013〕106 号）
2013 年 6 月 23 日	国务院办公厅	关于调整国务院促进中小企业发展工作领导小组组成人员的通知（国办发〔2013〕61 号）
2013 年 6 月 26 日	工业和信息化部	关于印发中小企业公共服务平台网络共享数据指标目录和设计细则（2013 版）的通知（工信厅企业〔2013〕110 号）
2013 年 7 月 01 日	工业和信息化部	关于开展 2013 年上半年中小企业信用担保机构信息报送工作的通知（工信企函〔2013〕75 号）
2013 年 7 月 23 日	国家发展改革委	关于加强小微企业融资服务支持小微企业发展的指导意见（发改财金〔2013〕1410 号）
2013 年 7 月 23 日	商务部办公厅	关于做好第二批中小商贸流通企业服务体系建设试点推荐工作的通知
2013 年 7 月 29 日	财政部、国家税务总局	关于暂免征收部分小微企业增值税和营业税的通知（财税〔2013〕52 号）
2013 年 8 月 08 日	国务院办公厅	关于金融支持小微企业发展的实施意见（国办发〔2013〕87 号）
2013 年 8 月 15 日	工业和信息化部、财政部、海关总署、国家税务总局	关于公布享受科技开发用品进口税收优惠政策的国家中小企业公共服务示范平台名单（第二批）的通知（工信部联企业〔2013〕309 号）
2013 年 8 月 29 日	中国银监会	关于进一步做好小微企业金融服务工作的指导意见（银监发〔2013〕37 号）
2013 年 9 月 05 日	工业和信息化部	关于印发信息化和工业化深度融合专项行动计划（2013 - 2018 年）的通知（工信部信〔2013〕317 号）
2013 年 9 月 18 日	科技部 财政部	关于 2013 年度科技型中小企业技术创新基金项目立项的通知（国科发计〔2013〕583 号）
2013 年 10 月 15 日	工业和信息化部	关于举办中小企业公共服务平台网络服务能力提升培训班的通知

2013 年 6 月 23 日，国务院调整了国务院促进中小企业发展工作领导小组组成人员，由新一届国务院领导马凯副总理担任组长，工业和信息化部部长苗圩、财政部长楼继伟、国务院副秘书长肖亚庆担任副组长。领导小组办公室设在工业和信息化部，工业和信息化部总工程师朱宏任兼任领导小组办公室主任，工业和信息化部中小企业司司长郑昕、财政部企业司司长刘玉廷任领导小组办公室副主任。

2013 年 8 月 8 日，国务院办公厅发布《关于金融支持小微企业发展的实施意见》，银监会 8 月 29 日发布《关于进一步做好小微企业金融服务工作的指导意见》、工业和信息化部 9 月 5 日发布了《关于印发信息化和工业化深度融合专项行动计划（2013－2018 年）的通知》。商务部、科技部、人力资源与社会保障部也相继出台了多个扶持小微企业发展的政策和开展了有关专项活动。

工业和信息化部为促进小微企业提高发展质量和效益，在全国范围组织开展以“扶助小微、转型成长”为主题的“扶助小微企业专项行动”，提出推动“三型”小微企业发展（创新型小微企业、创业型小微企业和劳动密集型小微企业），加快中小企业服务体系建设，进一步改善融资服务，深入推进减轻企业负担工作等重点工作。通过完善公共服务体系，改善企业发展环境，重点培育创新型、创业型和劳动密集型小微企业，提高“专精特新”企业和产业集群发展水平，促进小微企业加快转变发展方式，实现持续健康发展。为了解工作进展情况，2013 年 6 月要求各地报送专项行动进展情况，并计划于 2013 年底开展总结工作，检查专项行动实施方案确定的各项重点工作和目标任务完成情况，总结经验、查找不足，提出 2014 年度支持小微企业发展的工作思路和专项行动计划建议。

财政部出台的《地方特色产业中小企业发展资金管理办法》规定该项资金主要用于以下几个方面：①促进中小企业技术创新和成果转化；②鼓励中小企业节能减排；③加强中小企业与骨干企业专业化协作；④推动中小企业产业升级和延伸；⑤支持中小企业建设自主品牌；⑥改善中小企业服务环境；⑦支持设立创业投资引导基金等方面。地方特色中小企业发展资金采用无偿资助、贷款贴息、资本金投入三种支持方式。无偿资助的额度，每个项目不超过 300 万元。贷款贴息的额度，根据项目贷款额及人民银行公布的同期贷款基准利率确定。每个项目的贴息期限不超过 2 年，年贴息率不超过同期贷款基准利率，贴息额度不超过 300 万元。资本金投入的额度，不超过引导基金总规模的 30%。

财政部、国家税务总局为进一步扶持小微企业发展出台的减免税收政策具体措施包括：自 2013 年 8 月 1 日起，对增值税小规模纳税人中月销售额不超过 2 万元的企业或非企业性单位，暂免征收增值税；对营业税纳税人中月营业额不超过 2 万元的企业或非企业性单位，暂免征收营业税。将小型微利企业减半征收企业所得税政策，延长到 2015 年底并扩大范围，对金融机构与小型微型企业签订的借款合同免征印花税。

4.3.3 持续加大对小微企业发展的金融支持

2013 年国务院和各部委密集出台了金融支持小微企业发展的若干政策。

银监会 3 月发布的《关于深化小微企业金融服务的意见》在“银十条”基础上提出了 15 条具体措施，主要包括：督促商业银行在商业可持续和风险可控的前提下，进一步强化小微企业金融服务“六项机制”建设，重点支持符合国家产业和环保政策、有市场、有需求、可持续运营的小微企业；督促商业银行单列年度小微企业信贷计划，进一步加大对小微企业的支持力度；引导商业银行在差异化竞争中不断提高小微企业金融服务水平；鼓励和引导商业银行尤其是中小银行进一步提高小微企业金融服务专业化水平，鼓励商业银行创新小微企业金融产品和服务方式，提升小微企业金融服务的广度和深度等内容。

发展改革委 7 月发布的《国家发展改革委关于加强小微企业融资服务支持小微企业发展的指导意见》中，在加大对小微企业的创业投资、股权投资，拓宽融资渠道，清理规范涉及企业的基本银行服务费用，切实降低融资成本等方面提出了 11 条意见，要求各省级备案管理部门与属地财税部门建立顺畅的工作机制，确保符合条件的创业投资企业及时足额享受税收优惠政策；各省级备案管理部门加快设立小微企业创业投资引导基金，吸引社会资本设立创业投资企业，主要投资于小微企业；支持符合条件的创业投资企业、股权投资企业、产业投资基金发行企业债券，专项用于投资小微企业；继续加大国家新兴产业创投计划实施力度等。

2013 年 8 月国务院办公厅发布《关于金融支持小微企业发展的实施意见》，提出了八条重要措施：①确保实现小微企业贷款增速和增量“两个不低于”的目标。确保小微企业贷款增速不低于各项贷款平均水平、增量不低于上年同期水平。②加快丰富和创新小微企业金融服务方式。增强服务功能、转变服务方式、创新服务产品，是丰富和创新小微企业金融服务方式的重点内容。③着力强化对小微企业的增信服务和信息服务。加快建立“小微企业—信息和增信服务机构—商业银行”利益共享、风险共担新机制，是破解小微企业缺信息、缺信用导致融资难的关键举措。④积极发展小型金融机构。打通民间资本进入金融业的通道，建立广覆盖、差异化、高效率的小微企业金融服务机构体系，是增加小微企业金融服务有效供给、促进竞争的有效途径。⑤大力拓展小微企业直接融资渠道。加快发展多层次资本市场，是解决小微企业直接融资比例过低、渠道过窄的必由之路。⑥切实降低小微企业融资成本。进一步清理规范各类不合理收费，是切实降低小微企业综合融资成本的必然要求。⑦加大对小微企业金融服务的政策支持力度。对小微企业金融服务予以政策倾斜，是做好小微企业金融服务、防范金融风险的必要条件。⑧全面营造良好的小微金融发展环境。推进金融环境建设，营造良好的金融环境，是促进小微金融发展的重要基础。

银监会 8 月发布的《关于进一步做好小微企业金融服务工作的指导意见》要求各银监局完善小微企业金融服务监测指标体系。将小微企业贷款覆盖率、小微企业综合金融服务覆盖率和小微企业申贷获得率 3 项指标纳入监测指标体系，按月进行监测、考核和通报。并对辖内小微企业贷款增长情况（含法人银行业金融机构、分支机构和总行营业部）实行按月监测、按季考核，并针对辖内银行业金融机构细化考核要求，确保全辖实现“两个不低于”目标。

4.2.4　开展全国减轻中小企业负担专项治理

为了进一步改善企业发展环境，完善企业负担监督管理机制，工业和信息化部分别于 2010 年、2012 年、2013 年牵头组织开展了减轻企业负担专项治理、企业减负专项行动、辅助小微企业专项行动等工作。在 2010 年通过取消不合法涉企收费项目、降低过高的收费标准、规范行业协会、市场中介组织涉企服务和收费行为、杜绝向企业乱收费、乱拉赞助和各种摊派行为等措施的基础上，2012 年又在全国集中开展了企业减负专项行动。“行动”以中小企业特别是小型微型企业为重点，以“优化成长环境、服务企业发展”为主题，通过畅通企业负担申诉渠道，开展多种形式的专题行动和宣传活动：督促惠企政策落实，通过融资担保帮助中小企业贷款 6000 亿元以上，建设了 1000 多个中小企业公共服务平台；清理规范涉企收费行为，推动相关部门取消了 31 项全国性和 253 项地方涉企行政事业性收费，对小微企业免征管理类、登记类和证照类等有关行政事业性收费，初步测算，每年可为企业减轻负担 210 亿元；建立企业负担监测分析制度；加大宣传力度，启动减轻企业负担宣传周活动，举办了减负政策高层论坛，组织了减负政策咨询解答活动，开展了系列访谈和专题报道，通过电视、网络、报刊、广播等进行广泛宣传，积极营造全社会关心中小企业成长发展的良好氛围。

2013 年工业和信息化部的减轻企业负担工作，紧紧围绕“稳增长、抓创新、调结构、促融合、提效益”的中心任务，以扶助小微企业为重点，重点做好八个方面的工作：①推动惠企政策落实；②继续规范涉企收费；③建设负担调查体系；④探索建立负担指数；⑤加大政策宣传力度；⑥完善减负工作机制；⑦加快推进法制建设；⑧加强重大问题研究。

4.2.5 商务部开展中小商贸流通企业服务体系建设试点工作

2012 年，商务部、财政部运用中央财政资金对长沙、南京、南昌、临沂等 10 个地区的中小商贸流通企业公共服务平台（以下简称服务平台）建设试点给予支持。2013 年，商务部将服务平台建设工作列入《2013 年商务工作要点》和国务院中小企业工作领导小组部门分工重点工作。7 月 27 日，商务部在湖南长沙召开中小商贸流通企业体系建设现场会，来自商务部和全国各省、自治区、直辖市以及 20 个试点城市商务主管部门参会。会上总结和展示了第一批试点工作取得的阶段性成果，交流工作经验和体会，启动第二批试点。10 月 16 日，商务部开展了第二批小商贸流通企业公共服务体系建设试点城市和省级公共服务体系试点申报评审工作，全国共有 33 个城市提交了试点城市申报方案，湖南和宁夏还提交了省级公共服务体系试点申报。

商务部采用建设中小商贸流通企业服务体系试点城市的做法，借鉴了科技系统和工业系统建设中小企业服务平台的做法，取得了四两拨千斤的效果。

首先，引导和激发地方政府对中小企业公共服务平台的重视和积极支持试点城市申报工作。授予国家级试点城市的称号并视情况给予部分财政资金支持。各试点城市人民政府和商务主管部门高度重视，均成立了以分管市长为组长，商务、财政、工信、发改、科技、人社、工商、国税、地税、银监等部门为成员的工作领导小组，调动和协调相关部门支持试点工作。在中央财政支持的情况下，部分地方财政也安排专项资金、出台鼓励政策，支持服务平台建设试点工作。如荆州市等地出台了专门的政策文件，吉林省、长沙市分别从本级财政预算中安排500万元、300万元专项资金。

其次，推动了中小商贸流通企业服务体系的形成。试点地区机构落实、人员到位，中小商贸流通企业服务队伍基本形成。据统计，第一批试点10个地区均建立服务平台，在各类商圈、专业市场、行业协会共设立80多个联系点，连接5万多家企业和400多家服务机构，开展各类服务对接活动20余场，一批企业和银行实现对接，落实了融资贷款，此外还安排了一系列的集中培训和讲座。各试点地区组建或改建了事业机构中小商贸流通企业服务中心，配备专职工作人员，成为联系中小商贸流通企业和社会服务机构的桥梁和纽带。如荆州市成立专门的服务中心，长沙市、青岛市分别对原商业网点建设管理办公室、外商投资服务中心改组，加挂中小商贸流通企业服务中心的牌子。南昌市直接把服务平台设在洪城商圈，临沂市依托临沂商城管委会建立服务平台，金华市专门安排了1000平方米的服务场地。试点地区在各商圈、市场、行业协会设立了服务平台的工作站，以加强与企业的联系、沟通，及时、准确地了解企业需求，有针对性地为企业提供各类服务。如长沙市在各区县、行业协会、商业街设立了15个服务站，荆州市将北京路商业街、两湖绿谷农产品批发市场等作为首批联系点，杭州市、郑州市分别依托特色街区联合会、酒业协会来收集企业共性需求，组织企业与服务机构对接。

4.2.6　改革注册资本制度，降低创业成本

自2009年起，北京中关村、上海浦东、福建平潭、广东深圳和珠海等地陆续开展公司注册登记制度改革试点，工商部门按照“宽进严管”的原则为企业办理注册登记，简化登记条件，提高登记注册效率，放松市场主体准入管制，最大限度地为投资主体松绑。

这些试点取得了惊人的效果。2013 年 3 月 1 日，深圳市开始实施工商登记制度改革，民营资本出现了深夜排队注册企业的爆发式的增长，且连续 6 个月保持高速增长态势。到 9 月 30 日，新登记市场主体 24.2 万户，是 2012 年同期新登记数量的 2.3 倍，全市累计实有市场主体 122.2 万户。其中私营企业新登记户数、注册资本、投资者人数和从业人员，同比月均分别增长 90.6%、354.9%、66.1% 和 92%，个体工商户新登记的户数、注册资本、从业人员的增长幅度为 147.3%、238.8% 和 203.3%。而在 2012 年同一时期，该市私营企业相关指标对应数值分别为 17.28%、10.12%、15.72% 和 17.28%，个体工商户对应的数值为 -18.73%、-4.32% 和 -20.82%。两相比照，从月均增长率来看，2013 年 4~9 月，深圳私营企业新登记的户数是上年同期的 5.24 倍，注册资本是 35.07 倍，投资者人数是 4.2 倍，从业人员是 5.32 倍。这些踊跃进入市场的个体私营业户，为市场带来巨量资金，其中私营企业的注册资本月增长率最高达 558.7%，个体工商户最高达 274%。

2013 年 10 月 25 日，国务院召开常务会议，部署推进公司注册资本登记制度改革，降低创业成本，激发社会投资活力。会议决定放宽公司注册资本登记门槛，除法律、法规另有规定外，取消有限责任公司最低注册资本 3 万元、一人有限责任公司最低注册资本 10 万元、股份有限公司最低注册资本 500 万元的限制；不再限制公司设立时股东（发起人）的首次出资比例和缴足出资的期限。公司实收资本不再作为工商登记事项。会议还决定将企业年检制度改为年度报告制度，任何单位和个人均可查询，使企业相关信息透明化。将推进注册资本由实缴登记制改为认缴登记制，实行由公司股东（发起人）自主约定认缴出资额、出资方式、出资期限等，并对缴纳出资情况真实性、合法性负责的制度。会议还要求大力推进企业诚信制度建设。注重运用信息公示和共享等手段，将企业登记备案、年度报告、资质资格等通过市场主体信用信息系统予以公示。推行电子营业执照和全程电子化登记管理，与纸质营业执照具有同等法律效力。

公司注册资本登记制度的改革，对中小企业来说是一件意义重大的改革措施。取消最低注册资本登记制度，改为认缴制，对于那些有项目但缺乏资金、又需要一个公司作为对外合作载体的创业者来说，极大地降低了注册公司的门槛，又节省了验资手续的时间成本和财务成本；将企业年检制度改为年度报告制度，将减少大量不必要的人力和物力消耗；对营造良好投资环境和经营环境，激发投资热情，调动各方面的投资力量，鼓励创业、带动就业，特别是对中小企业、小微企业等新兴企业的发展具有巨大的推动作用。

4.3　综合性讨论

尽管我国中小企业发展的总体势头较好，但中小企业发展的环境还存在许多问题，中小企业转型升级仍然面临巨大挑战。我们认为，2014 年应优先关注以下几个方面的矛盾。

4.3.1　实体经济增速放缓增加了中小企业生存压力

2013 年以来，我国经济增速继续在底部徘徊。继一季度国内生产总值增速比上年同期回落 0.4 个百分点后，二季度主要指标增速继续下滑，到三季度才有所回升，四季度又开始下行。值得关注的是，虽然大型企业 PMI 指数为 50.4%，连续 10 个月位于临界点以上，而中小型企业的 PMI 指数双双回落至临界点之下，尤其是小型企业 6 月的 PMI 指数为 48.9%，已连续 15 个月位于临界点下，这说明我国中小企业的生存状态面临着严峻的考验。

从新登记中小企业数量的起伏变动上来看，2013 年第一季度，全国新登记注册企业 39.91 万户，比上年同期下降 6.67%。内资企业新登记注册 39.11 万户，下降 6.66%。其中私营企业新登记注册 36.34 万户，下降 6.70%，注册资本（金）0.85 万亿元，增长 1.47%。户数下降而户均注册资本金增长，说明小微企业的注册户数下降更厉害。个体工商户新登记注册 122.79 万户，比上年同期下降 11.51%，资金数额 0.11 万亿元，比上年同期下降 6.23%。从一季度的地区差异来看，东部和中部个体工商户新登记户数下降，中部新登记企业户数下降，而西部这两方面数据都呈增长态势。中部地区实有企业 297.03 万户，比上年底下降 0.38%，占全国企业总户数的 21.60%。占全国个体工商户总户数近半数的东部地区实有个体工商户 1931.02 万户，比上年底下降 0.24%；占全国个体工商户总户数近三分之一的中部地区实有 1275.42 万户，比上年底也下降 0.27%。从一季度产业分布情况看，第二产业下降最明显。全国企业在第二产业实有 355.96 万户，比上年底下降 0.08%，占全国企业总户数的 25.89%；全国个体工商户第二产业实有 313.74 万户，比上年底下降 1.26%，占全国个体工商户总户数的 7.72%。

进入二季度后，部分城市开始实施工商登记制度改革，新登记企业数出现了阶段性的增长态势。深圳市到 9 月 30 日，7 个月内新登记市场主体 24.2 万户，是上年同期新登记数量的 2.3 倍。但进入 7 月，全国新登记注册企业 21.57 万户，比上月下降 5.53%。内资企业 21.28 万户，下降 5.64%。其中私营企业 20.02 万户，下降 5.84%。个体工商户新登记注册 77.24 万户，下降 8.86%。农民专业合作社新登记注册 2.48 万户，下降 23.30%。虽然三季度总体上新登记企业各数据都与上年同期相比都是增长，但进入 10 月，全国新登记注册企业 17.72 万户，比上月下降 18.43%。内资企业 17.47 万户，下降 18.59%。其中私营企业 16.57 万户，下降 17.66%。个体工商户新登记注册 60.41 万户，下降 18.93%。农民专业合作社新登记注册 1.66 万户，下降 33.63%。

根据国务院发展研究中心的研究，经济增长速度放缓是未来的趋势。从中长期来看，我国经济年均增长 7% ~8% 将成为一种常态，中小企业面临着经济增长下行压力增大、产能相对过剩、生产经营成本不断上升等问题。在经济全球化的大背景下，中小企业既要面对国内外经济大环境带来的压力，又要承受自身发展存在的问题。同时，结构调整、产业升级和转变发展方式对中小企业提出更高的要求。

在新的形势下，中小企业必然经历结构性调整的阵痛，部分靠拼成本、拼资源发展的中小企业，将会被市场淘汰，只有那些改进管理、提高技术水平、提升产品和服务质量、重视信誉和品牌建设的中小企业才能不断发展壮大。

4.3.2 劳动力和房租成本上升较快挤压了中小企业生存空间

金融危机和欧债危机以来，世界各主要经济体都采取了宽松的货币政策，通货膨胀带动了各国尤其是新兴市场国家的工资上涨，中国劳动力成本近年来整体呈现较为明显的上涨趋势。据统计，2001 ~2012 年全国城镇单位就业人员年平均工资从 10834 元提高到 46769 元，年均名义增速为 14. 2%，年均实际增速为 12. 1%，明显高于经济增长速度。尤其是 2010 年以来，在我国两大制造业中心珠三角和长三角，劳动力成本上涨了20%～25%，全国最低工资标准平均上调12%。中小企业普遍面临成本上涨的问题，部分制造业受此影响甚至陷入经营困局。

即使是具有后发优势的西部，近年来劳动力成本也呈现快速上涨趋势。宁夏中小企业协会公布的调查数据显示，2013年一季度，宁夏中小企业成本指数为36.18，八成以上的中小企业反映企业的生产成本在上升。从分指标看，宁夏中小企业宏观经济感受指数、企业综合经营指数、市场指数、投入指数等指标指数均高于景气临界值100，而成本指数和资金指数低于景气临界值，成本指数最低。从调查情况看，一季度宁夏中小企业生产成本尤其是人力成本在上升，虽然劳动力指数高于景气临界值，市场上劳动力较为充足，企业对劳动力的需求也在逐年增加，但由于人力成本较高，制约了企业对人才的引进。劳动力比较集中的建筑业、房地产业等，成本指数相对较低，其中建筑业成本指数最低，仅为11.49。87%以上的建筑业中小企业反馈生产成本特别是人力成本同比增加或持平。

劳动者工资的上涨，也带动了社保费用的增长。中小微企业缴纳的社会保险费率总体负担较重，特别是养老保险费率偏高，企业难以承受。目前我国城镇职工五项社会保险的费率合计约占工资总额的40%，个人应承担的费率占本人工资的11%，用人单位应承担的费率合计约占本单位职工工资总额的30%。这里面最大的一块是养老保险费用，用人单位应承担的养老保险费率约为20%，目前绝大多数地区的单位费率都按这一标准执行。

中小商贸流通企业不仅感受到人力成本的上升，对房租成本上升的感受更加深刻。2013年前10月新建房屋价格同比上升20%左右，房屋租金价格也随之上升。租金、人力等成本上升，提高了中小商贸流通企业的经营成本。而电子商务的快速发展，让市场上商品价格更加透明，进一步压缩了中小商贸流通企业的利润空间。

劳动力和房租成本的上升，加上过去没有根本解决的“三荒两高”（“钱荒、电荒、人荒”与“高成本、高税负”），中小企业的生存空间越发艰难。

为促进就业，减轻企业的人工成本负担，应当适度降低用人单位缴纳的养老保险费。在基本养老保险基金规模增大、支付能力增强的情况下，适当降低单位费率，并不会导致退休人员养老金待遇降低。按照社会保障“十二五”发展规划纲要确定的目标，在“十二五”期末开始实行基础养老金全国统筹。十八届三中全会再次明确提出要实行基础养老金全国统筹。这将有利于劳动力在区域间的市场化流动，将为适度降低用人单位缴纳的养老保险费提供有利的条件。

4.3.3 中小企业融资难、融资贵问题仍未根本得到解决

中小企业融资难、融资贵，依然是制约中小企业发展的瓶颈。根据有关调查研究，能够从市场获得资金的企业仍然只占少数，而且融资成本较高，银行贷款平均年利率大约在10%～15%之间。导致我国中小企业融资困难的因素是多方面的，既有中小企业自身的原因，也有金融环境等方面的原因。

从企业角度看，中小企业普遍存在较高的倒闭率和歇业比率，资信等级低，资产状况差，贷款缺乏有效的担保或抵押物，资产规模不大、抗风险能力偏弱，财务制度不健全等特征。这些特征与我国商业银行主要以大企业为主建立的一整套相应的信贷管理体制及信用评价体系不一致。由于评价标准不同，中小企业往往不能符合商业银行的信贷政策要求，从而较难获得商业银行的信贷支持。

从金融环境看，我国金融体系不完善是造成中小企业融资难的主要原因。国内外经验表明，社区银行、村镇银行、小额贷款公司、担保公司、融资租赁公司等中小金融服务机构，是解决中小企业融资的主渠道，他们的商业模式与大型银行有着重要区别，主要从事大型银行不愿做、不会做的中小企业融资服务。据统计，美国银行数量高峰时达到近2万家，其中多数银行主要服务于社区小企业，而我国截至2012年底，银行业金融机构共有法人机构3747家，且金融资产主要集中在大型银行。另外，我国直接融资渠道过窄，风险投资、产业基金、企业债券等形式的直接融资规模相对较小，大量适合直接融资的项目无法获得资金，或者占用间接融资的资金。市场中介服务机构职能错位，为了自身利益随意制定标准、增加收费项目。贷款手续繁琐、时间过长、综合费用过高，迫使一部分小企业宁愿高息民间借贷，也不愿到银信部门获得贷款。

2013年11月，中共中央召开十八届三中全会，明确提出了允许具备条件的民间资本成立中小型银行，将对解决中小企业融资难、融资贵问题带来决定

性的变化。2014 年重在落实决定，一是要加快建立和出台相应的法律法规，尽快建立金融机构存款保险制度，推进存款利率市场化，促进民营小微银行繁荣发展，将民间金融合法化、规范化，为民间金融发展提供法律制度环境。二是要完善金融配套体系建设，创建科学完善的小微企业信用等级评估体系以及担保机制良好的信用环境和信用关系。三是创新融资手段，增加企业融资渠道。积极鼓励小微企业融资商业模式的创新，支持互联网金融发展。

4.3.4　加快改革步伐进一步减轻中小企业负担

发展中小企业具有重要意义，减轻中小企业负担，已经由企业呼声变成社会各界共识。2012 年，国务院将中小企业减负列入《政府工作报告》。2009 ~ 2012 年，财政部、发展改革委两次大规模清理收费项目，工业和信息化部也下发了《企业减负专项行动方案》。尽管如此，中小企业的负担依然沉重。全国行政性事业收费总额仍然在持续增长，而收费增量负担的很大部分是中小企业。

之所以出现“一边减负，一边增收”的奇怪现象，首先是财政体制上的原因。目前减负政策主要由中央相关部委推动，而中小企业税费是地方收入，在减负问题上存在着责、权、利不对称问题。地方政府若找不到替代财源，或者不能切实降低政府支出，就缺乏减负动力，即使名义上“减”了，也会用其他方式将损失补回来。其次是税制设计上的原因。我国中小企业所要缴纳的主体税种是增值税、营业税、消费税、所得税，其他税费往往与其挂钩。如增值税的税基由劳动者工资和利润构成，由于通货膨胀，企业工资总额支出增加会带动增值税支出增长。又如企业缴纳的“五险一金”大约占工资总额的 42%，企业工资总额增长，就会带动“五险一金”费用上涨。再次是存在大量的行政性收费。目前，地方的行政性收费分显性收费和隐性收费两类，后者往往搭车于企业商业性支出，如水电煤费支出中。个别隐性收费还被包装成市场经济的正常收费，如事业单位的检验、检测及金融、电力、港口等大型企业收取的超过市场价格的费用，学会、协会收取的会费，等等。

上述原因无论是财政体制、税制还是行政性收费，基本上都与政府职能错位有关，因此，减轻中小企业负担就不能够“避重就轻”，而是要有“壮士断腕”的勇气，从减少税收、行政性收费方面做起，并降低地方政府对企业市场行为的行政干预。一是要转变政府职能，减少政府在经济建设活动中的职责，加强对民生和公共服务方面的职责，扭转政府官员考核唯 GDP 倾向。二是变结构性减税为普惠性减税。当前结构性减负政策的重点，从受益者看，主要是对科技型、创新型、创业型、劳动密集型中小企业。2012 年东部某省享受中央规定的小型、微型企业所得税减半征收的企业，还不到同类型企业的 4%。如果对某些类中小企业减税，而其他企业不减税，就会造成市场不公，并且会给地方政府留有很大的操作空间和管理黑洞，容易形成新的政企不分和滋生腐败。三是继续推动费改税，并通过立法规范税收行为。取消或下放经济领域的审批，继续减少收费项目，必需收费的项目要以税收形式确定下来，使其明确化、显性化、规范化。四是理顺不同层级政府之间财权和事权关系，使地方政府有相应的财权来提供有效公共服务。

此外，还应在《中小企业促进法》修法过程中，建立国家中小企业法律监察机制，对各部委、各级地方政府出台的涉及中小企业权益有可能受损的法规、条例和部门规章进行法律层面的评估，以杜绝产生新的中小企业负担。

4.3.5 尽快落实企业注册资本登记制度改革以激发全社会创业热情

计划经济时期，我国企业采用的是注册资金概念，1988 年《中华人民共和国企业法人登记管理条例》规定："注册资金是国家授予企业法人经营管理的财产或者企业法人自有财产的数额体现"。与《民法通则》规定"企业以全部财产承担民事责任"相衔接，规定"企业法人的注册资金不得少于三万元"，注册资金实质是企业对外承担民事责任的数额体现。1994 年颁布《公司法》最先使用"注册资本"，同期颁布《公司登记管理条例》，在营业执照上开始使用注册资本一词。2004 年工商总局发布《公司注册资本登记管理规定》。2005 年新的《公司法》颁布后，国务院同期修订了《公司登记管理条例》，工商总局也同期修订发布《公司注册资本登记管理规定》。新《公司法》对有限责任公司和发起设立的股份有限公司实行折衷资本制，成为我国注册资本制度的主流。《公司登记管理条例》也相应强调了注册资本和实收资本的区分，在公司登记事项中以注册资本登记认缴总额，而以实收资本登记实缴总额。

从我国注册资本登记制度的特点看，在立法原则上是"先证后照"，注重事前审核、行政管理部门的行政监督，注重公司设立时的“注册资本”对债权人的偿债保障，而非事中审计、社会化组织的资信审计，以及公司净资产对债权人的偿债保障。但实践中，企业设立时的注册资本并不代表偿债能力，据此保障债权人权益在实际中没有实现也难以实现，制度有违立法初衷。其次，这一制度对市场活动中的交易风险尤其是偿债风险，采取了在设立前设置注册资本限额、在设立前验资、年审等监管方式，在事前审核方面介入的工作多，而在事中、事后监管的措施相对较弱。显示了政府重行政监管责任，轻市场自治责任。

重偿债安全、轻商业效率的“先证后照”模式不恰当地提高了公司设立门槛，损害了小额资本拥有者正当设立公司的权益。一些行业主管部门狭隘地把公司注册资本与公司经济实力相等同，把注册资本作为其经济实力和承担民事责任的标志，设置较高资金门槛，成为新企业行业准入的障碍；尤其不利于缺乏资金的科技人才创立公司创业。造成了资金的闲置，降低了经济活动效率，也不利于市场主体提高风险意识。同时登记费用与注册资本金额挂钩，现实中还有支付验资费、管理费、会员费，以及到其他部门办理许可证的费用，这成为部门乱立收费项目的保护伞，造成企业注册成本过高，中小企业难以承受。

现实执行中，强制验资是最受诟病的环节，催生代理注册公司，滋长了权力寻租腐败。无法避免各种欺诈性出资，“两虚一逃”和“瑕疵给付”现象大量发生。

2013 年 10 月底的国务院常务会议决定取消最低资本注册登记制度。为落实国务院的决定，下一步首先要坚持转变政府职能、简政放权的改革方向，以“效率优先，兼顾安全”的指导思想和“宽进严管”的原则来进行制度设计。其次应重点推动人大立法、国务院行政法规和部门规章的协调同步改革，应综合对《公司法》、《公司登记管理条例》、《公司注册资本登记管理规定》相应部分内容进行修改，做到人大立法、国务院行政法规和部门规章的协调。第三要取消强制验资报告制度及其有关的验资收费，废除以注册资本为基数的累进比例验资计费方法，实行工商注册登记按件（本）收取证照工本费或免费。改“先证后照”为“先照后证”，以简化公司设立程序，促进市场主体发展。

第四要推动社会化的企业信用评价体系建设，降低偿债风险。应推动建立起以企业、经营者、中介机构为主体，以信用登记、信用评估、风险预警、风险管理、风险分散等为主要环节，功能齐全、有偿使用、安全有效的企业信用评价共享数据库，服务于企业经济活动的信用制度。在取消会计师事务所对股东出资的强制验资报告制度后，推动会计师事务所的工作由出资审验转移到资产审核方面来，以资产审计报告取代验资报告，为相关经济活动提供真实、有效和合法的资产审计或者审核报告。要强化经营者的信用约束。对经营者的信用违规行为，根据不同情况，采取相应的制约措施，直至在法定期限内实施经营者禁入。最后对需要资金资质的特殊行业如金融等仍可实行实缴注册资本制度，但应该在国家层面统一明确行业目录，除此目录之外的则实行非禁即入。

本章统稿人马骏。撰写执笔人王继承、马骏、袁东明。

第五章　中国的外资企业

自改革开放以来，中国利用外资从无到有、从少到多，形式多样、领域广泛，取得了巨大成就。外资在促进中国经济发展、完善的同时，自身也在完善中国市场经济体制过程中获得了快速发展。

中国吸收外国直接投资已经连续20年居发展中国家首位，在世界各国吸收外资排名中多年名列前茅。截至2013年9月，已有77.9388万家外商投资企业在中国各地设立，全国实际利用外资金额累计1.3672万亿美元①。随着中国投资环境不断完善和吸引外资政策的合理调整，外商在华投资的投资结构逐步改善、投资方式不断创新、外资质量和水平稳步提升。

5.1　2013年外资企业在华发展的基本情况与特点

5.1.1　利用外资数额同比增长，外资企业注册数同比下降

改革开放以来，我国实际利用外资迅速增长，从1983年的22.6亿美元稳步增长到2008年的952.53亿美元；2009年受全球金融危机影响，我国吸收外资下降为918.04亿美元。为应对金融危机带来的负面影响，2010年4月国务院发布了《关于进一步做好外资工作的若干意见》，同年6月商务部又出台了《关于下放外商投资审批权限有关问题的通知》。政策调整改善了外商投资环境，吸收外资又开始增加：2010年为1088.21亿美元，增幅为18.54%，2011年吸收外资额为1176.98亿美元，增幅为8.16%（见图5.1）。

最近由于欧美一些国家政府提出“产业回归”理念等，世界主要发达国家对外投资能力减弱；加上印度、俄罗斯、巴西等新兴经济体大力吸引外资，以及我国土地供应趋紧、劳动力成本不断上升、国内市场需求还没有完全释放，导致我国吸引外资的竞争优势有所弱化。

① 资料来源：根据中国投资指南网“利用外资统计”数据计算得出。

2012 年 1～12 月，中国实际利用 FDI 出现下降趋势：全国新批设立外商投资企业 24925 家，同比下降 10.06%；实际使用外资金额 1117.16 亿美元，同比下降 3.7%。2013 年，我国利用外资在金额上呈现小幅回升的特点，但是在我国注册的外资企业数同比减少。据最新统计，2013 年 1～10 月，全国设立外商投资企业 18184 家，同比下降 9.18%；实际使用外资金额 970.26 亿美元，同比增长 5.77%①。

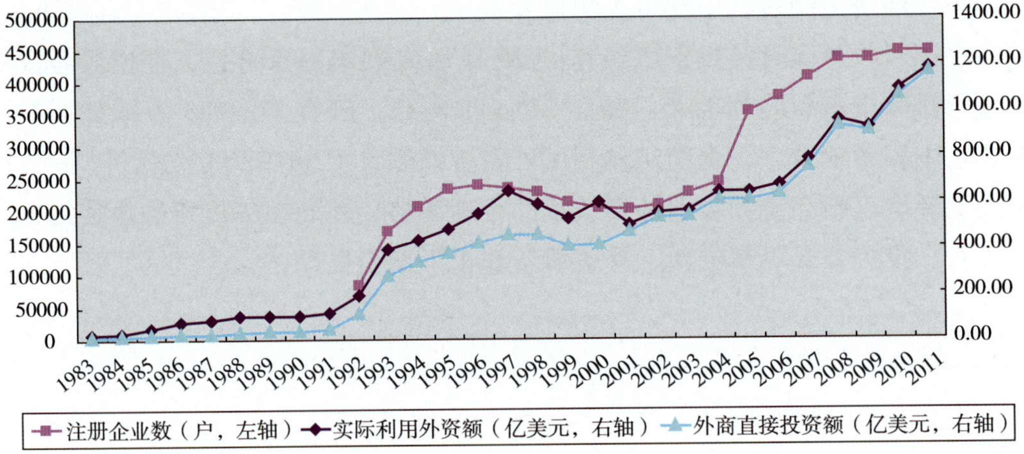

图 5.1　我国历年利用外资和外商直接投资额（单位：万美元）

数据来源：中国统计局。

5.1.2　外资企业的出口增速放缓且低于全国水平而进口有所下降

自 2012 年 7 月份以来，外商直接投资企业的出口增速放缓，一直低于全国进出口增速水平；进口也有所下降。2013 年 1～9 月，外商投资企业出口额 7599.08 亿美元，同比增长 1.17%，增幅低于全国平均水平（8%）6.83 个百分点，占全国出口总值的 47.06%，所占比重与上年同期相比下降 3.18 个百分点；进口额 6432.4 亿美元，同比下降 0.79%（同期全国进口增长 7.3%），占全国进口总值的 44.5%，所占比重较上年同期下降 3.63 个百分点。9 月当月，外商投资企业出口额 894.63 亿美元，同比下降 0.97%，降幅高于全国平均水平（0.3%）0.67 个百分点；进口 791.76 亿美元，同比下降 0.21%（同期全

① 中国商务部“利用外资统计”（2013 年 11 月 21 日）。

国出口增长7.4%）（见表5.1）。

具体而言，外资企业不同的贸易方式下的进出口有如下特点：投资项下自用设备进口持续下降，2013年1~9月，外商投资企业投资项下进口自用设备金额76.83亿美元，同比下降26.65%，占进口总值的1.19%，所占比重与上年同期相比下降0.42个百分点；一般贸易进出口微增，增幅远低于全国水平，2013年前三季度，外商投资企业一般贸易进出口总值4599.76亿美元，同比增长2%，增幅低于全国平均水平（7.8%）5.8个百分点，占外商投资企业进出口总值的32.78%；加工贸易进出口微降，进口略有增长，2013年前三季度，外商投资企业加工贸易进出口总值7983.89亿美元，同比下降0.29%（同期全国加工贸易进出口总值增长0.66%），占外商投资企业进出口总值的56.9%，所占比重与上年同期相比下降0.32个百分点。其中，加工贸易进口额2825.06亿美元，同比增长0.96%，增幅低于同期全国平均水平（3.53%）2.57个百分点，占外商投资企业进口总值的43.92%，所占比重与上年同期相比提高0.76个百分点。外商投资企业加工贸易进口中，进料加工进口额2425.53亿美元，同比增长0.99%；来料加工进口额399.53亿美元，同比增长0.8%。

表5.1　**外商投资企业进出口情况表（2013年1~9月）**　单位：亿美元

	全国		外商投资企业			
	金额	比上年（%）	金额	占全国比重（%）	比重+/-（%）	比上年（%）
进出口总值	30603.67	7.67	14031.48	45.85	-3.39	0.26
出口总值	16148.64	8	7599.08	47.06	-3.18	1.17
进口总值	14455.03	7.30	6432.4	44.5	-3.63	0.79

资料来源：商务部“利用外资统计”（2013年10月23日）。

5.1.3　外商直接投资的来源地比较集中

我国外商直接投资的来源地比较集中，前十名投资地的投资金额占我国实际使用外资的金额比重较大。2013年1~10月，对华投资前十位国家/地区（以实际投入外资金额计）依次为：香港（634.6亿美元）、日本（64.63亿美元）、新加坡（52.35亿美元）、台湾省（44.53亿美元）、美国（30.39亿美元）、韩国（26.01亿美元）、德国（19.13亿美元）、荷兰（11.83亿美元）、英国（8.68亿美元）和法国（6.92亿美元），前十位国家/地区实际投入外资总额占全国实际使用外资金额的92.66%（见表5.2）。

表5.2　近年对华投资的外资企业主要来源地　单位：亿美元

位次	2010年	2011年	2012年	2013年1~10月
1	香港（674.74）	香港（770.11）	香港（712.89）	香港（634.6）
2	台湾省（67.01）	台湾省（67.27）	日本（73.8）	日本（64.63）
3	新加坡（56.57）	日本（63.48）	新加坡（65.39）	新加坡（52.35）
4	日本（42.42）	新加坡（63.28）	台湾省（61.83）	台湾省（44.53）
5	美国（40.52）	美国（29.95）	美国（31.3）	美国（30.39）
6	韩国（26.93）	韩国（25.51）	韩国（30.66）	韩国（26.01）
7	英国（16.42）	英国（16.1）	德国（14.71）	德国（19.13）
8	法国（12.39）	德国（11.36）	荷兰（11.44）	荷兰（11.83）
9	荷兰（9.52）	法国（8.02）	英国（10.31）	英国（8.68）
10	德国（9.33）	荷兰（7.67）	瑞士（8.78）	法国（6.92）
前十国家/地区的占比（%）	90.4	90.94	91.4	92.66

数据来源：商务部“利用外资统计”（2013年11月21日）。

2010年前十位国家或地区的实际投入金额为955.85亿美元，占当年全国实际使用外资金额的90.4%；2011年为1055.08亿美元，占当年全国实际使用外资金额的90.94%；2012年为1021.11亿美元，占当年全国实际使用外资金额的91.4%；2013年1~10月份为899.07亿美元，占当年全国实际使用外资金额的比为92.66%。可以看出，对我国投资前十位的国家或地区的投资比重呈现出小幅上升的趋势，反映出对我国投资的国家或地区呈日益集中趋势。

5.2　近年中国利用外资的成效

5.2.1　资本密集型外商直接投资企业提高了我国出口产品的竞争力

我国为了促进对外贸易的发展，长期以来实行“出口导向型”的外贸发展方式，对外贸易呈现“高投入、高增长”的特点。进入新的发展阶段，我国人口红利消失、劳动力成本上涨、企业的利润空间逐步压缩。我国从依靠低劳动力成本的传统加工贸易方式向高技术含量、高附加值的贸易方式转变已迫在眉睫。然而，对于我国这样一个发展中大国，在短时间内，难以通过自身的资本和要素积累来实现贸易方式的转变，很大程度上不得不依靠外资企业。资本密集型行业和高新技术行业的外资进入，提高了我国出口产品质量和国际竞争力，而且外商直接投资对产品质量的提升作用要强于港澳台投资[①]。

因此，我们在制定外资政策时，要逐渐引导外资向资本和技术密集型行业转移，这样不仅能够给本地企业带来技术溢出，还会通过集约边际和扩展边际直接促进出口产品质量升级；加强内资和外资的合作，实现技术溢出和知识的转移。这将有助于我国企业的生产技术创新和质量升级，有利于出口产品高端化。

5.2.2　利用外资的产业结构得到优化

2013 年，我国利用外资的产业结构得到优化。一方面是服务业吸收外资占全国吸收外资总量中的比重增加，服务业实际利用外资金额也在增加。另一方面是外资企业在制造业的投资更倾向于投资高技术、高附加值的产业以及设立研发中心。

随着我国服务业的逐步开放，我国服务业利用外资的规模不断增加，服务业的行业结构相应得到优化。2013 年 1 ~ 10 月，服务业实际利用外资金额 498.12 亿美元，同比增长 13.93%，在全国总量中的比重为 51.34%。电气机械修理业、娱乐服务业增长较快，分别增长 321.48% 和 222.27%。农、林、牧、渔业实际使用外资金额 14.25 亿美元，同比下降 2.61%，在全国总量中的比重为 1.47%。制造业实际使用外资金额 382.92 亿美元，同比下降 5.25%，在全国总量中的比重为 39.47%；其中石油加工、炼焦及核燃料加工业、水产品加工、建筑陶瓷制品制造增长较快，分别增长 83.77%、67.35% 和 21.39%[②]。

在制造业利用外资中，部分高端制造业增长较快，2013 年一季度通信设备、计算机及其他电子设备制造业实际利用外资增长 12.08%，交通运输设

① 李坤望、王有鑫："FDI 促进了中国出口产品质量升级吗？——基于动态面板系统 GMM 方法的研究"，《世界经济研究》，2013 年第 5 期。

② 商务部新闻发言人在例行发布会上公开的数据（2013 年 11 月 19 日）。

备制造业增长了 29.33%，专用设备制造业增长了 5.63%[①]。电子信息、集成电路等技术密集型产业吸收外资继续得到发展，新能源、新材料、节能环保等战略性新兴产业的外商投资也日益形成规模。同时，外资在华设立的地区总部、研发中心、结算中心、物流中心等功能性机构不断增多，服务范围不断扩大[②]。

外资企业在服务业投资比重的增加，明显提高了我国制造业的效率。相关研究表明，高技术服务业 FDI 对中国制造业效率均有正的直接效应，只是影响机制不同：信息传输、计算机服务和软件业通过降低交易成本提高制造业的效率；科学研究、技术服务和地质勘查业通过提高创新能力提高制造业效率，因此，要继续扩大服务市场开放，同时要加强高端复合型人才的培养[③]。

5.2.3 外商直接投资提高了中国制造业的价格贸易条件

制造业的贸易竞争力水平是一国技术进步和产业结构升级和优化的重要体现。制造业是外资流入我国的主要领域。国内学者关于 FDI 对制造业价格贸易条件的影响的研究大多表明，外资流入导致了我国制造业价格贸易条件的恶化。王文治和扈涛（2013）把制造业进行细分后发现，外资流入量不断下降的传统劳动密集型制造业，如服装、纺织业、木材加工及木、竹藤、棕、草制品等的价格贸易条件不断恶化；外资流入量不断增大的科技含量相对较高的制造业，如装配加工业、通用设备制造业、交通运输设备制造业等价格贸易条件不断提高[④]。这对我国制定外资政策有一定启示：首先，要引导外资向高端制造业的转移，继续优化引进外资的结构；其次，要不断提高制造业的资本投入、科技投入。

5.2.4 外商直接投资促进了投资当地和其他地区节能技术的应用

关于 FDI 对东道国的能源消耗，一直存在着“污染光环”和“污染避难所”两种相反观点。从相关研究结果来看，外资企业的进入并未引起中国产业

① 商务部新闻发言人在例行发布会上公开的数据（2013 年 4 月 18 日）。

② 王雨剑：“我国利用外资形势分析”，新华网，2013 年 4 月 19 日。

③ 华广敏：“高技术服务业 FDI 对中美制造业效率影响的比较分析——基于中介效应分析”，《世界经济研究》，2013 年第 3 期。

④ 王文治、扈涛：“FDI 导致中国制造业价格贸易条件恶化了吗?”，《世界经济研究》，2013 年第 1 期。

结构向高能耗行业转移，外资的流入显著地促进了当地和其他地区节能技术的使用，并对当地的环境监管起到明显的促进作用。

5.3　中国利用外资政策的导向与调整

5.3.1　中国利用外资的政策环境正在发生变化

一方面，全球经济复苏进程缓慢，导致国际金融危机的深层次矛盾尚未消除，全球经济仍将持续低迷。欧美“再工业化”等趋向促使我国部分制造业外资利用率下降。贸易保护主义抬头，使得我国的进出口贸易环境难以得到太大改善。新兴经济体正在成为跨国公司战略布局新热点；周边国家凭借减免税收、扩大开放等措施大力吸引跨国公司投资具有成本优势的产业。我国吸收外资面临多方位、多层次的国际竞争。另一方面，全球跨国直接投资总体呈现回升态势，跨国公司国际化程度持续提高，现金持有量创历史新高，金融危机后跨国公司加大在新技术、新能源、新材料领域的投资，这些也为我国吸引外资提供了新的机遇。

一方面我国经济发展中需求不足、产能过剩、转型升级的深刻调整对利用外资政策调整定了基调。当前，国内生产要素价格攀升、土地供应趋紧、劳动力供应结构性短缺，传统的生产成本优势相对减弱，部分外需导向型、劳动密集型外商投资企业经营面临一定困难。但另一方面，外商投资领域稳步扩大，投资便利化程度不断提高，涉外法律法规日臻完善，知识产权保护及执法力度显著增强；内地的外商投资综合环境正在不断优化，跨国公司依然看好在我国的长期投资前景。2013 年以来，尽管外部不确定性因素较多，内地吸收跨国直接投资保持稳定。总体上，我国外资政策调整的重点将在优化外资产业结构、引导外资促进区域协调发展、进一步改善投资环境等方面着力做好相关工作，不断提升利用外资的质量和水平。

5.3.2　2013 年外资政策实施重点回顾

（1）《商务部关于 2013 年全国吸收外商投资工作的指导意见》

我国一直将吸收外资作为对外开放的重要内容，将吸收外资与中国经济发展目标相结合，不断出台新的开放举措，完善外商投资法律法规，依法保护境内外投资者和外商投资企业合法权益，积极推动投资贸易便利化，致力于为境内外投资者创造优良的投资环境。外资政策也经历了从规模到质量的历史性跨越，从改革开放之初“以市场换技术”的谨慎开放到“政策优惠吸引外资”再到“互利双赢利用外资”至当前的“优化外资结构提高外资效益和质量”，利用外资结构逐步升级优化，政策目标不仅仅关注吸引外资的短期利益，更要关注中国经济的长远发展，政策取向注重政府与跨国公司的良性互动，进一步拓宽了利用外资的政策空间。

3 月 14 日《商务部关于 2013 年全国吸收外商投资工作的指导意见》（商资发〔2013〕82 号）出台实施，引导外商投资高附加值制造领域，扩大服务业对外开放，强化外商投资作为引进技术和智力的重要载体作用；促进东部地区吸收外资转型升级、中西部地区承接国内外产业转移，优化利用外资区域结构；深化政府职能转变，积极稳妥推进简政放权，着力构建服务型政府；进一步完善投资环境，有效维护外商投资企业合法权益，加大知识产权保护力度；增强投资促进工作的科学性和规范性，在稳定利用外资规模的基础上提高利用外资质量，更好地发挥外商投资对于经济持续健康发展的积极作用。

从新的政策导向看，中国利用外资政策摒弃了过分追求规模和速度的做法，开始强调做好利用外资的基础性工作和前瞻性工作，更加重视利用外资的结构优化和质量水平的提升，更加重视利用外资领域的拓展和方式的创新，更加重视提升利用外资的产出效应，积极发挥利用外资在提高产业层次和水平、促进区域协调发展方面的积极作用，不断加大利用外资对推动经济社会发展的贡献，在加快发展中实现转型升级，在转型升级中实现可持续发展。

（2）鼓励引导外资投向服务业、优化产业结构

2013 年吸收外商投资的目标之一，就是引导外商投资高附加值制造领域，扩大服务业对外开放，强化外商投资作为引进技术和智力的重要载体作用。其中，2013 年，我国服务业利用外资取得显著进展。1 ~9 月，服务业吸收外资增速明显高于制造业。服务业吸收外资金额 447 亿美元，同比增长 13. 28%，在全国总量中的比重为 50. 5%；燃气生产和供应业、铁路道路隧道和桥梁工程建筑业、文化体育和娱乐业增长较快，同比分别增长 112. 1%、696. 71%、117. 76%。1 ~9 月，制造业吸收外资金额 355 亿美元，同比下降 3. 96%，在

全国总量中的比重为 40%。制造业吸收外资增幅下降，说明外资在该领域已达饱和程度，吸收外资不可能无限高速增长，现在不鼓励单纯追求增长速度，而要看外资对经济结构、对国家产业升级转型的作用。

与此相适应，新型技术生产型服务业和医疗、养老等生活型服务业对外资的全面开放成为2013 年外资政策的新亮点。2013 年 3 月 12 日，商务部、民政部下发《关于香港、澳门服务提供者在内地举办营利性养老机构和残疾人机构服务有关事项的通知》（以下简称《通知》），根据国务院批准的《〈内地与香港关于建立更紧密经贸关系的安排〉补充协议九》及《〈内地与澳门关于建立更紧密经贸关系的安排〉补充协议九》，允许香港、澳门服务提供者（以下简称港澳服务提供者）以中外合资经营企业、中外合作经营企业或外资企业形式，通过新设或并购的方式，在内地设立营利性养老机构和残疾人服务机构。

《通知》指出，港澳服务提供者申请设立营利性养老机构和残疾人服务机构，应具有良好的信誉及经营实力，至少有一个服务提供者具有在香港、澳门从事 3 年以上养老服务、残疾人服务的经验。同时，还应分别符合《内地与香港关于建立更紧密经贸关系的安排》、《内地与澳门关于建立更紧密经贸关系的安排》及有关补充协议中关于“服务提供者”的定义及相关要求。营利性养老机构和残疾人服务机构的设立和变更，由所在地省级商务主管部门征求同级民政部门意见后，依据外商投资法律法规进行审批。自 2013 年 7 月 1 日起，营利性养老机构的设立和变更，应根据《中华人民共和国老年人权益保障法》有关规定，向民政部门申请行政许可后，由所在地省级商务主管部门审批。港澳服务提供者申请设立营利性养老机构和残疾人服务机构，除报送设立外商投资企业所要求的文件外，还必须提交香港社会福利署或澳门社会工作局向该服务提供者发出的相关有效牌照副本（豁免证明书），或向其提供年度社会福利资助的通知信等从业证明文件。《通知》明确，营利性养老机构和残疾人服务机构应以提供社会服务为宗旨，依法纳税，合规经营。营利性养老机构不得经营住宅贴现养老等业务。营利性养老机构和残疾人服务机构业务范围中包括医疗卫生服务的，应按有关政策规定履行报批手续。各地民政、商务主管部门对本行政区域内的相关机构要加强监管，促进相关领域吸收外资工作的健康发展。

（3）以修订《中西部地区外商投资优势产业目录》为契机引导外资促进区域协调发展

为进一步推动外资区域发展，2013 年 05 月 16 日，经国务院批准，国家发展和改革委员会、商务部联合发布 2013 年第 1 号令，全文公布《中西部地区外商投资优势产业目录（2013 年修订)》（以下简称《中西部目录（2013 年修订)》)，自 6 月 10 日起施行。2008 年 12 月发布的《中西部目录（2008 年修订)》（国家发展和改革委员会、商务部令 2008 年第 4 号）同时废止。

随着西部大开发、中部地区崛起以及东北地区等老工业基地振兴等一系列国家战略的深入实施，中西部等内陆、沿边地区对外开放程度也不断提升。《中西部目录》的实施对中西部地区扩大利用外资，提高利用外资的质量和水平，优化产业结构以及应对国际金融危机等方面发挥了积极作用。2012 年，中西部地区实际使用外资 192.1 亿美元，占全国总量的比重约 17.2%，比 2008 年分别增长 36.7% 和提升 4.2 个百分点。

本次目录修订是 2000 年首次颁布实施《中西部目录》以来的第三次修订，主要把握以下原则：一是按照十八大提出的实行更加积极主动的开放战略，创新开放模式，促进沿海、内陆、沿边开放优势互补，培育带动区域发展的开放高地等要求，与 2011 年已颁布的《外商投资产业指导目录（2011 年修订)》有效衔接，调整优化中西部地区鼓励重点和方向；二是充分发挥中西部地区特定资源、产业基础以及劳动力、资源等比较优势，推动重点产业将资源优势转化为经济发展优势；三是契合区域发展规划和导向，促进东、中、西部互动合作；四是适当提高鼓励产业的技术标准，鼓励外商在中西部地区发展符合环保要求的劳动密集型产业，推进资源节约和综合利用，提高服务业发展水平；五是国家统筹布局，严格限制国家明令淘汰的落后生产能力和高耗能、高排放等不符合国家产业政策的项目向中西部地区转移。

《中西部目录（2013 年修订)》与原目录相比，主要有以下几个特点。

一是鼓励领域拓宽。《中西部目录（2013 年修订)》共列条目 500 条，相比原目录新增列入的条目共 173 条。其中，农业、采矿业领域新增加了依托中西部各省（区、市）特定生物、矿产资源开展的产品加工条目，如江西省“脐橙、苎麻、竹、山药、莲、葛等特色、优势植物种植及深加工”、广西壮族自治区“锌、锡、锑、钨、锰等金属精深加工”；制造业领域新增加了中西部各省（区、市）具备一定产业基础、对当地经济发展有显著带动作用的重点产业条目，如安徽省“大型冶金成套设备等重大技术装备用分散型控制系统（DCS）”、四川省“液晶电视、数字电视、节能环保电冰箱、智能洗衣机等高档家用电器制造”；为支持西部地区发展，将在《外商投资产业指导目录（2011 年修订）》中不再鼓励的汽车整车制造作为西部各省（区、市）鼓励类项目。

二是产业导向优化。除传统制造业外，《中西部目录（2013 年修订）》中增加了服务业领域相关条目，如山西省“云计算、物联网、移动互联网等新一代信息技术开发、应用”、黑龙江省“动漫创作、制作及衍生品开发”、陕西省“一般商品的批发、零售”。

三是鼓励标准提高。《中西部目录（2013 年修订）》对原目录中相关产业条目内容进行了优化调整，如“汽车零部件制造”条目内容调整为“六档以上自动变速箱、商用车用高功率密度驱动桥、随动前照灯系统、LED 前照灯、轻量化材料应用（高强钢、铝镁合金、复合塑料、粉末冶金、高强度复合纤维等）、离合器、液压减震器、中控盘总成、座椅”。

四是鼓励省份增加。《中西部目录（2013 年修订）》包括全国 22 个省（区、市）鼓励类产业条目。其中，根据《国务院关于推进海南国际旅游岛建设发展的若干意见》（国发〔2009〕44 号）要求，新增列符合海南省发展实际情况的饮用天然矿泉水生产、邮轮制造、深水海洋工程设备制造、高尔夫用具制造以及观光农业、休闲农业的开发和经营及其配套设施建设等为鼓励类项目。

根据《指导外商投资方向规定》（国务院令 2002 年第 346 号）的规定，属于《中西部地区外商投资优势产业目录》的外商投资项目，享受鼓励类外商投资项目优惠政策。《中西部目录（2013 年修订）》施行后，符合规定的外商投资在建项目，可享受相关优惠政策。

（4）加强和改善外商投资融资租赁公司审批与管理

近年来，外商投资融资租赁公司快速发展，投资主体日趋多元化，服务领域不断扩大，业务模式不断创新，成为有效利用国内外资金、合理配置资源的重要载体和平台。为进一步引导与规范外资融资租赁公司的发展，2013 年 7 月 17 日商务部办公厅发布《关于加强和改善外商投资融资租赁公司审批与管理工作的通知》，成为 2013 年加强外商投资管理、规范在华外资企业的一项细化政策。

该政策强调准入规范行为，加强了对外商融资租赁公司的准入审批的规定，明确指出外资融资租赁公司不得以任何形式为承担政府公益性项目的地方政府融资平台公司提供直接或间接融资，此外还对外商融资租赁公司的信息统计、后续核查、业务范围等加强了规范。按照商务部《外商投资租赁业管理办法》（简称《管理办法》）的要求，各地区在每年 6 月 30 日之前（2013 年度为 8 月 15 日之前）将本行政区域内外资融资租赁公司上一年的业务经营情况报告和经会计师事务所审计的财务报告汇总报送商务部（外资司）。该通知同时规定，未能完成备案的外商投资融资租赁公司将不得转让、不得变更股东、法定代表人、公司章程、董事、监事、经营范围、地址等。对在上一会计年度内未开展实质性融资租赁业务、年检不合格以及发生违法违规行为的企业，各地应责令其整改，并将整改情况及时报商务部（外资司）。加强外资融资租赁公司的后续管理，指导企业积极稳妥地开展各项业务。外资融资租赁公司不得从事吸收存款、发放贷款、受托发放贷款等活动；未经相关部门批准不得从事同业拆借、股权投资等业务。为有效防范财政金融风险，根据《国务院关于加强地方政府融资平台公司管理有关问题的通知》（国发〔2010〕19 号），外资融资租赁公司不得以任何形式为承担政府公益性项目的地方政府融资平台公司提供直接或间接融资。

《通知》明确准入审批条件，从投资角度来说，能引导企业明确投资目标。如果一个融资租赁公司正常经营，不断发展，就应该会增加资本金，因为不增加资本金，发展就会遇到瓶颈。所以规定不得为不报送材料的企业办理后续变更手续，对租赁公司是一个很好的约束性措施。不经营、违法经营的外商投资融资租赁公司将无法通过年检，严格审批外资融资租赁公司，设立难度加大，境外股东仅有资金证明、存续不满一年半、未有实际经营的壳公司将无法设立融资租赁公司。融资租赁公司从只批不管到从紧审批到批后每年备案管理，壳公司维护成本加大，新公司审批从严。融资租赁和经营性租赁、一般租赁混业经营将是未来发展方向。不是设备的售后回租、委托租赁业务、各种形式的类信贷业务将不是鼓励发展的方向，以政府平台模式为主的融资租赁公司要改变商业模式和发展方向了。

随此政策一起发布了《外商投资融资租赁公司准入审批指引》（下称《指引》），明确了一些外资投资融资租赁公司的准入审批条件，如：申请设立融资租赁公司的投资者须为公司、企业或其他经济组织。外方投资者或其境外母公司应资信良好，在境外已合法注册并从事实质性经营活动。外商投资比例不得低于25%。同一投资者及其母公司在境内设立两家以上融资租赁公司，须提供已设立融资租赁公司的审计报告、验资报告（须按期到位）、业务情况说明。新设公司的业务领域应与已设公司有明显区别。这些规定的出台，也便于防止“假外资”和“一母多子”进行套利、套汇现象的出现。

5.3.3　我国外资利用政策趋向将更加开放

党的十八届三中全会提出，适应经济全球化新形势，必须推动对内对外开放相互促进、引进来和走出去更好结合，促进国际国内要素有序自由流动、资源高效配置、市场深度融合，加快培育参与和引领国际经济合作竞争新优势，以开放促改革。

放宽投资准入。统一内外资法律法规，保持外资政策稳定、透明、可预期。推进金融、教育、文化、医疗等服务业领域有序开放，放开育幼养老、建筑设计、会计审计、商贸物流、电子商务等服务业领域外资准入限制，进一步放开一般制造业。加快海关特殊监管区域整合优化。

建立中国上海自由贸易试验区是党中央在新形势下推进改革开放的重大举措，要切实建设好、管理好，为全面深化改革和扩大开放探索新途径、积累新经验。在推进现有试点基础上，选择若干具备条件的地方发展自由贸易园（港）区。

加快自由贸易区建设。坚持世界贸易体制规则，坚持双边、多边、区域次区域开放合作，扩大同各国各地区利益汇合点，以周边为基础加快实施自由贸易区战略。改革市场准入、海关监管、检验检疫等管理体制，加快环境保护、投资保护、政府采购、电子商务等新议题谈判，形成面向全球的高标准自由贸易区网络。

扩大对香港特别行政区、澳门特别行政区和台湾地区开放合作。

扩大内陆沿边开放。抓住全球产业重新布局机遇，推动内陆贸易、投资、技术创新协调发展。创新加工贸易模式，形成有利于推动内陆产业集群发展的体制机制。支持内陆城市增开国际客货运航线，发展多式联运，形成横贯东中西、联结南北对外经济走廊。推动内陆同沿海沿边通关协作，实现口岸管理相关部门信息互换、监管互认、执法互助。

加快沿边开放步伐，允许沿边重点口岸、边境城市、经济合作区在人员往来、加工物流、旅游等方面实行特殊方式和政策。建立开发性金融机构，加快同周边国家和区域基础设施互联互通建设，推进丝绸之路经济带、海上丝绸之路建设，形成全方位开放新格局。

5.4 外商直接投资企业在中国的新趋势、新挑战

5.4.1 我国利用外资规模呈波动性增长

由于外部世界经济环境的不确定性及我国低成本优势趋于弱化，以及国内经济增速下降等因素影响，我国利用外资的难度增大。2012 年 7 月到 2013 年 9 月我国利用外资增速放缓，但仍然呈波动上升态势（见图 5.2）。其中，2013 年 6 月份我国利用外资规模达到近一年来的峰值，当月实际使用外资金额 143.89 亿美元，同比增长 20.12%。

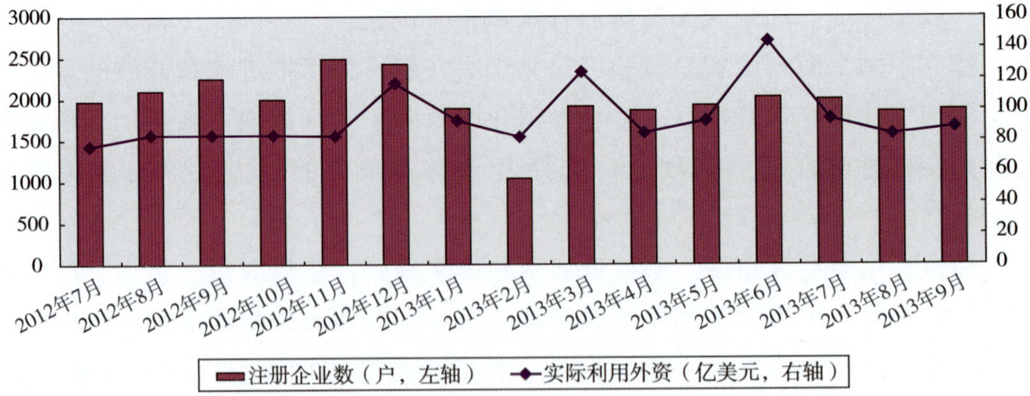

图 5.2 我国实际利用外资规模（2012 年 7 月～2013 年 9 月）

资料来源：中国投资指南网。

5.4.2 外商直接投资在我国中部地区的投资增长迅速

在国家积极鼓励外商直接投资企业向中西部地区转移、中西部有关省市出台的一系列优惠政策等因素的影响下，我国利用外资的区域结构不断优化。2012 年东、中、西部地区实际使用外资分别为 925.1 亿美元、92.9 亿美元、99.2 亿美元，增长 -4.2%、18.5%、-14.3%，占利用外资总额的 82.8%、8.3%、8.9%[①]。

2013 年 1~10 月，我国东部地区实际使用外资金额 814.1 亿美元，同比增长 6.0%；中部地区实际使用外资金额 85.5 亿美元，同比增长 9.9%；西部地区实际使用外资金额 70.7 亿美元，同比下降 1.1%。在此期间，在全国吸收外资总量中，东、中、西部地区所占比重分别为 83.9%、8.8% 和 7.3%[②]。

中西部地区不但在承接东部劳动密集型产业转移方面有了明显进展，而且电子、汽车、航空航天、医药制造、现代农业等高端产业和服务外包等新兴业态也已初具规模。由于我国中西部的成本优势与发展机遇，跨国公司近年投向我国中西部的项目与业务大增。

5.4.3 外商直接投资企业的投资方式中独资方式比重继续增加

在 20 世纪 90 年代中期以前，外商在华投资以合资经营方式为主，独资经营与合作经营为辅。这一方面是由于中国政府及有关政策法规鼓励中外合资经营，对某些产业和企业有外资股权比例的限制；另一方面是由于外商本身对中国市场不太熟悉，需要利用当地生产经营者的某些优势，共同分担投资风险。但在 20 世纪 90 年代中期以后，这种格局出现了转变。1997 年中国新批外商独资企业（即外资企业）数首次超过合资企业数，2000 年前者投资金额首次超过后者。近年来，外商独资经营已成为中国利用 FDI 最主要的方式。据统计，2010 年外资企业投资额为 809.75 亿美元，占当年实际利用 FDI 总额的比重高达 76.58%；而同期合资企业与合作企业投资额分别为 224.98 亿美元和 16.16 亿美元，分别只占当年实际利用 FDI 总额的 21.28% 和 1.53%。2011 年外资企业投资额 912.05 亿美元，占当年实际利用 FDI 总额的比重高达 78.62%；而

① 新华网："我国利用外资形势"，2013 年 4 月 19 日。

② 商务部新闻发言人在例行发布会上公开的数据（2013 年 11 月 19 日）。

同期合资企业与合作企业投资额分别为 214.15 亿美元和 17.57 亿美元，分别只占当年实际利用 FDI 总额的 18.46% 和 1.51%（见图 5.3）。

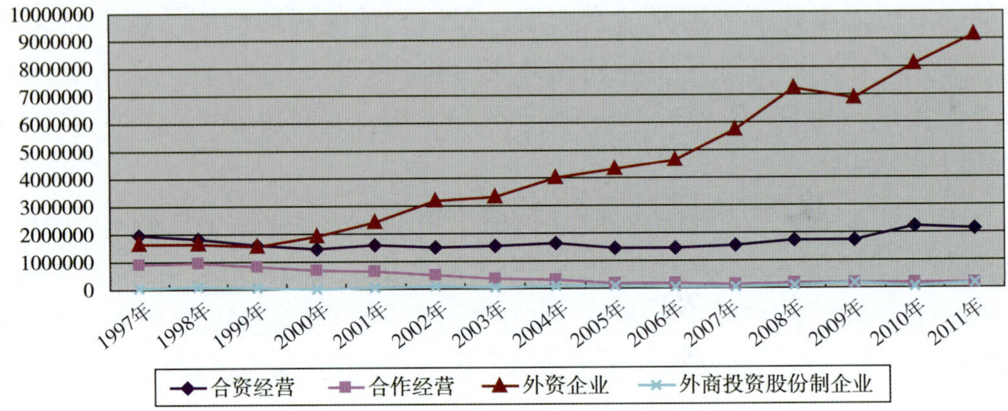

图 5.3 外商直接投资企业的方式（单位：万美元）

数据来源：中国统计年鉴（1998～2012 年）。

外商直接投资方式独资化主要是由于：一方面，随着中国对外开放的扩大，涉外政策法规逐步与国际接轨，对外商独资的限制明显减少；另一方面，随着跨国公司对中国市场环境日益熟悉，选择独资方式有利于其保守技术秘密，避免合资经营过程中双方之间的利益冲突和各种摩擦，减少双方因经营理念、文化传统、管理制度等方面差异造成的协调成本，有利于其更好地实施其全球化战略。面对外资企业投资方式独资化，我国应及时调整和完善有关政策法规，防止由此导致出现外资企业的技术封锁和市场垄断，同时增强中国企业的自主创新能力和市场竞争能力。

5.4.4 中国利用外资从“成本驱动型”向“市场驱动型”转变

改革开放初期，由于我国经济基础弱，底子薄，为了加快经济的发展，大力提倡招商引资，希望通过利用外资促进中国经济发展，因此，对外商直接投资企业实行了很多的超国民待遇的优惠政策，再加上我国劳动力成本低等优势，使得一些高污染、劳动密集型外商直接投资企业进入我国。目前，由于中国的劳动力成本逐渐提高及中国正处于产业结构调整转型期等一些因素的影响，使得这些企业转向劳动力成本更低的一些东南亚国家。《2013 年世界投资报告》也显示，目前有很多外商直接投资企业纷纷撤离中国，撤离中国的外资多是以雇佣中国的廉价劳动力为主，或是高污染的企业。与此同时，一些外资看中了中国巨大的市场空间而进入，如韩国电子巨头三星公司来华投资，是因为中国内地的手机市场前景广阔。有专家指出，“从国际分工来讲，中国被分到了低端。现在中国劳动力成本上升，外资又相中了中国内地庞大的消费市场。中国吸引 FDI，正从‘成本驱动型’向‘市场驱动型’转变”①。可以预料，未来在华的外商投资中，高附加值、高技术含量的外国投资，以及高端制造业和服务业吸引的外资比重将进一步上升。

我国虽然整体经济发展水平不高，人均消费水平低，但市场层次多、消费人口基数大，且原来的市场开发水平远远不够。首先，我国正在进行城镇化改革以及产业结构升级，将会使国内市场的巨大潜力不断释放。这对于外资来说，投资环境的不确定性中也存在着投资机遇。其次，我国西部地区也存在着巨大的投资机会，在我国实施西部大开发和西部大开放等政策的支持下，西部地区结合自身优势不断完善相关法律制度，将成为未来利用外资新的增长点。最后，在国家扩大内需的政策支持下，一些新的市场领域有待开发，巨大的需求潜力将为外商投资提供持续的动力。

5.4.5　中国利用外资政策逐步宽松化

改革开放 35 年以来，我国利用外资在摸索中前进、在前进中完善，利用外资取得了很大成效，利用外资政策逐步宽松化。

十一届三中全会，我党根据当时的经济形势确立了外商直接投资的政策，提出重视商品经济与价值规律；但是这个时期我国依然实行计划经济。1984 年 10 月十二届三中全会通过了《关于经济体制改革的决定》，正式把对外开放确定为我国经济发展的一项基本国策，出台了一些重要的利用外资的法律法规，利用外资的政策逐步法律化。在这一时期，我国对外资实行较为严格的管制和审批制度。1986 年 10 月国务院颁布《关于鼓励外商投资的规定》，中国利用外资进入全面优惠阶段，在这一时期，我国开始运用法律和政策手段有重点、有计划地吸收外资，逐步下放审批权限，取消各种限制措施，给予地方更

① 张燕生：“吸引 FDI，中国正从‘成本驱动型’转向‘市场驱动型’”，中国经济导报，2013 年 7 月 11 日。

大的经济管理权，简化了利用外资的审批手续，使中国利用外资的规模迅速提升。1992 年至 1995 年 6 月国务院颁布《指导外商投资方向暂行规定》期间，中国利用外资处于高速发展阶段，此期间，中国进一步完善了利用外国直接投资的法律法规，在利用外资的政策上给予大力支持，将利用外资的政策纳入到宪法之中；创新外商投资方式，在传统的三资企业之外开设了投资性公司、股份公司和 BOT 等多种利用外资的新形势；进一步拓宽外商投资领域，出台多部法规法规，有条件地开放服务贸易领域；继续推行区域外资政策，逐步形成了多层次的开放和利用外资的格局；开始内外税统一制的改革。

1995 年以后，中国利用外资进入了一个新阶段，国务院有关部门重新修订并公布了《外商投资产业指导目录》，放宽了允许和鼓励类项目的范围，此后对《外商投资产业指导目录》进行了多次修订，大幅度放宽行业准入限制，进一步提高了对外商直接投资的开放程度。2001 年随着中国的入世，中国进一步降低市场准入门槛，开放了农业、采矿业、建筑业、电信等服务业、外汇等金融保险证券业、文化娱乐和交通运输等对国民经济发展有重要作用的敏感领域。同时取消了外商投资企业外汇收支平衡的限制、当地含量要求、出口业绩要求和生产计划备案等限制性条款。2004 年将外资审批制改为核准制，但在实际操作中，许多企业反映程序并未简化。随着改革开放进程的加快，外资领域的全面审批或核准制度已不合时宜，外资体制改革的最终将是基本实行备案制或登记制。

5.4.6 外资企业转移新动向：个别跨国公司的区域总部撤离

与劳动力密集型外资撤离中国、转向其他劳动力更低廉的东南亚国家不同，一些国际跨国公司出于业务全球化的考虑，开始调整其区域总部的布局结构。2013 年 11 月 13 日，通用汽车公司在新加坡宣布将在 2014 年第二季度将国际运营总部从上海迁至新加坡，此次迁移距 2004 年通用汽车亚太区总部从新加坡迁至上海约有 9 年时间。综合来看，通用汽车亚太总部迁移是通用汽车管理层改组计划的一部分，目的是聚焦快速增长的海外市场业务；通用汽车希望加强其在亚非高增长市场的销售，尤其是印尼等国家，总部在新加坡能够帮助通用汽车更好地聚焦这些市场。虽然有种种原因，但我们应一叶知秋，跨国公司区域总部的迁移不得不引起我们警示。要想吸引外资进入我国，必须要有好的投资环境，我国有着宏观环境稳定、积极参与国际化等优势，但是在影响投资环境的很多方面还存在不足。首先，在监管制度、治理结构、行政效率方面与其他国家相比仍有差距，有不少需要改善的地方；其次，我国在外资的市场进入和退出审批方面取得了不俗进步，但总的说来，审批仍然过多，还需要进一步的精简；第三，在法律制度方面，规范外资的法律不健全且相对滞后，在某些方面仍然不能完全适应现今我国国内与国际经济形势发展的需要。

十八届三中全会指出，“要适应经济全球化新形势，加快培育参与和引领国际经济合作竞争新优势，以开放促改革”。为更好吸引外资，我们不仅要进一步完善硬实力，还要不断提升自己的软实力、国际化能力和服务能力等。这要求我国要进一步深入改革、建立高效的外资审批体制和外商投资准入管理体制，开展准入前国民待遇与负面清单的试点，并逐步扩大试点范围，为实现内外资准入制度的统一创造条件；统一内外资法律，强化法律法规的一致执行，形成各类所有制企业平等有序竞争的市场环境。

5.4.7　对外商投资探索实施进入前国民待遇和负面清单管理模式

随着经济全球化的发展和投资自由化的推进，市场准入问题逐渐变成全球投资法律建构中的中心议题。国际投资规则的发展也经历了从“单向保护东道国利益”到“保护东道国利益与促进外资进入兼顾”再到“准入前国民待遇加负面清单管理”的模式演进。目前，准入前国民待遇和负面清单的外资管理模式已逐渐成为国际投资规则发展的新趋势。据我国商务部统计，目前全球至少有 77 个国家采用了此种模式。

我国为适应国际发展趋势更好地与国际规则接轨，对外商投资实行“准入前国民待遇加负面清单管理”模式进行了一些探索。2013 年 6 月，中美两国元首达成关于积极推进投资协定谈判的共识。同年 7 月，在第五轮中美战略与经济对话中，两国元首的特别代表进行了深入讨论和交流。中方同意以准入前国民待遇和负面清单为基础与美方进行投资协定实质性谈判。

2013 年，我国在上海自贸区对外资实行了“市场准入前的国民待遇”及“负面清单”管理模式。“准入前国民待遇”的核心是给予外资准入权，在企业设立、取得、扩大等阶段给予外国投资者及其投资不低于本国投资者及其投资的待遇。根据 UNCTAD 的规定有两种模式：“有限的准入前国民待遇”和

“全面准入前国民待遇”。“负面清单模式”属于“法不禁止皆可为”，即凡针对外资的与国民待遇、最惠国待遇不符的管理措施，或业绩要求、高管要求等方面的管理措施均须提前以清单方式列明，除此之外，外资享有与东道国国民相同的准入权。

十八届三中全会指出，要“探索对外商投资实行准入前国民待遇加负面清单的管理模式”，要放宽投资准入，加快自由贸易区建设。“准入前国民待遇加负面清单”的管理模式是在全球贸易投资规则重构背景下的必要之举，也是我国涉外经济体制改革的首要突破口。实行这种模式有利于我国与国际规则接轨以适应投资自由化的趋势，有利于为各类所有制企业创造公平竞争的市场环境，也与我国正在推进的行政审批制度改革的方向一致。

本章统稿人范保群。撰写执笔人分别为项安波、范保群、蔡小平、周倩。

第六章 中国企业国际化

6.1　中国对外直接投资呈稳步上升趋势

由于对宏观经济前景的担忧和受各国经济政策不确定性的影响，2012 年全球外资流量未能延续后危机时代缓慢回升的趋势，首次出现反转下滑，预示着世界经济复苏的步伐减慢。受全球环境制约，中国的外资流入量多年来首次出现下降，不过对外直接投资仍然保持稳步上升的势头。

6.1.1　各国资本外逃现象显现

图 6.1 回顾了从 2004 年至今全球直接外资流量的变化情况，从图中可看出以金融危机爆发的 2007 年为转折点，2009 年全球直接投资流量下降到了谷底，之后缓慢回升。2011 年站上了后危机时代的一个波峰，当年增幅接近 20%，达到 1.5 万亿美元，然而在 2012 年再度出现下滑，跌幅多达 18%，降至 1.35 万亿美元。事实上，在《世界投资报告 2012》中，贸发会议曾经谨慎地预测"2012 年全球直接外资增速将放缓，流量大概维持在 1.6 万亿美元左右企稳"。事实证明，实际情况比经济学家预想的要糟糕。

图 6.1　2004 ~ 2012 年全球直接外资流量及 2013 ~ 2015 年预测（单位：10 亿美元）

资料来源：联合国贸发会议（UNCTAD）《世界投资报告 2013》。

根据联合国贸发会议（UNCTAD）《世界投资报告2013》，2012年全球发达国家直接投资流入量下降32%，降至5610亿美元，接近过去十年来的最低水平。其中多数发达国家的直接外资流入量都显著下降，欧盟的情况尤其突出，它在全球直接外资下降的总量中占三分之二。而作为过去20年中仅次于美国的外商投资目的地的发展中国家，中国的外商投资（FDI）流入量也不可避免地出现了下滑，跌幅约为2%。尽管下跌幅度不大，但它被外界视为未来几年内全球外国直接投资可能出现持续下降的重要拐点。关于首次出现下滑的原因，外界普遍认为，后危机时代中国经济结构的调整以及产业的升级，流入中国的外国直接投资的结构也发生了相应变化。此外，由于国内生产成本上升，出口市场疲弱，部分外资公司也开始撤离中国。主要体现在服装、鞋类等劳动密集型低端制造业，外商投资者开始逐步关闭在中国大陆的生产基地，迁往东南亚的低收入国家。

不过，2012年的全球外国直接投资统计也不乏亮点。例如，发展中国家在吸收对外直接投资中的地位不断得到巩固，并充当了领头羊的角色。据统计，2012年发展中国家吸收的直接外资占全球直接外资量的52%，而发达国家的贡献率仅为48%。这是在该类比较中发展中国家首次占据了上风。另外，目前有将近1/3的对外直接投资均来自发展中国家，在全球衰退的背景下，发展中国家的跨国公司继续进行海外扩张。其中，仅亚洲国家就贡献了全部发展中国家对外直接投资总量的3/4。此外，非洲也是当前全球外国直接投资的另一个亮点。流入非洲的直接外资连续两年出现增长，增幅为5%，达到500亿美元。在直接外资存量方面，马来西亚、南非、中国和印度是非洲最大的发展中国家投资者。2012年非洲的直接外资流出量几乎增长了两倍，达140亿美元。

表6.1　2012年全球10大对外投资来源国统计　　单位：10亿美元

序号	国家或地区	对外投资金额	排名变化
1	美国	329	→
2	日本	123	→
3	中国	88	↑3
4	中国香港	84	→
5	英国	71	↓2

续表

序号	国家或地区	对外投资金额	排名变化
6	德国	67	↑5
7	加拿大	54	↑5
8	俄罗斯	51	↓1
9	瑞士	44	↑4
10	英属维尔京群岛	42	→

资料来源：联合国贸发会议（UNCTAD）《世界投资报告 2013》。

表 6.1 统计了 2012 年全球 10 大对外投资来源国的数据。2012 年，中国对外直接投资创下流量 878 亿美元的历史新高，同比增长 17.6%，首次成为世界三大对外投资国之一，比前一年的排名上升了 3 位。在前 10 大对外投资国的构成中，金砖五国（巴西、俄罗斯、印度、中国和南非）占据了两席。事实上，在当年的统计中，金砖五国的对外投资总量高达 1450 亿美元，比 21 世纪之初 2000 年的 70 亿美元增加了约 20 倍，对全球对外投资总量的贡献率达到了 10%，成为新兴经济体的重要代表。然而尽管增幅巨大，但由于金砖国家对外直接投资起步较晚，与发达国家相比仍有较大差距。以中国为例，截至 2012 年底，中国对外直接投资累计净额（存量）为 5319.4 亿美元，仅仅相当于美国对外投资存量的 10.2%，未能跻身全球前十强（排名第 13 位）。

《世界投资报告 2013》还指出，受到宏观经济政策收紧和产业转型升级的影响，目前各国政府加强了对外国直接投资项目的审查力度，调整了先前的投资自由化措施，收紧了筛选和监测程序，并严格审查跨境并购。具体体现为 2012 年全球至少有 53 个国家和经济体共通过 86 项影响外国投资的政策措施。在这种情形下，跨国并购的难度正在不断增加。由于竞争问题、经济效益检验标准和国家安全审查等监管上的关切或政治上的反对，出现越来越多撤销的并购计划，如美国外国投资委员会以“威胁美国国家安全”为由否决三一重工并购美国风力发电厂。据统计，在 2012 年全球撤销的所有跨境并购所占比例约为 22%，而在 2010 年曾经达到逾 30% 的峰值。目前投资保护主义的风险仍然存在，由于全球和区域价值链的出现和迅速扩张，保护主义政策可能会对国内外所有行为方产生事与愿违的影响。2012 年全球共达成 30 项国际投资协定，包括 20 项双边投资条约和 10 项“其他国际投资协定”，其中双边投资条约的达成数量降至25年来的最低值。

贸发会议预计，2013年全球直接外资仍将接近2012年的水平，上限为1.45万亿美元，相当于2005～2007年的危机前平均水平。随着宏观经济状况的改善以及投资者在中期恢复信心，跨国公司可能会将其所持有的数额创纪录的现金转化为新的投资。之后，直接外资流量可能会在2014年攀升至1.6万亿美元，在2015年达到1.8万亿美元。不过，这种增长情景面临的重大风险依然存在。全球金融体系的结构缺陷、宏观经济环境可能出现的恶化以及对投资者信心至关重要的领域明显的政策不确定性，可能都会导致直接外资流量进一步下降。

6.1.2 中国对外直接投资创历史新高，国有企业占主力

图6.2总结了过去十年里中国对外直接投资的流量和存量数据，从图中不难发现：十年中我国对外直接投资始终保持着稳步上升的趋势，即使在刚刚过去的国际金融危机中也未出现下滑。而且以金融危机爆发为节点，我国对外直接投资直接从265亿美元（2007年）跃过了500亿美元的关口，攀升至559亿美元（2008年），并在2012年创造了878亿美元的新纪录，首次成为世界三大对外投资国之一。当然，截至2012年年底，我国对外投资的存量仍显不足，仅仅相当于美国对外投资存量的10.2%，英国的29.4%，德国的34.4%，法国的35.5%，日本的50.4%。

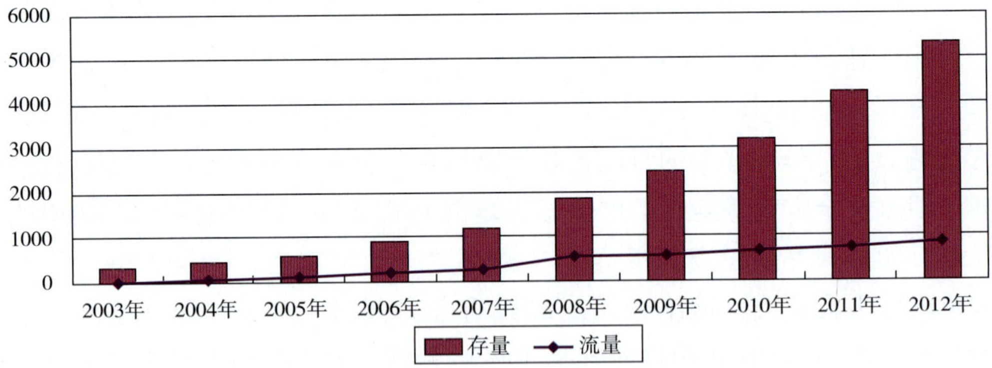

图6.2　2003～2012年中国对外直接投资数据统计（单位：亿美元）

注：根据统计规则，2006年之前的数据为非金融类对外直接投资数据，2006年之后的数据为全部行业对外直接投资数据。

资料来源：商务部、国家统计局、国家外汇管理局，《2012年度中国对外直接投资公报》。

根据《2012 年度中国对外直接投资公报》的统计显示：截至 2012 年底，中国 1.6 万家境内投资者在国（境）外设立对外直接投资企业近 2.2 万家，分布在全球 179 个国家和地区，覆盖率达 76.8%；其中亚洲地区的境外企业覆盖率高达 95.7%，欧洲为 85.7%，非洲为 85%。在对外直接投资存量的市场集中度方面，2012 年年末前 20 位的国家地区存量累计达到 4750.93 亿美元，占总量的 89.3%。目前我国对外直接投资基本上覆盖了国民经济的所有行业类别，其中存量超过 100 亿美元的行业有租赁和商务服务业、金融业、采矿业、批发和零售业、制造业、交通运输业/仓储和邮政业、建筑业。上述七个行业累计投资存量 4913 亿美元，占我国对外直接投资存量总额的 92.4%。在对外直接投资的区域选择方面，2012 年投资增幅和降幅最大的国家和地区分别是美国和英属维尔京群岛，前者同比增长 123.5%，成为继中国香港之后的中国第二大直接投资目的地。后者同比下降 72.5%，当年流量仅为 30.67 亿美元。

截至 2013 年 9 月底，我国累计非金融类对外直接投资 4971 亿美元：其中 2012 年，我国境内投资者共对全球 141 个国家和地区的 4425 家境外企业进行了直接投资，实现非金融类直接投资 772.2 亿美元，同比增长 28.6%；2013 年 1 ~9 月，我国境内投资者共对全球 156 个国家和地区的 3890 家境外企业进行了直接投资，实现非金融类直接投资 616.4 亿美元，同比增长 17.4%，对境外采矿业、建筑业、科学研究和技术服务业投资成倍增长。在投资方式的构成方面，2012 年我国对外直接投资中股本投资和其他投资总计 628.2 亿美元，约占 81.4%，利润再投资 144 亿美元，仅占 18.6%；而在 2013 年前 9 个月，股本投资和其他投资总计 485.9 亿美元，比重有所下降，仅为 78.8%，利润再投资 130.5 亿美元，上升了约 3 个百分点。

关于对外直接投资的主要区域，中国香港、东盟、欧盟、澳大利亚、美国、俄罗斯和日本这七大主要经济体长期以来占据了约 2/3 的投资份额。仅以 2013 年前 9 个月为例，上述 7 大经济体共吸纳来自中国内陆的直接投资总和为 424.7 亿美元，占据同期中国内地对外直接投资总额的 68.9%，同比增长 3.2%。此外，2013 年前 9 个月，中国内地对上述七大主要经济体的直接投资还出现了“五增二减”的变化，即对除中国香港和日本以外的五大经济体的投资均大幅增加，按照增幅排名依次为 250%（美国）、108.1%（欧盟）、

83.6%（澳大利亚）、26.4%（东盟）和22.2%（俄罗斯）；而对中国香港和日本的投资则出现减少，跌幅为11.7%和45.5%。之所以出现2013年以来中国内地对日投资的大幅缩水，很大程度是受到2012年8月“钓鱼岛风波”引发的中日政治纷争的冲击，政策环境和民族感情的双重制约影响了投资区域的选择；而对中国香港投资数额的下降，则是由于过去中国内地很多企业的对外投资都习惯借助香港这个中转站再流到目标国，而随着当前内地外汇管理政策的逐步完善，许多内地企业的资金可以直接流向目标国，中间环节的减少提高了投资效率，自然在统计数据中针对香港的投资额有所下滑，但总的对外投资额却呈现上升势头。

表6.2总结了以年末对外直接投资存量为标准的2012年中国非金融类跨国公司50强名单，从表中不难发现，上榜企业中的绝大多数均为国有企业（非国有企业仅有华为技术有限公司、上海吉利兆圆国际投资有限公司和联想控股有限公司等少数几家）。如果按照上榜企业主营业务所在的行业来划分，数量最多的是采矿业，包括兖州煤业股份有限公司、中国冶金科工集团有限公司和鞍钢集团公司等16家企业；接下来是制造业和交通运输业，前者包括华为技术有限公司、中兴通讯股份有限公司和中国兵器工业集团公司等8家企业，后者包括中国远洋、中国海运和海航集团有限公司等6家企业。如果按照上榜企业总部的位置来划分，除了少数几家位于我国中部地区（如武汉钢铁、中联重工和华菱钢铁等等），其余企业均分布在国内经济水平较高的东部地区，西部省份的企业无一上榜。

海外工程承包业务一直以来都是国内企业实施“走出去”战略的重要手段。国际金融危机之后，随着全球经济逐渐回暖，我国对外承包工程业务呈现跨越式的发展，业务规模快速扩大，合作领域不断拓宽，项目档次稳步提高，合作方式趋于多样化。2012年，我国对外承包工程业务完成营业额1166亿美元，同比增长12.7%；新签合同额1565.3亿美元，同比增长10%。2013年前9个月，我国对外承包工程业务完成营业额859.6亿美元，同比增长13.1%；新签合同额1136.2亿美元，同比增长21.6%。截至2013年9月底，我国对外承包工程业务累计签订合同额11117.2亿美元，完成营业额7415.6亿美元。

表 6.2　　　　　　2012 年中国非金融类跨国公司 50 强

序号	公司名称	序号	公司名称
1	中国石油化工集团公司	26	广大粤海控股有限公司
2	中国石油天然气集团公司	27	中国兵器工业集团公司
3	中国海洋石油总公司	28	中国交通建设集团公司
4	中国移动通信集团公司	29	宝钢集团有限公司
5	华润（集团）有限公司	30	上海吉利兆圆国际投资有限公司
6	中国远洋运输（集团）有限公司	31	中国电力投资集团公司
7	中国铝业公司	32	兖州煤业股份有限公司
8	中国中化集团公司	33	中国冶金科工集团有限公司
9	招商局集团有限公司	34	金川集团股份有限公司
10	中国建筑工程总公司	35	联想控股有限公司
11	中国联合网络通信集团有限公司	36	上海汽车集团股份有限公司
12	中国五矿集团公司	37	中国水利水电建设集团公司
13	中国化工集团公司	38	武汉钢铁（集团）公司
14	中国中信集团有限公司	39	上海市医药集团股份有限公司
15	中粮集团有限公司	40	中国航空工业集团公司
16	中国航空集团公司	41	中国港中旅集团公司
17	国家电网公司	42	深业集团有限公司
18	中国中钢集团公司	43	中兴通讯股份有限公司
19	中国长江三峡集团公司	44	鞍钢集团公司
20	中国外运长航集团有限公司	45	中国广核集团有限公司
21	中国海运集团总公司	46	神华集团有限责任公司
22	中国华能集团公司	47	广州越秀集团有限公司
23	海航集团有限公司	48	光明食品（集团）有限公司
24	华为技术有限公司	49	长沙中联重工科技发展股份有限公司
25	中国有色矿业集团有限公司	50	湖南华菱钢铁集团有限责任公司

资料来源：表中数据由商务部对外投资和经济合作司数据整理得到。

从对外工程承包的市场来看，中国企业的传统优势市场是非洲和亚洲市场，从对外工程承包的项目来看，对外承接工程在专业领域方面多点开花，交通运输、房屋建筑和电力行业占据较大份额。从新签合同额来看，交通运输业取代房屋建筑业位列第一。从参与对外工程承包的企业来看，中央企业依然是主力军。而从我国商务部的统计看，中央企业签署的合同额基本都占到了全年合同总额的一半左右。从对外承建方式来看，由于承接的项目由传统的施工承包向更高端的业务模式发展，企业承揽的 EPC（设计—采购—施工）项目明显增多，而上亿美元的项目几乎都采用 EPC。

美国《工程新闻纪录》（ENR）是全球最具权威的承包工程行业刊物，其对"全球最大国际承包商"的评选是以企业上年度完成海外承包工程营业额作为依据，并以权威、公正、透明的评选标准和程序成为衡量建筑承包企业国际市场竞争力的重要参考，具有广泛而巨大的业内影响力，图 6.3 总结了过去 8 年里入选"国际承包商 225 强"榜单的中国企业数量。

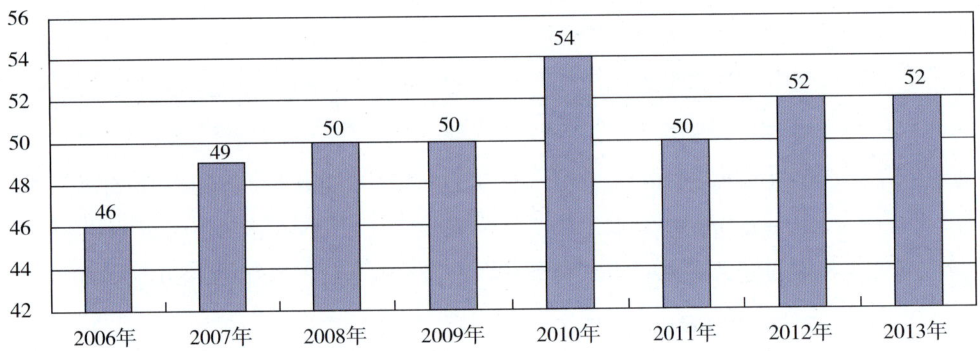

图 6.3　2006～2013 年我国对外承包工程企业 ENR225 强入选数量

数据来源：ENR 公布的国际承包商 225 强排行榜。

从图中可以看出，从 2008 年至今，入选 ENR225 强[①]的中国企业数量基本都维持在 50 家以上，贡献率超过了 20%。然而，在前十强企业名单中，直到 2012 年中国企业（中国交通建设股份有限公司）才首次入围，而且过去两年中始终保持在第 10 名的位置，未能更前进一步。2012 年我国共有 52 家内地企业入选了榜单，较上年增加了 2 家，共完成海外工程营业额 627.08 亿美元，比上年的 570.62 亿美元增加了 9.89%。52 家企业平均营业额达到 12.06 亿美

---

① 从 2013 年开始，ENR 将全球最大国际承包商名录的企业数量由 225 家调整为 250 家，如果按照新标准，入选榜单的中国企业数量上升至 55 家。

元，相比2011年平均海外营业额的11.39亿美元增长了5.88%，所有入选中国企业的最低海外营业额达到了15230万美元。

入选ENR225强的中国企业整体实力与国际平均水平尚存在不小的差距，例如2011年全球最大225家国际承包商平均完成海外营业额为20.13亿美元，比52家中国企业平均海外营业额约高66.9%。排名第一的德国HOCHTIEF AG公司2011年度海外营业额为318.71亿美元，是52家上榜中国企业里排名第一的中国交通建设股份有限公司海外营业额的3.4倍。此外，当年全球排名前10位的公司海外营业总额为1778.12亿美元，而排名前十位的中国公司同期海外总营业额仅为386.64亿美元，差距明显。

6.2 中国企业的跨国并购

6.2.1 中国企业跨国并购继续保持活跃

据《2012年度中国对外直接投资统计公报》，2012年我国对外投资创下878亿美元历史新高，首次成为全球第三大对外投资国，仅次于美国和日本，同比增长17.6%。我国境外总资产突破5319亿美元，但这一规模仅为美国的十分之一，居全球第13位。据商务部介绍，目前约八成中国企业海外投资可以盈利或者持平。一项调查表明，中国被列为最有前途的海外投资国家。

(1) 2013年跨国并购有所放缓

据普华永道报告，2012年中国企业跨国并购交易数量191宗，比上年减少15宗；交易金额659亿美元，比上年增长55%。2013年上半年跨国并购交易数量为78宗，比2012年同期少15宗；交易金额276亿美元，同比减少33.5%。又根据Dealogic的统计，截至2013年9月，中国10亿美元以上的跨国并购案金额达到333亿美元，为上年同期的3倍；占全球10亿美元以上并购的10%，是美国之外的第二大对外收购国，金额为美国的1/3。我国大型央企仍是大型并购的主力军。普华永道预计，上半年中国企业跨国并购交易活动放缓是暂时性的，鉴于目前并购活动已处于低谷水平，2013年下半年及2014年中国企业跨国并购活动将恢复稳固增长态势。

表 6.3 中国企业跨国并购的发展情况 单位：宗，亿美元

2010 年		2011 年		2012 年		2013 年上半年	
数量	金额	数量	金额	数量	金额	数量	金额
188	382	206	429	191	659	78	276

资料来源：汤森路透和普华永道。

（2）2013 年跨国并购重点领域仍为资源和能源类

国有企业在资源领域的投资依然是中国企业跨国并购交易金额的最大驱动因素。据普华永道报告，2013 年上半年国有企业在能源电力领域跨国并购交易金额占全部交易额的 58%，低于上年同期的 69%。如中国石油天然气集团 2013 年 9 月公告以 50 亿美元向哈萨克斯坦 KazMu－naiGaz 收购旗下 Kashagan 油田的 8.33% 股权。8 月中石化宣布拟以 31 亿美元收购美国阿帕奇公司在埃及的石油与天然气资产 33% 的权益；同月，中铝矿业宣布拟以 50 亿美元收购瑞士领先的全球金属矿产生产及营销商嘉能可在秘鲁的一座铜矿。中海油以 151 亿美元收购加拿大 Nexen（尼克森）公司案是中国历史上最大的海外并购，将使中海油的油气储量增加约 30%，产量增加约 20%，在很大程度上缓解了中海油的“能源危机”，跨国并购是弥补储量问题制约其发展的一个有效办法。

2013 年 5 月，国家电网决定出资 60 亿美元收购新加坡电力公司子公司澳大利亚 Jemena 公司 60% 的股权和澳大利亚新能源澳洲网络 19.1% 的股份。主要原因：一是自 2000 年开始国家鼓励国有大型电企“走出去”；二是监管部门要求电力企业发展新能源，设立了新能源发电占比 15% 的指标。因此，中国企业在欧、美一些清洁能源发电项目竞价中表现踊跃，当然也有自身发展的内在需求。

（3）发达国家仍是主要并购目标国

虽然中国企业对北美和欧洲等成熟市场的海外并购活动有所放缓，但是北美和欧洲仍是民营企业跨国并购最重要的两大目的地。2013 年上半年中国企业在北美、欧洲、大洋洲等发达国家的跨国并购数量 51 宗，占比达 67%。其中，欧盟最多，其次是美国，2013 年 5 月双汇收购斥资 71 亿美元收购全球规模最大的生猪生产商及猪肉供应商史密斯菲尔德是迄今为止中资企业收购美国企业的最大手笔。北美和欧洲仍然是中国企业寻求购买高科技、能源资源的最佳选择地。另外，2013 年上半年南美并购数量增加较快，比 2012 年下半年增

加一倍。

表 6.4　　2013 年上半年中国企业跨国并购的分布情况（按数量）

北美洲	欧洲	亚洲	俄罗斯	南美	非洲	大洋洲
16	22	13	3	7	4	13

资料来源：汤森路透和普华永道。

（4）2013 年民营企业跨国并购更为慎重

一是民营企业对跨国并购的态度更为谨慎。民营企业 2013 年上半年跨国并购交易数量 51 宗，比 2012 年同期少 19 宗；交易金额 74 亿美元，比同期减少 9%。主要原因是许多民营企业转而集中精力应对变得困难的国内市场；民营企业相对较难获取并购贷款。而且，并购金额相对低，民企并购多数在 1 亿美元以上，5 亿美元以下。

二是相对而言，民营企业更加积极寻找海外消费品、品牌、知识产权和技术的购买机会。目的是：①通过多元化经营加快企业结构调整。如为了满足中国对文化和奢侈品等消费市场不断增长的需求，2012 年潍柴集团 3.74 亿欧元收购法拉帝 75% 的控股权，2013 年 6 月大连万达集团宣布以约 5 亿美元收购英国豪华游艇制造商圣斯克 91.81% 的股份。②完善全球产业链。如海航 2013 年 2 月斥资 3.08 亿美元成功收购西班牙 NH 酒店的 20% 的股权；迈瑞 6 月斥资 1.05 亿美元收购美国 ZONARE 公司 100% 股权，这是近年来为数不多的在美上市中概股收购美国企业的案例，9 月收购了总部位于澳大利亚的原迈瑞分销商——Ulco 医疗有限公司。因此，受开拓新市场、新技术和获取新资源等多元目标驱动，中国民营企业跨国并购领域非常广泛，几乎涉及所有领域。

三是并购组织模式多元化，利用联盟进行海外资源开发。如四川汉龙集团收购澳大利亚上市公司 SUNDANCE，将携手国有大型企业对西非地区的穆巴拉铁矿资源进行联合开发，合作项目包括铁路建设、港口建设、矿山开发、产品包销等多方面，为国内钢铁企业提供长期的铁矿石资源保障，在一定程度上将起到制衡“三大巨头”的作用。该项目顺利推动的主要原因：①非洲当地政府的大力支持。该项目得到了喀麦隆和刚果（布）政府的支持，喀麦隆总统亲自参与和中国政府主管部门、政策性银行进行协商和沟通，为项目开发铺平道路。②建立国际联合开发共同体。汉龙集团、SUNDANCE 公司以及喀麦隆政府三方签订《穆巴拉铁矿项目矿权公约》主体协议。

6.2.2 中国企业跨国并购面临的新机遇

（1）世界正处于新一轮的产业结构调整期

我国企业经济实力相对上升，为我国企业通过跨国并购进行产业结构调整提供了重要契机。中国是未来世界经济的主要牵引力，中国在今后几年仍然能够维持7%左右的增长率，2030年中国的GDP将占世界全体的23.5%。我国已成为世界最大的生产和消费国，为中国企业跨国并购创造了巨大市场。中国煤炭生产和消费分别占世界全体的52%和59%，铁矿石分别为17%和53%，铝分别为44%和45%，粗钢分别为46%和43%，汽车分别为31%和30%[①]。

金融危机冲击下的发达经济体，为我国企业提供了低成本并购的难得机遇。由于深层次结构性问题得不到有效解决，短时期内经济复苏乏力，导致部分具有一定品牌、技术、销售渠道能力的企业经营困难；老龄化造成中小企业经营者后继无人的现象严重。我国企业可以利用发达国家企业结构调整之际，收购行业或细分市场的龙头企业，加快企业的转型升级。例如，时代新材洽购德国第三大汽车供应商ZF公司的橡胶和塑料业务部门，即寄望通过并购德国行业龙头打开新的业务空间。因此，今后出现“蛇吞象”的并购案例应不足为奇。

（2）国际经济格局调整为引进国际人才提供难得机遇

金融危机导致发达国家就业机会的减少推动了人才的国际流动和转移。发达国家一直保持着高失业率，如美国高达9%以上。一些优秀人才开始在中国等新兴国家寻求发展机会。中国与发达国家引进人才的条件和环境差异正日益缩小，融入全球经济日益加深，国际化环境日益完善，将吸引更多大批海外留学人员和国际跨国并购人才到中国服务。

（3）全球经济体加大吸引外资政策的力度

一些国家为了加快经济复苏，积极吸引外资，特别是中国投资，如美国多个州、波兰等国家在中国设立联络办公室，英国近期也宣布欢迎中国赴英投资等，并承诺提供优惠政策，进一步促进了中国企业走出去。非洲等发展中国家

① 除了粗钢消费为2011年数据外，其他均为2012年数据。

由于欧美国家投资的减少，更加欢迎中国企业去投资。东南亚国家也加大政策力度，如泰国促进投资委员会（BOI）出台促进南部边疆府投资的特别优惠投资法规，以最优惠的条件吸引国外企业对南部的投资。促进南部投资优惠权法律，主要放在食品加工和橡胶种植行业，包含有多项特别优惠权，放宽了对人才引进的限制等。

（4）中国企业已经积累了丰富的跨国并购经验

近年来，我国企业“走出去”取得了重大进展，积累了宝贵的经验。中国企业在面对海外并购机会时，心态已经日渐成熟。金融危机带来的所谓“抄底”对中国企业的刺激度已经不像几年前那么高，现在中国企业已经更多关注一个收购项目是否真的适合自己，并在合理价格买入。

少数中国企业开始拥有自己的专业并购团队，并借助成熟的国外管理者进一步拓展海外市场，形成中外资源优势互补架构。如2012年2月，中国五矿成功借助之前并购澳大利亚矿业公司OZ所获得的外籍管理团队，以13亿美元收购刚果（金）Anvil矿业公司，它是西方专业化管理优势与中国资金优势的最有效融合的案例。

跨国并购提升了企业整体的国际化水平。企业借助被并购企业的力量，如通过制订实习生计划，实际参与跨国公司的管理运营等，提升企业自身的国际化水平。

6.2.3 中国企业跨国并购面临的新挑战

（1）投资保护主义有所抬头

2012年，各国新出台的投资政策中，对外国投资加强监管和限制的政策措施比例上升到25%。许多国家正在加强对外国投资的监管。一是通过市场准入及政府采购保护本国产业，限制外资进入。一些国家开始限制外资介入战略性产业，甚至有些国家明确规定限制中国通讯等高科技行业在其国家发展，政府采购目录上也对非本国企业生产的产品加以限制等。二是建立了严格的审查机制，加强监管。另外，国外加强知识产权和核心技术的保护，事实上也增加了我国跨国并购的难度。

（2）境外投资风险上升

在社会安全风险方面，不少中国企业受到当地冲突的影响，在高风险地区的投资遭受挫折，甚至在少数国家曾经出现过人员安全受到威胁或者发生伤亡的事件。在法律法规和制度风险方面，企业到海外投资需要熟悉东道国的相关法律，关注东道国相关政策的变化。

（3）资源和能源类并购潜在风险巨大

新的并购地区存在政治风险。中国企业开始加快向非洲、南美等新兴国家进行投资，但是这些地区的一些国家政治局势相对不稳定，投资存在巨大不确定性。

选择最佳投资机会的能力弱。国际金融危机引发全球大宗商品暴跌，国际资源企业陷入经营困难，给中国企业带来难得的并购机遇。一些企业为了追求眼前利益和实现业绩目标，以非理性价格进行收购，造成企业经营困难。培养优秀的跨国并购团队和国际经营人才成为当务之急。

海外资源开发的形式单一。目前，央企投资海外资源必须相对控股的规定有碍海外资源的开发。对象国出于国家安全和利益的考虑，对外资企业控股资源领域越来越敏感。中国企业已在尝试与跨国公司联手进行海外资源开发，但实施过程中仍存在一些制度性障碍。

并购大型国际资源企业有三个难点：一是大型国际资源企业政治后台硬，它的客户均是高端战略客户，对中国存在防范心理；二是体量大，收购成本高；三是与这种公司的合作很难实现控股，多为战略性合作。

（4）要进一步深化对外投资体制改革

境外投资行政干预的问题没有得到质的解决。表现在：一是审批手续仍很繁琐、时间长。审批手续仍需要经过发改委、商务部和外汇管理局等多部门，时间少则3个月多则一年以上，企业容易错失投标良机。二是人员出国审批时间长。国企人员通过外交部的审批及办理签证等需要一个月。三是央企并购受到政府直接干预。发改委是否要审查并购项目的管控能力，项目是否要控股等，今后还需要进一步研究。可以积极探索符合我国国情的新海外投资管理方式，特别是负面清单模式，并购者可以非禁即入，在国际市场竞争中获得有利地位。

（5）跨国并购水平和专业化服务水平均不高

多数企业没有能力利用中介机构，跨国并购水平较低。专业中介的介入，可以减少收购风险。但由于中介费用高，或我国中介机构水平有限，利用中介公司进行并购的企业较少。据一家财务公司统计，2011 年 5000 万美元以下的交易，大约只有 12% 的企业聘请了顾问。收购金额越高聘请顾问的企业越多，10 亿美元以上的，80% 企业聘请顾问。只有少数企业内部拥有自己的专业并购团队，如中国五矿。另外，企业很少做“运营尽调”，即对企业的内部管理、运营的尽职调查，涉及企业人力资源政策、企业文化诉求、工会关系等。运营尽调关系到并购后整合是否成功，即并购的质量问题。

跨国并购的公共服务平台建设不足，提供的服务水平低。提供指导选择目标企业的信息不多，组织开展国际对接活动很少，为企业提供法律、财务、融资等专业化咨询服务的公共服务平台较少。同时，也没有发挥好高校、社会中介服务以及民间企业的服务作用。

（6）国内经济速度放缓

中国已进入新一轮经济调整期。我国产能过剩等问题，使得一些企业经营业绩下滑，不得不将经营重点放在稳固国内市场和提高企业经营效益上。处理好发展与效率的关系，将对跨国并购的节奏产生一定影响。

6.3 中国企业海外投资战略模式及基本判断

6.3.1 研究背景及企业基本情况

本研究背景有二：一是 21 世纪以来中国企业海外投资发展很快[①]，对中国及世界经济发展正在产生日益重要的影响，国内外各方面都希望更具体地了解中国企业海外投资和发展情况；二是尽管海外投资发展很快，但比较系统的现场调查研究成果还少。已有公开成果，大致有三类：学者针对少数企业的现场调查和根据企业公开资料的分析调查[②]；一些国际咨询和调查公司的调查[③]；

① 中国企业海外直接投资 2002 年 27 亿美元，2011 年 746.5 亿美元，年增长 26.9%，见中国商务部《2011 年度中国对外直接投资统计公报》。

② 如笔者负责的研究组 2005 年对中国信息业多家企业海外投资情况进行了现场调查，还研究了其他产业的情况，发现中国 500 强企业到 2004 年有海外投资的可能只有 20%，见国务院发展研究中心企业所课题组（2006）。

③ 如波士顿咨询公司（BCG）（2012）。

中国专业机构，如中国国际贸易促进委员会（简称贸促会）的调查①。

2012 年，我们通过访谈方式调查了 47 家企业。现场调查有利于掌握问卷调查难以深度了解的问题，直接访问企业高管有助于增进直接了解和理解。

调查的都是比较优秀的企业，分布在 6 行业：电子电器、服装纺织、机电、能源·材料、汽车、医药化工；7 省市（主要在沿海地区）；企业规模较大，2011 年收入平均 1608 亿元；国有、民营和混合所有制企业分别占 46.8%、44.7%和 8.5%，上市公司占 61.7%。

表 6.5　　按行业和收入分类的企业数

销售规模（亿元）＼行业	电子电器	服装纺织	机电	能源·材料	汽车	医药化工	合计
<100	2	2	6	1	1	5	17
100~300		1	5	1	1		8
300~1000	4	2	3	1	2		12
>1000	4			3	3		10
合计	10	5	14	6	7	5	47

注：表中行业是 4 级分类合并后的结果，其中：电子电器包括消费电子、日用电器、计算机、通信设备；机电包括通用和专用机械、电力设备、工具等；能源·材料包括石油、钢铁、有色金属、建材；汽车包括汽车及零部件。

海外销售已有一定规模。企业海外平均销售额 409 亿元，最大 6200 亿元，能源·材料业最大，电子电器业次之，医药化工业最小。海外销售占比平均 28.5%，接近跨国公司通常的 30%的临界水平，最大 100%，最小仅 0.1%；分行业看，电子电器 48%、机电 30%、服装纺织 28%、能源·材料 25%、汽车 16%（扣除吉利海外并购为 5.3%）、医药化工 12%②。

海外投资已有一定经验。海外投资年限反映经验。企业投资年限平均 8.6 年，10 年以上 29.8%，5~10 年 38.3%，5 年以下 31.9%；分行业看，电子电器业最长，平均 10.6 年，医药化工业最短，平均 3.4 年。

---

① 见中国贸促会（2012）《中国企业海外投资及经营情况调查报告 2012》。通过对 400 家企业的问卷调查指出，中国企业海外投资的主要目标是开拓市场；投资方式是绿地投资为主、并购为辅；在各国都有投资，以非发达国家投资为主；海外投资的财务效果还不太好。

② 按加权平均数计算，相应比重分别为 44%、16%、37%、23%、34%及 12%，数据差别源于行业企业数有限时，个别企业海外销售很大的影响。

海外网络已有一定规模。企业海外网点平均40个，最多的为380个，其中，28家企业网点少于20个，平均7.6个。海外收入超百亿企业平均79个网点，小于5亿元企业平均4个网点。分行业看，电子电器业最多，平均57个，服装纺织业最少，平均6个。企业网络平均覆盖17个国家，覆盖10国以上的22家，占46.8%。分行业看，电子电器业最高，平均为31个，服装纺织业最低，平均为4个。调查还表明，汽车、机电等企业网络覆盖广度的大幅提升与海外大型并购有关。海外网络功能以销售为主，研发地位重要。销售（含一般技术服务）72%、生产（含组装）9%、研发（包括设计）4%、获取自然资源6%、其他（融资、综合技术服务中心、物流仓库、办事处等）9%。分行业看，除能源·材料业外，销售网点比例都较大；生产、研发网点比例有行业差异，如医药化工业研发网络比例高达23%。网络的功能结构与规模、行业都有关，行业及企业竞争力和海外发展阶段不同，海外网络布局重点相异。

6.3.2　中国企业海外投资：布局、经营模式、组织模式、投资方式和效果

全球网络布局。销售和生产网络主要布局发展中国家，研发网络主要布局发达国家（见表6.6）。海外网络主要在发展中国家，占70.4%；销售和生产网络主要在发展中国家，约占70%，在印度、东南亚、非洲等所谓低成本地区的生产，除服装企业外，在当地的生产主要不是为了低成本，而是因为关税、配额及当地政策要求等原因；研发网络北美、西欧、日韩分别占37%、32%、14%，合计83%。此外，香港和北美是主要的境外融资地；东盟、中东、中南亚、澳大利亚、非洲及美洲是主要资源获取地。大多数中国企业在香港有网络布局，主要服务于融资（包括上市）、转投资和商务（如采购）运作。

表6.6　　海外网络功能与地域分布

地区	网络功能结构（%）						
	销售	生产	研发	资源	融资	其他	总计
日韩	6	5	14			2	6
港澳台	6	1	1		87	22	7
东盟	10	13	1	9	4	11	10
中东	6	2		6			5
亚洲其他 a	12	19	4	20		9	13

续表

地区	网络功能结构（%）						
	销售	生产	研发	资源	融资	其他	总计
澳大利亚	2	2	3	7		2	2
东欧+俄罗斯	5	5	6	2		3	5
西欧	14	13	32			13	14
非洲	17	13	1	30		12	16
北美	9	13	37	8	9	7	10
南美	12	14	1	18		18	13
合计	100	100	100	100	100	100	100

说明：a 包括南亚、中亚。

海外网络经营控制以股权模式为主，战略合作等非股权模式日益重要。海外网络以控股模式为主；服装纺织和电子电器企业重视 OEM 合作模式，如某电器企业在非洲和南美洲的 OEM 合同工厂，就是与本企业有参股投资及战略合作关系的某美国大型企业在当地投资的工厂。规模较小企业的销售网点重视选择参股或合同模式，合作对象多为小型专业企业或商人。研发网络以控股为主，有两种基本情况：投资设立或收购设立的子公司和当地专家合资的控股企业。研发设计的合同合作不少，合作对方通常是专业技术机构或大学，也有个人专家。自然资源项目以参股或合同方式为主，这与东道国政策有关。非股权模式日益重要，企业表示这与减少投资、利用已有产能的策略有关。

组织模式以国际部管理模式为主。大多数企业的国际业务（贸易和投资）管理模式是国际部（或国际公司）负责、事业部（或公司）负责、矩阵管理模式三种模式。采用这三种模式的企业，第一种模式最多，第二种模式主要是海外业务差别较大的企业，第三种模式少。我们调查时的讨论表明，采用何种模式会影响企业资源国际国内的协调；采用何种模式与企业国际经营规模、业务差异性及经验有关，即与企业的国际经营阶段和战略有关，还与企业总体的组织结构有关。

海外投资方式以绿地投资为主，并购日益重要。55.3% 的企业进行了并购，海外网点超 50 个的 10 家企业，过半有海外大型并购，以控股收购为主。并购重点：70% 收购在发达国家，主要收购有先进技术、销售渠道和品牌的企业或资产，被购企业多经营困难或濒临破产；在发展中国家收购多针对资源项目（包括农场、牧场等）；收购研发机构增多，但成功收购的多为小型机构，一些企业收购多次受阻。关于企业决定投资国别（地区）时认为重要的因素，我们提供了 13 个选项[①]，企业认为最重要的 5 个因素：①获得国外市场（81%，回答企业占全部企业的比例，后同）；②容易得到高水平技术人员（57%）；③获得公司需要的技术知识（53%）；④投资地国的政策影响（21%）⑤当地税收优惠（17%）。关于企业选择并购对象时所注重的因素，我们提供了 9 个选项[②]，企业认为最注重的 5 个因素：①技术研发能力（73%）；②品牌（58%）；③与中国国内业务的匹配和互补性（42%）；④销售渠道（38%）；⑤零部件筹措渠道（27%）。国内外环境和企业战略和实力不同的中国企业的国际并购对象不完全相同。如 TCL、联想都有大型海外整体并购，华为在境外基本没有大的收购，只是收购较小的技术公司。这与企业条件、市场及可能收购对象企业等情况都有关系。华为已有一定国际竞争力，但由于多种原因目前主要市场还在发展中国家，这些国家缺乏大型收购对象，而在发达国家进行收购经常受阻。

已取得海外市场拓展、技术能力提升等效果。调查企业评价了海外投资的市场拓展作用，96% 的企业增加了海外销售和市场份额，30% 增加了国内销售，51% 提高了国际知名度；对企业研发等技术能力的影响，51% 的企业提高了国内研发水平，其中约 89% 的企业在欧美有研发中心。

6.3.3　中国企业海外投资战略模式：重视通过市场、资源和价值链整合提高竞争力进而实现全球发展

海外投资战略模式指企业围绕海外发展目标，企业的资源布局及其运作，

---

① ①当地需求大，或今后需求可望扩大；②投资地邻国需求大，或今后需求可望扩大；③能得到优质廉价的劳动力；④容易得到高水平的技术人员或研究人员；⑤在当地容易筹措零部件和原材料；⑥土地等当地资本价格低廉；⑦投资地的企业拥有对自家公司发展有用的技术知识；⑧有产品质量和价格优势，有利于返销到中国；⑨基础设施等社会资本的完善程度达到了必要标准；⑩其他华人企业已在当地创造业绩；⑪在税制和筹资方面有优惠措施；⑫与投资地国家之间发生贸易摩擦，为避免该国启动限制贸易措施，需要从直接出口改变为当地生产；⑬其他。

② ①技术知识、研究开发能力、知识财产、经验秘诀；②品牌、知名度；③零部件、原材料的筹措渠道网；④流通渠道网；⑤经营状态（市场份额、收益率等）；⑥与中国国内业务内容的匹配性和互补性；⑦资本融资能力；⑧社会政治影响力；⑨其他。

与企业发展总战略、企业实力有关，也受路径依赖影响。样本企业海外投资战略模式大致分为五种：模式一，以全球市场为目标，依托技术优势的模式。这类企业，多在已能和国际先进企业比肩竞争的产业（如华为、中兴），或在与国际先进企业差距有限但具一定技术竞争力的产业（如联想），海外投资重点是市场和技术。模式二，以国内市场为主，国外市场日益重要，依托企业价值链整合优势形成竞争力的模式。这类企业的优势，国内显著、国际竞争力相对偏弱（与模式一的企业比），但通过价值链整合形成综合竞争力，从而强化国内优势，进而扩大海外市场，海外投资重点是技术和市场，TCL、海尔、海信、上海电气印刷公司、三一重工等都属此类。模式三，销售以国内市场为主，重视获得海外资源，依托大企业综合实力发展的模式。海外投资重点是资源及技术，总体地看宝钢、中石油等资源主导产业的大企业都属此类。模式四，以国内市场为主，重视获得海外技术，依托企业的价值链能力提升企业技术竞争力的模式。海外投资的重点是获得更多技术资源，首要目标是提升在中国中高端市场竞争力，医药业此类企业较多。模式五，重视建立跨国采购网络和低成本加工基地，依托企业国内供应能力形成跨国供应链竞争力的模式。这类企业（如广东丝绸）主要是服装纺织及贸易服务业的大企业，过去靠低成本劳动力有供应链竞争优势。海外投资目标是提升成本竞争力及开发设计能力进而形成新的跨国供应链竞争力。

中国企业海外投资战略模式的共同点是：着力海外市场、资源与已有的国内市场、资源及能力的整合，通过研发、设计、制造、销售价值链各环节优势整合，综合提升企业国际竞争力。这种模式，是在全球价值链网络竞争日益重要的今天，中国企业的模式创新。与发达国家企业多凭借已有技术和品牌等综合实力向海外扩张模式不同，这种模式是中国企业研发、品牌能力总体偏弱及国内市场优势较大情况下的现实选择，是许多企业海外投资初期就重视海外技术投资及在发展中国家重点布局的战略原因。

6.3.4 基本判断

（1）海外投资的目标：以扩大市场、获得技术和资源为主

判断依据是对网络功能、海外投资（并购）影响因素调查及现场访谈所知。中国企业海外投资，市场重视发展中国家，技术重视发达国家，利用东道

国低成本劳动力建海外出口基地的情况还较少。这是中国企业围绕目标从自身竞争力实际出发的合理安排。绝大多数企业都表示未来3~5年会扩大对海外生产、销售、研发网络的投资，5家海外投资较大企业表示会谨慎新增海外生产基地，未来会重视利用现在制造基地或合作生产。

（2）多数企业处于初步跨国经营阶段

根据海外销售规模及比重、全球网络布局和组织管理模式、企业经营理念三方面的情况，跨国投资学界将跨国经营分为三阶段：一是初步国际化阶段，海外销售比重不太高，有些海外销售网点；二是跨国经营阶段，海外销售比重较大，在更多国家建立了销售及生产网点，但网络功能不完整；三是全球化经营阶段，海外销售比重较大（通常30%以上），有功能齐全、充分利用资源的全球网络，有全球化的管理架构和制度文化。调查表明尽管样本企业国际化经营在中国较领先，但多数企业跨国经营程度还较低，大致分类：医药化工、服装纺织多数企业及部分机电、汽车企业尚处于初步国际化阶段，能源·材料及部分机电、电子、汽车企业开始进入跨国经营阶段，IT电子业的少数领先企业（华为、联想等）开始进入全球化阶段（见表6.7）。企业处于国际经营的不同阶段，与企业国际竞争力有关。中国企业制造及成本有国际竞争力，但整体运作能力和研发设计、品牌和销售等职能能力尚弱。

表6.7　　中国企业海外投资发展阶段

阶段	行业
初步国际化	医药、纺织企业为主
跨国经营	能源·材料、机电、IT电子企业为主、少数汽车企业
全球化	IT电子业少数领先企业

这个判断与田志龙（2005）的研究结论[①]有所差别。原因之一是访问企业是海外发展较好的企业；原因之二是2005年以后中国企业国际经营发展速度较快，除投资规模扩大之外，海外经营规模及海外网络布局也已有较大发展。

① 田志龙（2005）认为中国企业国际化水平仍然处于初级阶段，传统产品出口仍然是中国企业国际化的主流，而海外制造与中国并购等方式还较少。

(3) 多种因素驱动企业海外投资的发展

调查发现，企业战略、实力及经验都会推动或影响企业海外的发展，即企业行为也会影响企业的国际投资。我们利用调查的数据，讨论企业实力（销售收入代表综合实力、研发投资代表技术实力）、海外发展战略行为（海外网络布局）、海外经验（海外投资年限）三变量与海外收入（反映企业海外竞争力）的关系。

研究假设：

第一，企业的整体竞争力对反映海外竞争力的海外收入有较大的影响。企业的竞争力可以通过企业整体的销售收入和研发投入体现。其中，销售收入代表综合实力、研发投入代表技术实力，这两个指标都反映企业的整体竞争力。第二，海外战略及其实施对企业海外投资绩效有重要影响。企业的海外网络规模反映企业海外发展战略及其实施情况。第三，经验及其学习对于提高企业的海外竞争力有重要影响，海外经营经验越多的企业越有可能具备较强的海外竞争力。另外可以认为企业海外收入规模反映企业的海外竞争力，即企业海外收入越大，企业海外竞争力越强。

因此，本文有以下假设。假设1a：企业销售额越高，海外竞争力越强；假设1b：企业的研发投入越高，海外竞争力越强；假设2：企业海外网点数越多，海外竞争力越强；假设3：企业海外经验越多，海外竞争力越强。

研究设计：

海外销售额测量企业海外竞争力，作为变量。用销售收入和研发投入测量企业整体的竞争力，用全部海外分支机构数量总数测量海外发展战略实施及有关投资，用企业对外投资年数测量海外经验，这几个指标作为因变量。用人均销售额控制企业的行业特征，用两个虚拟变量（dummy variable）分别描述企业是否是国有企业和是否是上市公司。测量方法见表6.8。

表6.8　变量测量表

变量名称	测量方法
海外竞争力	海外销售收入
销售收入	总销售收入
研发投入	研发费用

续表

变量名称	测量方法
海外网点数	全部海外分支机构数量之和
海外经验	至 2012 年企业对外投资年数
为国有企业	为国有企业则取 1，否则取 0
为上市公司	为上市公司则取 1，否则取 0

调查访问的 47 家企业均提供了上述企业数据，采用线性回归方法建立统计分析模型如下：

海外竞争力 = β0 + β1 × 销售收入 + β2 × 研发投入 + β3 × 海外网点数 + β4 × 海外经验 + β5 × 人均销售额 + β6 × 为国有企业 + β7 × 为上市公司

销售收入与海外销售收入具有较强的相关性，在样本数据中高达 97%。由于测量模型的数据膨胀因子（VIF）平均值为 1.48，最大的仅为 2.25，因此可以不考虑多重共线性（multicollinearity）的影响，采用该模型①。

分析结果和研究结论：

模型的分析结果见表 6.9。结果表明实力、战略、经验与海外收入或竞争力正相关，三组假设和基本假设（模型）都得到了验证。结合样本企业未来海外发展计划，我们相信，随实力提升、经验积累，中国企业海外投资会进一步发展。

表 6.9　　企业海外竞争力影响因素　　N = 47

变量名称	模型 1	模型 2	模型 3	模型 4	模型 5
销售收入	0.25 ***				0.23 ***
研发投入		17.49 ***			2.00 **
海外网点数			3.66		1.03 **
海外经验				97.52 ***	1.97
为国有企业	-150.31 **	274.67	484.26	161.83	-118.41 *
为上市公司	-6.47	308.28	271.65	304.17	-37.28
常数项	114.14 *	-330.51	-114.44	-692.09 *	32.26
Adj R - squared	0.9628	0.4444	0.0197	0.1687	0.9709

注：***、** 和 * 分别表示在 1%、5%、10% 的水平下显著。

① 我们用企业国内收入作为变量表示企业的综合实力，以减少多重共线性影响，按同样假设构造了模型，用回归方法统计分析，结论是假设仍然成立。

6.4 立足全球整合的中国企业国际化：以双汇为例

6.4.1 中国企业国际化的发展阶段和形式

早期中国企业海外并购，主要是为了获取国际市场渠道。通过收购东道国的企业获取品牌、资质和渠道，充分发挥中国的低成本制造优势，占领国际市场。这种并购，很多是利用多年出口积累的资金和海外合作关系，可以概括为在出口导向型阶段，中国企业成为全球供应商而出现“出口引发的并购”。

其中不乏成功的案例，例如浙江万向在开拓美国市场过程中进行的6起并购扩张：2000年4月，收购美国舍勒公司的专用设备、品牌、技术专利以及全球市场网络，主要从事万向节的生产营销；2000年10月，收购美国LT公司35%的股权，成为第一大股东，从事汽车轮毂的制造和营销业务；2001年8月，收购美国上市的UAI公司200万股可立即转换的优先股，获取21%股份，成为第一大股东，从事汽车制动器的制造和营销业务；2003年9月，收购美国洛克福特公司33.5%的股权，成为第一大股东，主要从事汽车传动零部件的制造和营销业务；2005年，收购美国PS公司60%的股权，主要从事汽车连接零部件的制造与营销业务；2007年7月，收购美国AI公司30%的股权，成为第一大股东，从事汽车模块装配及物流管理业务。万向收购的这些公司多是历史悠久的老牌企业，均以汽车零部件制造和营销为主要业务，大都拥有较高的市场地位，是美国整车制造企业的主要供应商，与万向集团有多年的合作关系和交往历史。例如，美国舍勒公司是万向的第一个国际客户，早在1984年就向万向集团下单生产万向节，是中国零部件企业的第一次产品出口。

2000年前后，随着中国的汽车、房地产和化工等行业的大规模发展，国内进入重化工业阶段，中国企业对外并购以获取能源、矿产等资源为主，是“资源导向的并购”。由于对中国重化工业阶段的发展整体的认识和估计不足，在大宗原材料和装备上缺乏前瞻性的战略部署，中国基本上丧失了大宗商品的定价权和矿产资源的议价权。这种资源导向的并购很多是不得不从海外资源类基金或者机构的手中高价转让。例如，铁矿石自从2005年起轮番涨价，极大推高了中国城镇化的成本。到2010年前后，国内钢铁企业才恍然大悟，原来世界各地大多数铁矿的股权早在2000年左右就被日本商社控制了。另外，在他国的土地上开采资源，由于不熟悉当地的历史文化，从产业组织角度被围追堵截，在舆论上被大肆诟病抹黑。

2012年11月的十八大以来，大力治理产能过剩标志着中国的重化工业阶段告一段落，国内产业发展的重心开始转向技术密集型和规制较多的产业，如农业、国防工业、高新技术产业等，以及战略性新兴产业，科技、规则和金融的融合开始初露端倪。我们认为，中国企业的海外并购应走向“立足全球整合的并购”。在这种背景下，双汇收购美国史密斯菲尔德具有划时代的意义。

2013年5月29日，双汇国际控股有限公司和美国史密斯菲尔德宣布，双汇以71亿美元收购后者已发行的全部股份。这是迄今为止中国对美国企业最大金额的并购，并购的双方，双汇国际是中国最大的肉类加工企业，而美国史密斯菲尔德是全球最大的生猪养殖和猪肉加工企业，美国最大的猪肉制品供应商。

6.4.2　立足全球整合的国际化

当前对双汇并购史密斯菲尔德的分析很多，大多是对双汇并购目的的分析，例如，获取先进的技术、优质的资产、健全的管理制度、专业的管理团队、完善的食品安全控制体系、领先的品牌组合等等。也有分析认为，双汇收购史密斯菲尔德的醉翁之意不在后者的技术和品牌，而是看中美国安全的农场和水源供应。但是，史密斯菲尔德2012年猪的屠宰量虽然约占美国屠宰量的四分之一，却仅占中国屠宰量的3%。指望史密斯菲尔德在短期内迅速扩大产能，并出口到中国，应该并不现实。

而且，从史密斯菲尔德的角度看，它在美国处于生猪市场规模化进程的尾端，国际化才是它的根本出路所在。它期待的是通过与双汇强强联合，引领中国这一世界最大猪肉市场的发展和现代化，扩大对亚洲这一主要增长地区的投资，加速全球扩展战略，进而影响国际市场的竞争。从双汇的角度看，通过并购史密斯菲尔德实现国际化，持续提高国际竞争力，成为国际肉类行业的前三强，是今后一段时间的基本战略。因此，这种立足全球整合的并购，应是双汇并购史密斯菲尔德保证今后融合等方面进展顺利的战略基点。

因此，在一个新阶段来临之际，市场化程度相对较高的产业大都面临产能过剩，绝大多数有成长机会的创新型产业的发展都面临巨大的挑战，需要中国的企业具备长远的战略眼光、更强的社会责任、超越竞争对手的胸怀气魄，采用立足全球整合的并购战略，带动整个国家顺利实现包容性的增长。

一些分析人士认为，双汇这次并购是由于国内养殖业产业链碎片化，土地和环保、疫病和免疫、品牌声誉不佳和食品安全需求升级等问题无法逾越。实际上，其中一些问题是历史积累的相对普遍性问题，如水源和土地污染等，在出口导向和重化工业阶段，企业片面追求经济增长和赚快钱，忽视节能环保和社区建设等社会责任，政府和企业在相关的规制建设和监管方面长期严重不足造成水源和土地重金属污染的问题。

另外一些问题，是行业缺乏自律、法律法规不完善和监管不到位造成的。例如，2003 年以来，食品安全和质量问题层出不穷，如 2003 年金华火腿厂用敌敌畏防蛆保鲜，2004 年广州用甲醇混合酒精兑白酒，2006 年用致癌物苏丹红制红心咸鸭蛋，2008 年蒙牛等 22 家乳业公司用三聚氰胺制造乳制品，2010 年爆出 10% 的食用油用回收的地沟油制造，2011 年双汇收购用致癌的瘦肉精喂养的生猪，2013 年黄浦江上出现 13000 头死猪。这一系列事件导致中国肉品市场始终被巨大的波动所困扰，让公众对食品安全严重信心不足，也让双汇这样的龙头企业无法建立具有美誉度的品牌。

规制不足在其他亟待发展的产业也同样存在。例如，由于缺乏知识产权保护和期权激励等制度，集成电路产业发展一方面在人才方面很难和公务员、投资银行和互联网产业竞争，另一方面产品市场价格面临断崖式下跌，使得很多企业很难进行像样的产品规划和战略布局，产业集中度低、企业数量过多、进口量居高不下、设计能力弱等问题长期存在。又如，由于缺乏共识，电动自行车行业至今无法确立产品的新行业标准，整个行业至今沿用 1994 年的产品标准，2012 年销售的 3500 万辆自行车，绝大多数超过了 1994 年标准要求的时速不超过 35 公里。

相比之下，美国新产业发展的孕育阶段，相关各方会先行推动立法支持、学科建设和人才培养、知识产权积累、投资孵化、合作联盟等方面的布局，产业发展被认为只是马拉松比赛的最后 500 米。这些方面互相促进和推动，构成一个产业早期发展的良性生态群落。投资者就是根据知识产权积累程度来衡量新产业距离产业到达突破口的时间长短，而相关立法往往是投资者安排投融资前后需要考虑推动的。例如，美国互联网产业的迅速发展和互联网上销售跨州免税的立法有直接的关系。为了推动生物医药产业的发展，美国在人类基因组计划完成后不久，在 2003 年就推动了按照病人基因特征的个性化药物（Personalized Medicine）的立法，但是至今个性化生物药品还未大规模上市。

过去基于出口市场和获取资源的并购中，中国的企业大都是基于短期利润的经济性考虑，很少是着眼于赚长远的钱，对东道国的法律、法规、技术标准、规范和思维习惯缺乏了解，很少全面考虑并购对象所在的产业生态的格局，因此，并购行为会往往被东道国产业群落的成员认为是破坏性和掠夺性的，很容易遭到并购对象的利益攸关体的反对，导致在中国在海外的并购中成功者凤毛麟角。

因此，在中国发展的现阶段，不积极推动法制、政策的完善，中国经济进一步发展的速度和质量将无法保障；不熟悉和重视法制、政策的中国企业家将无法准确地理解东道国的游戏规则，无法超越东道国产业群落的利益诉求，无法确立着眼全球整合的并购战略，无法实现与全球企业的共生共长。

6.4.3　全球核心竞争力的构成

在双汇收购史密斯菲尔德的案例中，为什么看上去更具核心竞争力的史密斯菲尔德会被双汇并购，而不是相反？到底应该如何认识企业的全球竞争力？

在技术上，史密斯菲尔德的养猪场大多是规模超过 2000 头的大型养猪场，这些养猪场采用气候控制技术，相互独立，极大地降低了疾病传播的风险。相比之下，中国的猪养殖产业很零散，规模小，技术落后，70% 的猪肉产自规模在 500 头以下、卫生设备很简陋的养猪场。中国碎片化养殖带来疫病防治力度弱和食品安全问题无法解决。又如，美国史密斯菲尔德的母猪农场管理有方，通过应用遗传学研究，采用专用种畜，每头母猪可年产 22 头仔猪甚至更多。在中国，母猪年产仔猪仅 14 头，少了将近 40%。

在产品方面，纯低温产品是美国市场上的消费主力，史密斯菲尔德高利润肉制品拥有颇具吸引力的众多品牌组合，拥有 9% 的市场份额，仅次于 Kraft 的 16% 和 Hillshire 的 11%。而双汇的肉制品名牌产品大多集中在高温和中温产品，这些快捷食品在城市主流消费中已经日渐没落，从欧美引入低温生产线刚起步，销售渠道正在从方便快餐转向餐厅和家庭的过程中。

从业务板块角度看，史密斯菲尔德的猪肉业务在美国高居第一，拥有28%的市场份额，高于居第二的Tyson的17%。生猪养殖方面，拥有85万头母猪，1580万头生猪，占据美国14%的市场份额，居全美第一。在中国前三家养殖巨头的综合不足全部份额的10%，大型养殖企业的份额仍然不足1/4。

从总体模式看，史密斯菲尔德是全球规模最大的生猪生产商和猪肉供应商、美国最大的猪肉制品供应商，具有优质的资产、健全的管理制度、专业的管理团队和完善的食品安全控制体系。正如其首席执行官拉瑞·珀普（Larry Pope）评论所称："史密斯菲尔德是世界领先及最可信赖的垂直一体化生猪养殖和加工企业。"双汇还正力求通过全产业链经营实现由过去速度效益型向安全规模型转变。双汇董事长万隆认为双汇非常看重史密斯菲尔德的是集约化的养殖模式、高效的生产组织、严格的食品安全管理、有效的环保措施，以及美国得天独厚的农业养殖业优势。

但是，史密斯菲尔德的基本缺陷在于，美国生猪市场规模化经营过程处于尾端，生猪消费趋于停滞，盈利增长难以持续，股票价格一直跑输大盘指数和食品指数。

史密斯菲尔德在美国肉类市场地位卓著，是1970年以来美国生猪屠宰和养殖产业不断整合的结果，到现在其规模化进程已经处于尾端。史密斯菲尔德处于美国已成熟的肉类市场中，猪肉在美国餐饮界的地位却不及中国一般不可撼动，容易导致供过于求。事实上，美国市场的猪肉消费已经连续四年出现萎缩，因此，史密斯菲尔德的收入增长趋于停滞。2004年以来，三大业务增长速度明显下降，还不时出现负增长的年份，例如猪肉业务在2006年负增长3%，2010年负增长11%；生猪生产2006年下降15%，2007年下降1%，2010年下降9%；国际业务2007年下降15%，2010年下降7%。盈利波动性较大，2009年、2010年亏损，2011年净利5.2亿美元，2012年则下滑至3.6亿美元。

从商业模式上看，史密斯菲尔德的特征是重资产、规模化、现金流波动大，在美国市场上属于非主流产业，估值不高，投资者也不青睐。养殖成本是盈利波动性大的因素之一，史密斯菲尔德曾用花生喂食生猪，现在用玉米，而玉米在这轮经济危机中大幅涨价。所以，其大股东之一的 Continental Grain 一直建议公司通过分拆来释放价值，比如把周期性的、利润率较低的生猪养殖业务剥离，精力集中于业务稳定、利润率较高的肉制品加工业务上。

从 2006 年 6 月 15 日史密斯菲尔德的现管理团队上任到 2013 年 5 月 29 日被收购，史密斯菲尔德的股价下跌了 1.1%，低于同期美国大盘上涨 32.9% 和同业公司上涨 105.4%。由于美国市场容量和自身盈利增长空间两者的限制，史密斯菲尔德的市盈率仅为 10 倍左右。

上述这些表现与双汇发展相去甚远。在中国肉类市场，猪肉是最重要的肉类，中国所消费的猪肉占全世界的 60%。统计数据显示，中国从 1970 年代的每年几百万吨的肉类需求量，发展到 2012 年已达 7000 多万吨。而美国人从 1960 年代每年 1000 多万吨的需求量，发展到 2012 年不过 3000 多万吨。2012 年，中国消费 5196 万吨猪肉，是美国总消费量 851 万吨的 6.1 倍；中国人均消费猪肉 85.3 磅，是美国人均消费 59.3 磅的 1.44 倍。2006 年以后，中国的猪肉价格开始上涨，2008 年以后总体高于美国的猪肉价格。但过去 10 年中中国的猪肉生产年增长率均值是 1.5%，无法赶上需求的增长速度。规模化是中国养殖业的必由之路，但也是漫长之路。双汇集团作为中国最大肉制品公司，每年不到 300 万吨的产量仅是全国需求中的极小一部分。双汇每年销售增长达到 20%，市盈率为 30 倍左右，按照复权后的股票价格计算，双汇的股票相当于从 2006 年 1 月 4 日的 1.91 元，上涨到近期的新高 2013 年 10 月 22 日的 51.90 元，上涨了 27 倍多。

总体上，企业核心竞争力必须具备一定的完整性，其作用的发挥需要和产业发展阶段、市场和盈利的增长空间相结合。在美国，由于市场容量和盈利成长的限制，史密斯菲尔德是美人迟暮，英雄无用武之地。在中国，由于技术和规模的整合刚开始，双汇尚处于成长的烦恼之中。

6.4.4　并购过程中的利益攸关体

在双汇收购史密斯菲尔德的过程中，双汇对于收购对象的利益攸关体的处理以及遭遇的“添乱”的声音，可以有助于我们理解美国的产业生态。

在双汇并购史密斯菲尔德交易完成时，史密斯菲尔德的普通股将停止公开交易，史密斯菲尔德将成为双汇国际控股有限公司的全资独立子公司，以“史密斯菲尔德食品”名称经营。根据交易协议，首席执行官拉瑞·珀普将继续担任史密斯菲尔德总裁兼 CEO，史密斯菲尔德独立运营公司的原管理团队和职工队伍将继续保留原位。双汇将履行史密斯菲尔德代表员工以及非代表员工的现有工资和福利待遇等劳资谈判合同。交易完成后将不会关闭任何史密斯菲尔德原有工厂。双汇理解保存史密斯菲尔德遗产、价值观以及与美国社会联系的重要性，双汇承诺将维持史密斯菲尔德总部的选址，即弗吉尼亚州的史密斯菲尔德，并延续史密斯菲尔德对社区慈善事业的投资和支持。

不过，就在收购消息披露之后的一天内，“添乱”的声音就不绝于耳。

美国专业人士对史密斯菲尔德的股东是否得到了足够的补偿表示出担忧。一家名为鲍尔斯·泰勒的证券行业专业律师事务所 5 月 29 日发表声明称，至少有一名分析师之前的估算显示，史密斯菲尔德股票的真实内在价值至多可能达到每股 48 美元，因此，将就双汇国际对史密斯菲尔德的收购交易展开调查。同日，DA 戴维森的证券研究分析师发表报告，将史密斯菲尔德的目标股价提高至每股 38 美元，高出了双汇国际每股 34 美元的报价。

另据媒体报道，泰国正大食品表示考虑竞购史密斯菲尔德，同时，巴西肉类制品巨头 JBS 集团也在史密斯菲尔德接受双汇国际的收购之前准备提出自己的报价。根据史密斯菲尔德与双汇国际之间的协议，前者还有 30 天时间可以继续与正大食品以及 JBS 集团进行谈判。如协议第五条规定，史密斯菲尔德不得主动寻求更高的报价，但是可对高于双汇国际报价的主动的善意的竞标作出回应。

美国最大生猪及猪肉供应商史密斯菲尔德的大股东之一、基金公司 Starboard Value LP 曾要求史密斯菲尔德放弃出售给双汇的交易，转而对公司进行业务分拆，这样更能使股东利益最大化。

在 2013 年 7 月 10 日美国国会举行的听证会上，有美国官员提出，双汇在获得史密斯菲尔德先进的农业技术后，猪肉产量与质量大幅提升，或将逆转中美农业贸易格局中美国一向享有的顺差优势，也可能将促进中国在农业出口方面与美国争夺全球份额。也有参议员提出强调反对这一项交易，美国联邦机构 Select USA 的官员认为，面对压力，美国政府部门采取了鼓励外国投资的态度。

当然，国内媒体也对并购提出了种种质疑。例如双汇的总资产仅 200 亿人民币，而收购需要 47 亿美元（约 290 亿人民币）现金。人们担心，正是因为双汇已被高盛等财团控股，双汇才这么容易买下美国巨头企业。双汇的逆袭收购实质是美资企业之间的并购和资本运作，背后的导演不是中国本土资本。又如，美国和中国的肉类标准不一，中国禁止使用瘦肉精，而在美国，瘦肉精是合法使用的饲料添加剂。双汇并购史密斯菲尔德交易完成后，将有强烈的动机游说政府放松乃至取消瘦肉精禁令。再如，2012 年全国进口猪肉 52.2 万吨，进口平均价格为每吨 1878.4 美元（约 11700 元），比国内的猪肉价格要便宜很多。双汇的收购可能会带来大量的美国猪肉进入国内市场，而美国猪肉的进入对国内的生猪养殖企业将是一个巨大的冲击，对国内的养猪业可能造成灾难性的伤害。

不过，双汇顶住了层层考验。2013 年 9 月 6 日，交易通过了相关反垄断法的审核，美国联邦政府批准了这一并购案。随后 9 月 24 日史密斯菲尔德举行的特别会议上，参与投票的股东中超过 96% 投了赞成票，投赞成票的股东股份占公司流通普通股总股份的 76%。

在这顺利的背后，有双汇和史密斯菲尔德之间 4 年情投意合的合作，也有同为双汇和史密斯菲尔德股东的投资银行高盛的幕后运作。

6.4.5　并购后的整合

并购案在法律和企业层面结束，对于双汇和史密斯菲尔德来说仅仅是个开始。

海外并购涉及跨国企业不同的文化。如果跨国并购的企业不能很好地适应文化、管理模式的变化，也很难产生协同效应；如果最终失败，本土企业也将受到较大影响。史密斯菲尔德的管理团队在 2006 年上任以后业绩平平，在潜力最大的国际化方面进展不够快，管理团队的能力一直颇受质疑，被分析师认为是整个并购案潜在的主要风险之一。另外，今后国内猪肉价格能否保持相对稳定的较高价格，也是影响这次并购成败的关键因素。

跨国并并购不是单一的战略行为，必然也是金融行为。由于本次双汇并购案引入了财务投资者介入，也必然涉及投资者退出机制。与产业内的战略投资者不同，财务投资者更看重短期的盈利能力和账面的数字，对大型的固定资产投资或研发是持保留态度的，会不利于蛇吞象后的双汇的长远发展。类似的并购案主要受益者是上市公司和股东，而是否能达到战略目标还需要时间检验。

兼具专业化与国际化的人才和中介机构的配备也是双汇面临的挑战。从专业层面提升企业海外并购的成功率，国内中介机构还需要更多地与国际接轨，需要引进通晓不同体系法律、金融市场规则的法律、金融人才，提升服务水平。培养一批专业的咨询机构、中介机构，鼓励企业在并购后更为大胆地管理，注重企业内部信息交换产生协同效应。

最后，如前所述，农业、高科技都是规制较多和政策密集型的行业，中美两国之间在法律、法规、技术规范等方面存在诸多的差异需要设法处理，例如前述的瘦肉精的问题。史密斯菲尔德为扩大对中国出口猪肉，已经开始在美国生猪养殖方面尝试去瘦肉精化。

总体上，2013 年中国最大的肉制品企业双汇并购美国最大的猪肉生产和加工企业史密斯菲尔德，是立足于全球整合的国际化经营，对于中国企业的国际经营具有重要的意义，昭示着一个全新的趋势。未来几乎肯定会出现更多立足全球整合的中国企业国际化经营！

本章统稿人李志能。撰写执笔人分别为肖庆文、马淑萍、李志能、亓长东、周燕、郭巍。

第七章 中国企业的并购与重组

2013年是我国经济的调整和转折时期，从宏观环境看也是自2008年国际金融危机以来企业经营最为困难的时期之一，很多行业遭遇了需求增长减缓、产品价格大幅度下跌、利润急剧下滑甚至全行业亏损的困难。这种情况下，企业之间通过并购重组摆脱经营困境的压力显著增加，但由于普遍的经营困难，也面临收购兼并方资金短缺、并购能力低的问题。2012年以来，为了促进经济发展方式转变和化解产能过剩风险，国家对促进兼并重组问题高度重视，出台了一系列支持政策，但积极效果尚待进一步体现。

7.1　中国企业境内并购重组的发展

7.1.1　2012年至2013年前三季度境内并购重组跌入低潮

根据企业并购重组目的，可以将并购重组分为行业整合类、资本运作类和获取资质类三大类。所谓行业整合类包括横向整合、垂直整合、业务转型、多元化战略、战略合作和收购品牌，资本运作类包括财务投资、买壳上市、避税、私有化和管理层收购，获取资质类包括获取资格牌照和获取产权两种。由于资本运作类主要是为了获取资本收益，与传统意义上通过并购以优化重组提高效率的目的有很大差别，因此，本文主要关注行业整合类和获取资质类的并购重组。根据这一分类，2012年以来中国企业的并购重组（境内部分）发展态势有了显著的变化。

2012年中国境内企业并购重组整体交易完成规模和交易案例数量大幅度减少。宣布完成的交易数量降至455起，不到2011年1746件的四分之一。披露交易金额的交易数量401起，仅为2011年1524件的26.3%。交易规模也大幅度下降，披露完成交易总额2437.3亿元，为上年同期的35.5%，单件并购的交易规模比 2011 年有所扩大[①]。自 2000 年以来，我国并购市场交易数量（披露的当年完成交易）呈波动上升的趋势，2000～2011 年间，虽然少数年份如2003 年、2007 年和2010 年并购数量也有减少，但总体保持了年均28.8%的增长[②]。因此，2012 年以来并购的交易数量下滑幅度十分不寻常（图 7.1）。

2013 年前 3 季度交易数量略有减少，但交易规模显著增长。前 3 季度共宣布完成并购案例 316 件，同比下降 6.2%，其中披露交易金额的案件为 293 件，同比下降 1.4%，披露交易总金额 2237.6 亿元，同比增长 42.8%，平均单笔交易规模为 7.64 亿元，而上年同期仅为 5.27 亿元，同比提高 44.8%。

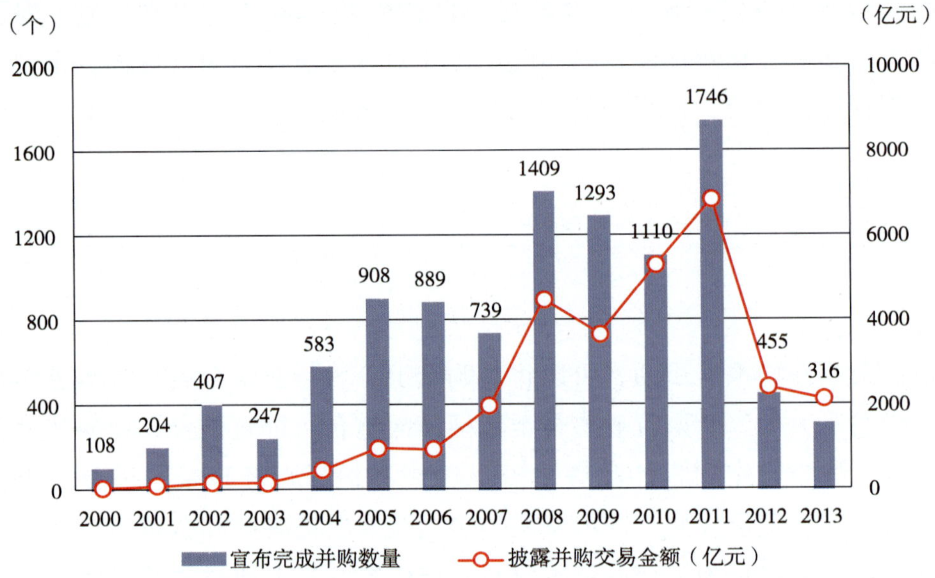

图 7.1　2000～2013 年 9 月我国并购市场完成交易趋势

注：本图只包括交易已经完成并披露了交易金额，且交易目的为行业整合和获取资质的上市公司并购重组事件（至少并购双方中有一方为上市公司）。

数据来源：wind 数据库。

---

① 对于并购重组的数量国内尚没有统一、权威的统计数据，此处的并购交易数据来源于 wind 数据库，统计对象为中国境内上市公司2010 年以来所发生的并购事件，包括股权交易和资产交易，不包括交易目的为资本运作的案例，也不包括已经宣布或处于进行中但尚未完成的案例。其他几个可参考的数据是：投中集团发布的《2012 年中国并购市场统计分析报告》显示，2012 年我国宣布完成的并购案例数 2458 例，比上年环比下降 32.0%；清科研究中心的《2012 年国内并购跌至三年新低 海外并购逆势再创新高》显示，2012 年我国宣布完成的境内并购案例数为 837 起，比上年的 981 起减少 14.7%。

② 仅指上市公司的并购，因为期初的上市公司数量较少，因此总体来看社会平均并购重组增长速度要显著小于上市公司的统计数据。

总体来看，2012 年以来我国并购重组数量大幅度下滑属于经济下行背景下的短期调整。并购重组与自我积累是企业扩张与发展的两种主要途径。改革开放以来，我国处于经济起飞快速发展的阶段，经济中存在大量的投资机会，企业也更加偏好以扩建新厂的模式进行发展。而 2010 年以来，中国已经成为世界第 2 大经济体，人均 GDP 跨进了上中等收入的门槛，面临着经济结构调整和优化升级的重要任务，并购重组方式不仅可以实现优势互补，减弱市场竞争程度，还可以获得更快的扩张速度，特别是在过去几年我国经济持续高速增长的背景下，各行业的生产能力提高迅速，随着 2011 年下半年经济减速下滑，不少行业产能过剩情况越来越严重，企业间存在着并购重组的强烈需求，并购重组规模应该有快速增长。而且近年来国家出台了很多支持并购重组方面的新政策，我国并购重组的制度环境不断优化。因此，我们认为，2012 年以来并购交易回落并不是一个中长期趋势，而是在经济下行的背景下企业经营行为的暂时调整。其主要原因在于由于经济形势下滑，许多企业出现了经营困难和资金紧张的局面，影响了并购交易的发展。

7.1.2 并购重组的行业特征

从并购数量上看，工业部门的机械电子类行业和服务业的交通运输、信息服务、批发零售和金融房地产业并购最为活跃。

在 2013 年前三季度总共 302 次并购中①，工业部门的机械电子类交易总数为 84 件，占并购交易总数的 27.8%。其中通用设备制造业 17 件，专用设备制造业和交通运输设备制造业各 10 件，其他的电气机械和仪器仪表各 12 件，通信设备和计算机行业的并购数较多，达 23 件，占并购总案件数的 7.6%。另外，有色金属矿采选业和化学原料及化学制品制造业分别为 31 件和 28 件，其他行业的并购重组均较少（图 7.2）。

工业部门的并购重组有一个显著特点是并购案例集中在相对技术水平较高，也是我国出口的主要部门。其中通信设备和计算机行业是第一大出口部门，2013 年前 3 季度出口总额 3.21 万亿元，占我国出口总量的 39.1%，而电气机械制造业和通用设备制造业分别是我国的第 2 和第 3 大出口行业。

① 指披露交易金额且标示了交易标的方所属行业的部分案例，并购案例的统计范围同本章 7.1.1 部分。

在服务业中信息传输和服务业的并购重组快速发展是一个重要特点。分行业看交通运输仓储和邮政业的并购共 18 件，信息传输、计算机服务和软件业共 31 件，也是各行业中交易次数最多的行业，批发零售业和金融业各 12 件，房地产 8 件，这几个行业共计 81 件，占并购总数的 26.8%。在信息传输、计算机服务和软件中的 31 件并购中，涉及家庭娱乐软件的 3 件，一般通用软件的 1 件，数据处理和外包服务 2 件，无线电信服务 2 件，系统软件 1 件，信息技术服务 13 件，应用软件 5 件，有线和卫星服务 2 件，综合电信服务 2 件。软件业的大规模并购重组说明该行业发展速度快，而且创新快，许多大型公司往往通过收购创新型的小公司快速增强自己的研发能力。

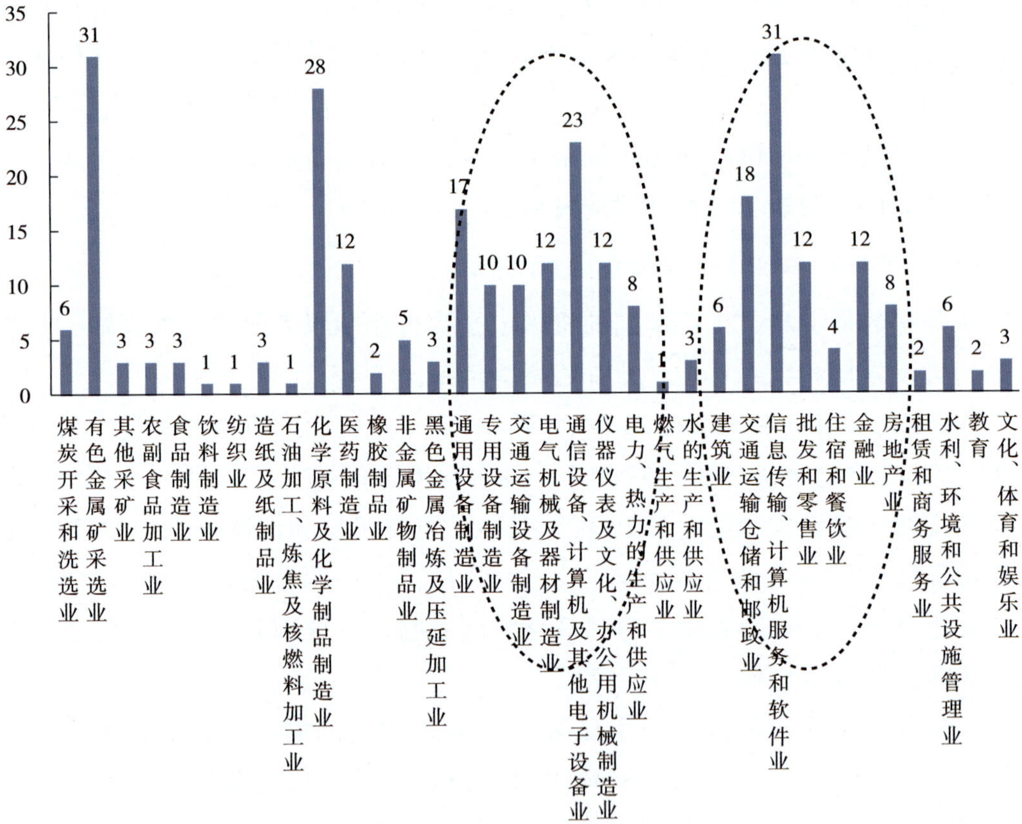

图 7.2　2013 年 1～3 季度各行业并购重组的案例数量

并购金额的分布与交易数量分布的类型较为相似。在工业部门，除有色金属矿开采业和化学原料及化学制品制造两个行业交易金额特别大以外，其他的主要分布于机械电子及计算机行业。在服务业部门，信息服务业并购规模达943.3亿元，主要是中国电信斥资845亿元，收购母公司的CDMA网络资产，另外金融业的并购重组规模也很大（图7.3）。

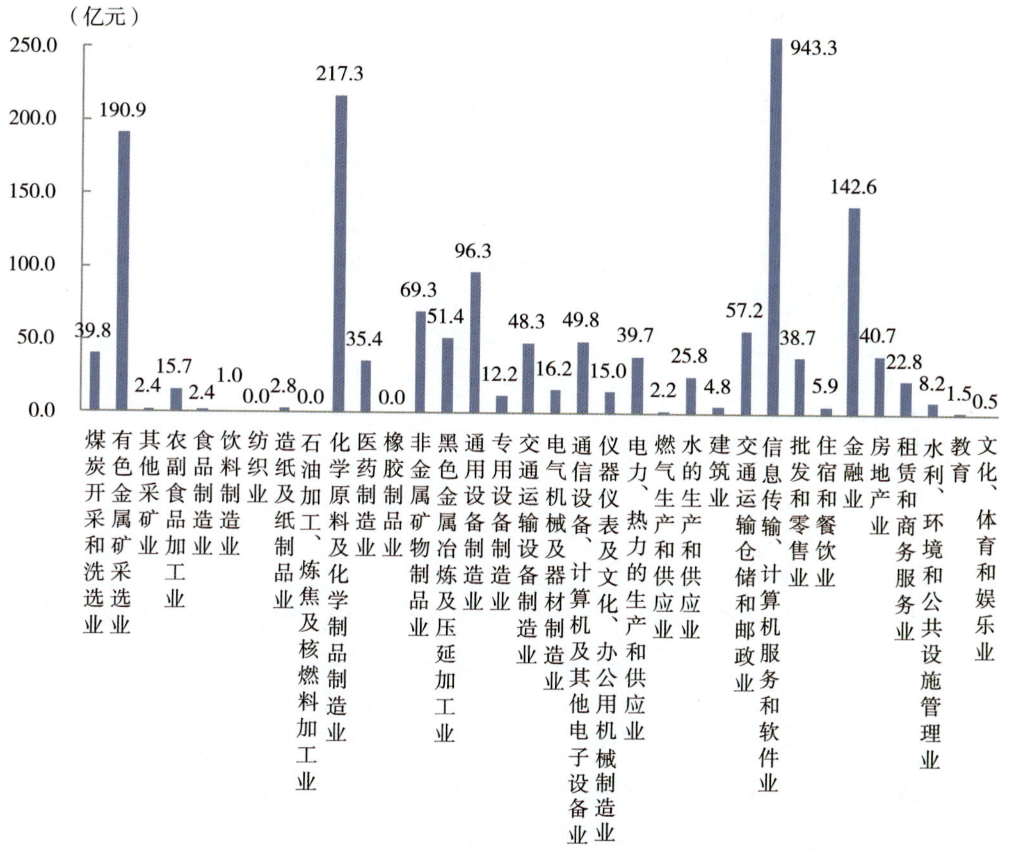

图7.3　2013年1~3季度各行业并购重组的披露金额

7.2　企业并购的经济环境及制约并购的主要障碍

7.2.1　经济增速放缓企业经营困难增加了并购重组的压力

（1）2012年以来经济增速显著放缓

2012年中国经济增长7.7%，2013年前三季度GDP增速分别为7.7%、7.6%、7.7%，经济增长速度比2011年以前显著降低。1978~2010年，中国GDP平均增速9.9%，2011年为9.3%。

虽然从历史经验看，改革开放以来有多次大的经济波动，在经济低速增长较短时间后又重回高增长轨道，但随着经济发展阶段的变化，本次增速下调后已经难以再回到10%左右的高增长速度，在今后一段时期内更可能向7%～7.5%左右的中高速增长的新常态过渡，这有以下几个决定因素。

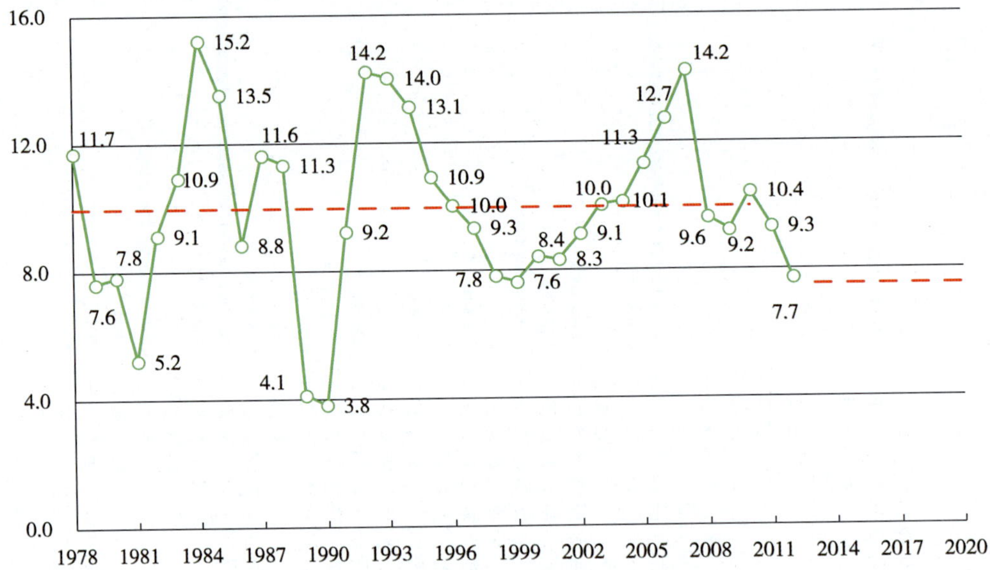

图7.4　改革开放以来中国经济增长速度的变化

一是工业化发展阶段的变化。国外经济学家钱纳里、库兹涅兹、赛尔奎等人，基于几十、上百个国家的案例，采取实证分析的方法，得出了经济发展阶段和工业化发展阶段的经验性判据，进而得出了工业化发展阶段的"标准结构"。不同学者对发展阶段的划分不尽相同，其中具有代表性的是钱纳里和赛尔奎的方法，他们将经济发展阶段划分为前工业化、工业化实现和后工业化三个阶段，其中工业化实现阶段又分为初期、中期、后期三个时期。判断依据主要有人均收入水平、三次产业结构、就业结构、城市化水平等标准。

根据人均GDP水平和产业结构及城市化等多项标准综合判断，我国已经跨越工业化中期，开始进入工业化后期，由于工业化快速发展期往往意味着重化工业迅速增长，因此进入工业化后期意味着不少工业品的需求增速开始放缓甚至达到峰值，工业化对经济增长的推动作用将有所减弱。

二是国际市场需求进入平稳、中速增长期。受加入WTO带来的国际市场放开等多种有利因素影响，21世纪以来我国外贸出口迅速增长，2000～2011年间出口年均增长率高达17.64%，相应的出口占GDP比重也显著提高，2000年时出口占GDP比重为23.4%，2007年时上升到38.7%。随着世界经济走缓以及我国经济总量增大及传统比较优势削弱，我国的出口需求将进入中速增长期，对经济增长的拉动作用将有所减弱。

表7.1　我国市场需求结构的变化

	中间投入/总产出	资本形成/总产出	最终消费/总产出	出口/总产出	出口/GDP	资本形成/GDP
1997	58.4	13.1	21.0	7.5	21.0	36.7
1998	59.4	12.7	20.9	7.0	19.9	36.2
1999	59.7	12.4	21.0	6.9	20.1	36.2
2000	59.6	11.8	20.8	7.8	23.4	35.3
2001	58.2	12.6	21.3	7.9	22.7	36.5
2002	56.2	13.5	21.3	9.0	25.1	37.8
2003	57.1	13.8	19.2	9.9	29.4	41.0
2004	58.0	13.8	17.4	10.8	33.7	43.0
2005	59.6	12.8	16.3	11.3	36.7	41.5
2006	60.5	12.6	15.3	11.5	38.2	41.7
2007	61.5	12.3	14.7	11.5	38.7	41.6
2008	62.1	13.0	14.4	10.5	35.1	43.8
2009	63.2	14.2	14.6	7.9	26.1	47.2
2010	62.6	14.3	14.3	8.8	29.5	48.1
2011	62.5	14.3	14.6	8.6	29.1	48.3
2012	62.9	14.4	14.7	8.0	26.9	48.1

三是服务业比重提高将使增长速度下滑。改革开放以来我国服务业比重始终呈上升趋势，但比重一直低于第二产业。2006年以来第二产业比重已经开始进入缓慢下降的阶段，二、三产业比重的差距显著缩小，2012年二产比重45.3%，三产比重44.6%，仅相差0.7个百分点，到2013年9月，我国第三产业增加值为17.60万亿元，第二产业增加值为17.51万亿元，首次出现第三产业超过第二产业的根本性转折。

虽然服务业比重提高是一个结构优化的表现，但从经济增长速度看，由于服务业的效率提升速度低于工业部门，而且服务业也是更多依靠人力投入的行业，因此服务业的增长速度偏低，这也会导致整个经济增长速度减缓。

四是国内公路等基础设施建设已经逐步完善，拉动经济增长的空间在减小。近年来我国大力开展高速公路、机场、港口和城市基础设施建设，基础设施建设是拉动投资增长的重要源泉，但随着我国基础设施逐步完善，特别是有效益、有盈利性的基础设施逐步完成，其对投资增长的拉动作用将明显减弱。

（2）工业企业利润率低位趋稳，企业经营总体困难

2012 年以来企业利润率比以前大幅度下滑。从国有企业看（财政部的国有企业数据包括了不含金融机构的其他主要行业，含第三产业），2012 年全年利润率为 5.18%，2013 年前 3 季度为 5.24%，而 2003 ~2011 年间除 2009 年外，国有企业销售利润率一般在 7% 左右。从规模以上工业企业看，2012 年前 3 季度规模以上工业企业利润一直负增长，直到第四季度才实现利润正增长，全年利润总额同比增长 5.3%。2013 年前 3 季度，共实现利润 4 万亿元，同比增长 13.5%，累计销售利润率为 5.49%，比上年同期提高 0.13 个百分点，但与 2011 年以前的一般年份相比，利润率低 1 个多百分点。

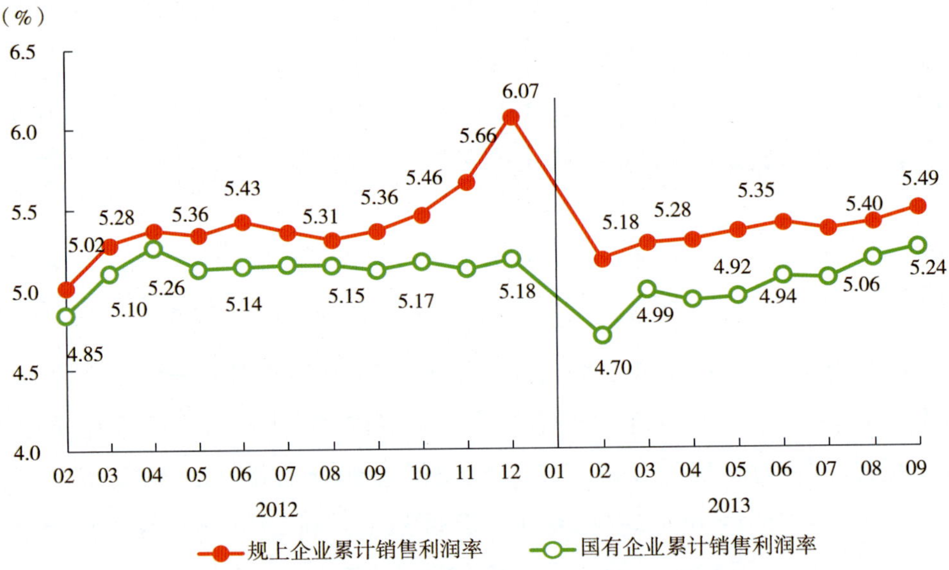

图 7.5　全部国有企业及规模以上工业企业利润率变化

工业企业亏损面也较大。2013 年 1 ~9 月份出现亏损的规上工业企业数为 5.3 万家，企业亏损面为 15.3%，比 1 ~8 月份减少 0.4 个百分点，比上年同期下降 0.3 个百分点。亏损企业累计亏损额 4852 亿元，比上年同期的 5190 亿

元减少 338 亿元。

（3）产能过剩矛盾突出使企业兼并重组的压力和意愿增强

2011 年下半年以来，在国外需求下滑、经济增速下降的背景下，我国不少行业的产能过剩矛盾凸显。例如钢铁、玻璃、电解铝、造船行业出现大面积亏损、光伏行业出现大面积关闭停产，水泥行业出现违背市场要求的协商限产保价现象等。产能过剩问题表现突出的主要是产品同质化程度高的行业。对于产品差别大，特别是品牌较为重要的产品，由于市场需求的原因，企业投资更为谨慎，过剩程度相对较轻，在经济增长放缓的情形下，企业也有保持价格和利润率水平的能力。但对于同质化程度高的行业，过剩矛盾突出时，很容易陷入价格恶性竞争的局面，对行业发展带来严重影响。

2012 年许多产能过剩行业出现经营困难甚至就业减少的现象。例如炼钢业 2012 年全年销售利润率为 1.16%，比 2003～2011 年平均值降低了 3.38 个百分点；铝冶炼行业 2012 年全年的销售利润率仅为 0.22%，比 2003～2011 年平均值降低了 7.16 个百分点；玻璃制造业 2012 年利润率为 3.33%，比前 9 年平均值降低了 3.14 个百分点，全年从业人员下降了 5.4%；造船业 2012 年平均利润率为 4.58，比前 9 年平均值减少了 1 个百分点。

2013 年前 3 季度，产能过剩行业各项效益指标虽略有反弹，但仍处于非常困难的境地。从上市公司的数据统计看，普钢、特钢、水泥制造、玻璃制造、玻纤和船舶制造这 6 个产能过剩行业上市公司的销售净利率为 0.91%，显著低于 2009 年的 2.61%。净资产收益率为 1.89%，显著低于 2009 年 5.1% 的水平。

产能过剩直接导致利润率下降和经营严重困难，提高了企业间兼并重组的内生动力。在国务院发展研究中心开展的针对产能过剩问题的专题调研中，很多企业，特别是大企业都表达希望通过兼并重组提高行业集中度、避免恶性竞争的希望。

7.2.2　影响企业并购的主要困难和障碍

（1）企业效益低加上金融支持力度弱导致并购重组的资金来源困难

在长期的粗放增长模式下，我国许多行业形成了一种速度效益型的增长模式，即经济增速快则企业效益好，增长慢则效益差的状况。2012 年以来在经济增速下滑的背景下，很多企业，包括行业优秀企业甚至龙头企业也陷入了经营困难，大大降低了企业依靠自身力量进行并购重组的能力。

在自有资金不足的情况下，能否获取金融支持就成了并购重组的重要条件。但由于并购见效的时限长、风险大、限制条件多（如2008年银监会出台的《商业银行并购贷款风险管理指引》要求并购资金来源中并购贷款所占比例不应高于50%、并购企业还款期限不超过5年等，直到2013年提出可放宽到7年），我国目前的金融体系，特别是银行对发放并购重组的过桥贷款往往非常谨慎，少量的贷款也多是以短期贷款的形式，很难获取专门用于并购重组的长期贷款，从资金来源上极大限制了并购重组的发展。

（2）跨区域、跨所有制重组仍有不少制度性障碍

在我国现行财税体系下，跨区兼并重组，如果被兼并方不能保留法人地位，就会影响企业所在地的纳税收入（因为要合并报表纳税，一部分税收会转移到新的法人所在地），或者影响地方的产业发展与就业，如果是较大的企业，地方政府往往会在并购重组中设置一定的限制政策，客观上阻碍了并购重组的顺利进行。实际操作中，对一些规模很大的并购重组经常采用企业之间和两地部门间具体协商税收分成的方式，但这种一事一议的直接协商模式成本很高。

（3）部分企业并购的审批程序较多，耗时较长

我国企业并购重组往往涉及较多的主管部门审批、较多的行业管制等。尤其是目前内资企业申请海外并购，往往要经过发改委和商务部门、外汇管理部门的多重审批，审批程序多而且耗时长，导致一些内资企业在竞标外国企业的过程中处于不利地位，甚至由于不能及时完成国内审批而在竞争中失利，因此需要国内相关部门进一步改革与完善对我国企业海外并购的审批制度，为企业并购提供更多支持。

（4）不少行业的并购重组受地方政府的干预和所有制的限制较大

从实地调研结果看，我国部分行业，尤其是政府参与程度较深的行业（例如鼓励发展的战略性新兴产业），企业间的整合经常要面对：地方政府的干预和所有制的限制。总体上讲，央企与央企之间的整合相对容易些，因为央企不受地方政府的行政约束，也没有所有制的问题。但是，央企与地方国企之间、地方国企之间、国企和民企之间则没有那么简单。调研中反映的情况表明，钢

铁、水泥、电解铝、平板玻璃行业的跨区域整合，都很难摆脱地方政府管理体制和国有资产管理体制的影响。如山东钢铁收购日照钢铁的案例，反映出不同所有制企业之间的整合仍面临不少困难，也反映出企业并购重组中行政手段对市场的干预。光伏企业反映的问题也具有一定的代表性，为了引入光伏企业发展地方经济，一些地方政府甚至提供了政府担保贷款购买设备等各种各样的优惠政策，是光伏企业的“背后股东”。如要并购，必须与政府谈判，并购价格必须保证国有资产的保值增值，这些都是许多并购方，尤其是上市公司所不能接受的。

7.3　重点行业的并购重组情况

7.3.1　房地产行业：市场分化背景下的加强整合

房地产业作为国民经济新的支柱产业和增长点，为中国经济的快速增长做出了贡献。同时，房地产是综合性的长链条产业，横跨生产、流通和消费三大领域，对金融、建材、家电等 50 多个相关产业有直接的拉动作用，在经济和社会发展中具有重要的地位和作用。

（1）2012 年至 2013 年上半年房地产市场整体呈分化发展局面

2012 年房地产业投资增长缓慢。当年全国房地产开发投资 71804 亿元，比上年名义增长 16.2%（扣除价格因素实际增长 14.9%），增速比 2011 年回落 11.9 个百分点。其中，住宅投资 49374 亿元，增长 11.4%。2012 年，房地产开发企业房屋施工面积 573418 万平方米，比 2011 年增长 13.2%，增速比 2011 年下降 12.1 个百分点。房地产开发企业土地购置面积 35667 万平方米，比上年下降 19.5%，土地成交价款 7410 亿元，下降 16.7%，降幅扩大 6.4 个百分点。2012 年，商品房销售面积 111304 万平方米，比上年增长 1.8%，其中，住宅销售面积增长 2%，办公楼销售面积增长 12.4%，商业营业用房销售面积下降 1.4%。商品房销售额 64456 亿元，增长 10%，其中，住宅销售额增长 10.9%，办公楼销售额增长 12.2%，商业营业用房销售额增长 4.8%。

2013 年前三季度，房地产业呈快速反弹趋势，特别是销售价格大幅度攀升，而且一二线城市和三四线城市的发展趋势呈分化现象。前三季度商品房累计销售面积 8.44 亿平方米，同比增长 23.3%，而销售收入累计达 5.4 万亿元，同比增长33.9%，说明销售价格同比增长了8.6%。在一二线城市，房地产市场呈现价格快速增长，而房地产供应增长缓慢，房价进一步上涨压力犹存的状况，而在三四线城市，很多地方呈现价格相对稳定，或缓慢增长，甚至少数地区如温州等价格持续下跌，而房地产供应相对宽松的局面。

（2）房地产业并购重组仍然较多

2012年共发生房地产行业并购案例100起，涉及金额39.04亿美元，数量金额均较2011年有所回落，特别是在2012年下半年房地产市场升温的背景下，此前由于部分项目经营压力大而出现的并购现象有所降温，但另一种并购，即房地产企业之间通过并购重组进一步优化产业结构，提升本企业规模与竞争力类型的并购显著增加。

在房地产被并购企业所在地中，天津以14起并购案例位列榜首，广东（除深圳）以10起紧随其后，上海、北京、深圳等传统热门地域排至3～5位。湖南也以5起案例与深圳并列第5位。而在并购金额上，排前五位的分别是北京、湖北、上海、山东、天津。并购金额上，北京地区以4.82亿美元位列第一，说明了北京地区对于房地产发展的龙头作用。这种整合不仅表现在企业间的并购，还体现在不少不甘心退出房地产市场的企业采取“丢车保帅”的策略，选择将自身的单个或多个项目推向市场，或转让出售或寻求合作，以此来渡过危机。在房地产业宏观调控背景下，全行业暴利时代已经或即将过去，企业之间经营管理和创新能力的比拼将更加激烈。一方面，立足一线城市和高端市场的企业依然会比较困难，特别是转型难度大的企业，难免依然会受到资金压力影响。另一方面，目前市场股权交易依然是小部分不适应目前主流市场的房企渡过寒冬的必然选择。

表7.2　2012年度十大房地产企业并购案例

序号	时间	重组事件
1	2012年1月	新华联公司全资子公司新华联置地以45432.56万元收购武汉百步亭联合置业有限公司持有的武汉大花山生态科技开发有限公司100%的股权，从而使新华联添置了土地资源储备
2	2013年5月	深圳市国际企业股份有限公司将持有的深圳市深国商商业管理公司100%股权及融发公司持有的深圳市龙岗国商企业有限公司25%股权转让给乐安居公司，合计转让金额为1.2亿元

续表

序号	时间	重组事件
3	2013 年 6 月	绿城中国与九龙仓签署战略性投资合作协议，涉及资金约 51 亿元港币（约合人民币 41.88 亿元），绿城向九龙仓进行两次配股，使九龙仓持有绿城扩大后股本的 24.6%，成为绿城的第二大股东
4	2013 年 6 月	融创以总计 33.7 亿元的价格，收购绿城旗下 9 个项目 50% 的股权。通过这次合作，绿城获得了更多的现金，缓解了资金压力；融创则借机拓展了在苏南和上海的业务布局
5	2013 年 7 月	盛高置地于 6 月 30 日与恒大订立协议，向其转让无锡市锡山区土地，总占地面积约 26.33 万平方米，价格约为 9.657 亿人民币
6	2012 年 7 月	卧龙地产以 1 亿元分别向绍兴歌斐鸿卧股权投资中心（有限合伙）和绍兴歌斐鸿龙股权投资中心（有限合伙）出售其全资子公司武汉卧龙墨水湖置业 40% 股权
7	2012 年 8 月	绿城公司将旗下青岛绿城华景置业有限公司 60% 的股权售予山东高度的全资子公司山东高速投资公司，合共作价 28 亿元人民币。此外绿城中国还向 SOHO 中国出售了其全资子公司杭州绿城合升投资公司 100% 股权，作价 10.4 亿元，又将旗下的无锡绿城湖滨置业公司的 51% 股权作价 5100 万出售给融创中国，这些股权转让给绿城中国带来了约 30 亿元的收入
8	2012 年 10 月	荣安地产 3.21 亿转让荣安置业，同时荣安地产向荣安集团借款累计近 40 亿元，从而累计获得逾 43 亿的发展资金支持
9	2012 年 10 月	沿海家园以 5.5 亿元向深圳控股出售其苏州商业项目，而作为回报，沿海家园将以 2.15 亿元向深圳控股收购其惠州项目的 30% 股权
10	2012 年 10 月	老牌国资房企中华企业以 7.9 亿元出售旗下物业中华企业大厦 5～27 层及其相关物业，收购方为天津畅和股权投资基金管理有限公司

7.3.2　造船行业：订单不足升级压力大促使行业加速洗牌

船舶行业是为航运业、海洋发展业及国防建设提供技术装备的综合型产业，对钢铁、石化、轻工、装备制造、电子信息、原材料等重点行业发展和扩大出口具有较强的带动作用。尽管由于产业规模较小，目前在国民经济中占的比例不大，但具体到部分省市地区来说，船舶工业对当地经济的贡献就要大得多，如上海、江苏、福建、广东、辽宁等。从长远看，造船行业在我国国民经济中的地位将越发显得重要。

（1）严重的产能过剩导致企业效益低位徘徊

2012 年以来我国造船业正处于行业中周期底部，2013 年前三季度我国造船业产能利用率仅为50%～55%，远低于国际造船行业正常的产能利用率水平。2012年我国船舶及相关装置制造行业亏损企业数量达到247家（规模以上），同比增加39.6%，亏损总额达到104.6亿元，同比增长233.3%，资产负债率高达71.6%。由于造船业产能过剩，不少小船厂濒临破产，大船厂也受到严重打击。中国船舶工业行业协会发布的数据显示，2012年累计造船6021万载重吨，同比下降21.4%，新承接订单2041万载重吨，同比下降43.6%，手持订单量累计10695万载重吨，同比下降28.7%。2013年1～9月份，全国造船完工3061万载重吨，同比下降26.4%，船舶行业80家重点监测企业实现主营业务收入1823.1亿元，同比下降15.8%，利润总额49亿元，同比下降53.9%。

（2）行业并购重组机会大增但实际完成并购的数量较少

我国造船业在总量过剩的同时，还存在结构性过剩问题，主要表现在低水平同质化的产能过多。为化解产能问题，国家下发了《国务院关于化解产能严重过剩矛盾的指导意见》提出支持造船企业兼并重组，提高产业集中度，也提出了《船舶工业加快结构调整促进转型升级实施方案（2013－2015年）》等文件，鼓励现有造船产能向海洋工程装备领域转移。

在船舶行业市场低迷的情况下，我国船舶行业上市公司披露的2012年并购交易数量为11宗，与2011年披露的10宗交易数量相比稍有增长；2012年披露的交易金额为48.02亿元，与2011年披露的225.14亿元相比大幅下降。

从并购交易的类型来看，中国船舶行业跨国并购比国内并购规模更大。潍柴动力收购意大利法拉帝的交易金额为3.74亿欧元，中航国际收购芬兰Deltamarin公司的交易金额为3.21亿港元，山东开泰集团收购荷兰爱博特的金额为1475万美元，三起案例合计人民币为33.85亿元人民币，是同期国内并购金额的2.39倍，反映了国内企业国际化进程加快，“走出去”步伐加大。

从并购交易的主体来看，大型公司仍是并购发起的主力。如2012年以来有并购行为的中国船舶工业集团公司、重庆轮船（集团）有限公司、珠江太阳鸟游艇制造有限公司、中远航运股份有限公司都是行业内实力较强的公司。这也反映出，经济环境下滑所导致的航运市场不景气，使我国中小船企经营困难，面临亏损，同时也为资金实力雄厚的公司创造了并购的机会。

7.3.3　钢铁行业：产能处于历史高位兼并重组有加快之势

钢铁行业是国民经济的支柱产业，是关系国计民生的基础性行业。作为原材料工业，钢铁工业在工业制造、基础设施建设以及新材料工业中的基础作用依然不可替代。

（1）价格竞争激烈使企业运营效益低下甚至陷入亏损

2012 年，受国内外经济增速放缓、产能过剩和财务成本居高不下等因素影响，我国钢铁企业生产经营再次陷入低迷。销售利润率徘徊在零左右，有时甚至出现全行业亏损。2012 年，我国炼铁行业销售利润率仅 2.47%，2013 年前三季度仅 1.33%，炼钢业的利润率更低，2012 年全年仅 0.96%，2013 年前三季度为 0.53%。从亏损面看，2012 年炼铁业的亏损面为 29.0%，2013 年前三季度为 36.5%，炼钢业同期分别为 20.4% 和 26.7%。总体上，2012 年以来钢铁业处于全面经营困难的状况。

（2）并购重组提高集中度成为促进钢铁业升级、摆脱经营困境的重要手段

2012 年以来多数重点大中型钢铁企业受市场低迷影响采取了减产措施，在一定程度上缓解了市场供需关系，但一些非重点企业却借助低成本优势增产。比如重点大中型钢铁企业产量同比下降 0.6%，非重点企业增长 23.3%，前十名钢铁企业产业集中度也由 48.3% 降低到 46.1%。在重点大中型钢铁企业投资同比降低 27.8% 的情况下，非重点企业投资增长 17.4%。非重点规模企业占钢铁行业固定资产投资比重达到 83.6%，远超重点大中型企业。

兼并重组是钢铁行业进行结构调整的一大重点工作。经历了艰难困局的 2012 年，钢铁行业的兼并重组有加快之势，宝钢、鞍钢、首钢、重钢等国内钢厂通过不同形式进行了重组。地方政府在推动钢铁行业兼并重组方面也加大了力度。

表 7.3　　2012 年以来钢铁行业主要兼并重组事件

序号	时间	重组事件
1	2012 年 1 月	湖北立晋钢铁注册成立了湖北立晋钢铁集团，下设 3 个控股子公司，注册资本合计达 6 亿元。先后有吴城钢厂、云梦大展钢厂、孝感金达钢厂等 5 家钢厂加入集团
2	2012 年 1 月	湖北丹福钢铁集团有限公司发起，联合十堰福堰钢铁有限公司、郧县榕峰钢铁有限公司、宜昌福龙钢铁有限公司、赤壁闽发建材有限公司、荆州群力金属制品有限公司、石首顺发钢铁有限公司等 6 家短流程钢铁企业，实行法人联合成立钢铁企业集团

续表

序号	时间	重组事件
3	2012 年 2 月	工业和信息化部批复唐山国丰钢铁有限公司牵头，十余家民营钢企参与整合，按股权比例对渤海集团注资。其中国丰持股占比 51%，其余企业占 49%。根据计划，一期出资 10 亿元，第二、三期投资将扩大到 100 亿元以上，计划产能 1500 万吨
4	2012 年 2 月	中国证监会核准了攀钢钒钛与鞍山钢铁集团的重大资产重组方案
5	2012 年 4 月	广东省国资委将广东省韶关钢铁集团有限公司 51% 的股权无偿划转给宝钢集团有限公司。本次无偿划转后，宝钢集团将通过韶钢集团间接持有韶钢松山 36.27% 的股权
6	2012 年 3 月	工业和信息化部批复同意吉林省工信厅上报的首钢和通钢兼并重组方案。批复要求加快推进首钢和通钢的实质性重组
7	2012 年 4 月	宝钢不锈钢有限公司和宝钢特种材料有限公司正式揭牌。这标志着宝钢不锈钢单元和特钢单元的资产重组和管理对接工作取得了阶段性成果
8	2012 年 6 月	甘肃省国资委将自身持有的甘肃东兴铝业有限公司 32.54% 股权和甘肃省新业资产经营有限责任公司持有的 22.46% 股权，无偿划转给酒钢集团公司持有，股权划转后，酒钢集团公司持有东兴铝业 100% 股权，东兴铝业成为酒钢集团公司的全资子公司
9	2012 年 8 月	8 月 23 日，首钢股份召开了关于重大资产重组的股东大会。经股东现场投票和网络投票表决，首钢股份提交股东大会审议的各项议案获得通过。在完成中国证监会审核等一系列法定程序后，迁钢将正式置入首钢股份
10	2012 年 10 月	宝钢公司以 49.76 亿元的总价收购广州市国资委持有的湛江钢铁 71.8032% 股权
11	2012 年 11 月	方大集团董事局主席方威、萍钢公司董事长涂建民、飞尚集团控股公司西藏华豪投资有限公司分别代表各方签署了相关股权重组及合作协议。这标志着方大集团成功入主萍钢公司
12	2012 年 11 月	八一钢铁公告，公司 2012 年第二次临时股东大会于 2012 年 11 月 20 日召开，会议审议通过《关于收购新疆八钢南疆钢铁拜城有限公司 100% 股权的议案》。公司拟以自有资金人民币 48099.58 万元收购控股股东宝钢集团新疆八一钢铁有限公司之全资子公司新疆八钢南疆钢铁拜城有限公司的 100% 股权
13	2012 年 11 月	鞍钢股份与鞍钢集团全资子公司国贸公司签署《资产置换协议》，并与鞍钢集团签署《股权转让协议》；同日，三者之间还签署了《托管协议》。根据资产置换协议，鞍钢股份拟置出资产为其所持有的莆田公司 80% 股权；拟置入的资产，一是国贸公司内贸业务整体资产（主要承担鞍钢自产和国内钢铁产品的采购销售业务），二是国贸公司所持 9 家内贸子公司的股权
14	2012 年 11 月	重庆国资委批复重庆钢铁重大资产重组申请，重钢集团在长寿新区逾百亿元的钢铁资产将正式置入重庆钢铁
15	2012 年 12 月	包钢集团与内蒙古 12 家稀土上游企业及股东分别签署了《稀土上游企业整合重组框架协议》。据公告，包头市金蒙稀土有限责任公司等 12 家企业及其股东同意无偿向公司转让其企业 51% 的股权

数据来源：作者收集整理。

7.3.4　水泥行业：产能过剩严重亟须进一步提高市场集中度

水泥工业是国民经济重要的支柱产业和基础产业，为国民经济及相关领域的发展提供基础原材料。

（1）产能过剩问题严重但仍然保持一定的盈利水平

2012年水泥行业利润大幅下滑，全行业利润总额657亿元，同比下降32.81%；相应地，行业内上市公司企业毛利率也均有较大幅度的下降。不同区域的行业运行情况也在上市公司的经营表现上得到印证，分析上市企业年报可以看出，水泥价格及行业毛利率下滑幅度最大的地区主要是华东地区：海螺水泥的东部、中部毛利率下降幅度最大，南部毛利率下降幅度相对较小，西部毛利率有小幅上升；天山股份在江苏的毛利率下降幅度达到60%，而在新疆的毛利率下降幅度为33%。2012年，东北地区成为企业获利的最佳地区：山水水泥在东北区域的售价同比有20元/吨的增长，而在山东、山西区域则分别有30元/吨、60元/吨的下滑。

（2）水泥行业并购重组仍有待进一步推动

我国水泥行业呈现零散特征，与发达国家甚至发展中国家的印度相比，我国水泥行业的集中度很低。截至2012年末，中国约有5000多家水泥企业，前十名的水泥企业产量占全行业水泥产量比例不及26%，而美国共有23家，前十名的水泥企业产量占全行业水泥产量比例达到83%，印度有417家水泥企业，前十名的水泥企业产量占全行业水泥产量比例也达到了83%。近年来，国家出台了多项政策措施，以保障水泥行业的健康、有序发展，如《工业转型升级规划（2011－2015年）》、《工业节能“十二五”规划》。2013年1月22日，工业和信息化部、发展改革委等12个部委联合发布《关于加快推进重点行业企业兼并重组的指导意见》，要求加快推进汽车、钢铁、水泥、船舶、电解铝、稀土、电子信息、医药和农业等9大行业的并购重组，提高行业集中度，但水泥行业总体并购的规模和数量仍有进一步扩大空间。

根据IFIND数据，我国水泥行业并购目前主要以股权转让和资产收购为主，自2007年11月至2013年3月，共有并购案164件，其中2012年有两大经典案例。

一是中国建材旗下南方水泥与福建水泥合资成立福建南方，双方各占50%股份，合资公司董事长由福建水泥委派，副董事长由南方水泥委托。

二是海螺水泥经过两次增资青松建化，目前持股比例达到20%，成为其第二大股东，海螺水泥将在近期定向增发实施后，向青松建化推荐一名董事和一名监事候选人，并将在水泥主业的技术、管理、项目建设以及市场整合等方面给予青松建化支持，加快所在区域的水泥市场整合，进一步增强青松建化的市场竞争力和控制力，并将通过青松建化积极促进新疆水泥行业的结构调整。

7.3.5 光伏行业：外需急剧萎缩背景下并购重组迅速增长

光伏产业是战略性新兴产业。发展光伏产业对调整能源结构、推进能源生产和消费方式变革、促进生态文明建设具有重要意义。

（1）行业规模迅速扩大与国际市场需求政策性大幅度下跌

近两年的光伏行业技术进步快，发展迅速。2012年，光伏组件的价格从2008年以前的每瓦3.8美元降到每瓦0.6美元。2012年，全球光伏组件的需求量约25G瓦，而仅中国的光伏组件产能就高达40G瓦。

受欧美国家贸易保护主义抬头影响，2012年我国光伏行业系统性风险持续上升。中国出口信用保险公司数据显示，2012年，该公司短期出口险光伏行业项下累计发生赔款1.5亿美元，同比增长161.4%。

2012年以来，部分发达国家实体经济不断恶化，失业罢工形势愈演愈烈，海外进口商付款能力大幅下降，贸易保护主义日渐抬头，我国出口企业面临的出口收汇风险和资金回笼缺口加大。最新数据显示，2012年中国信保已向1838家企业支付赔款11.8亿美元，同比增长24.9%。

中国2012年多晶硅生产量6.04万吨，受欧美韩多晶硅工厂反倾销的影响，企业经营困难，停产企业数量占80%以上。

2012年全球光伏装机量达到32G瓦，同比增长14%，受日本市场需求的增加，国内分布式发电的启动预计2013年将会维持在10%以上的增长。

（2）行业并购重组快速增长

2013年7月份以来，随着国务院《促进光伏产业健康发展的若干意见》等多项利好政策的相继出台，光伏业新一轮投资大潮正汹涌而来。总投资近

300 亿元的无电人口区光伏独立供电项目由华能、大唐、国电、华电等承担，宁夏 2500 兆瓦沙漠生态光伏电站的建设由中国机械工业集团投资 200 亿元包揽，国内规模最大的单体分布式光伏发电项目由中航工业集团承建。

国际光伏行业的并购的风起云涌。2012 伊始，美国 Onyx 就宣布已经与中国 OptimumSolar 签订了合作备忘录，将收购 OptimumSolar25% 的股权。法国电力公司（EdF）也宣布向上年 11 月申请破产的晶硅电池制造商 Photowatt 发出收购要约。德国工业巨头西门子公司也参与到行业整合的大潮中，将以大约 3. 81 亿美元的现金收购加拿大数据通信网络系统制造商 RuggedComInc。这是西门子自 2009 年以 4. 18 亿美元收购以色列太阳能热电设备制造商 Solel 以来进行的最大的一起收购。最近，澳大利亚可再生能源公司 CBDEnergy 也传出收购消息，该公司已经同意收购美国光伏企业 WestinghouseSolar，进而打入美国屋顶太阳能发电市场。

国内光伏并购也快速发展。从 2011 年开始，一些颇有实力的企业就已有所动作。2012 年 1 月，赛维 LDK 与德国太阳能光伏制造企业 SunwaysAG 达成协议，赛维 LDK 以大约 220 万欧元认购 SunwaysAG 的 579 万股新股，认购完成后赛维 LDK 将总计持有该公司约 33% 的股份。同时，赛维 LDK 还宣布有意向 SunwaysAG 发出收购要约，并已获得德国相关部门的批准。这是赛维 LDK 三年之内完成的第三笔海外并购。此前赛维 LDK 曾分别于 2009 年收购意大利太阳能系统整合商 SGT70% 的控股权，并于 2011 年 4 月收购美国光伏制造企业 SolarPowerInc. 70% 的股份。

2013 年 3 月国内光电龙头企业无锡尚德公司破产，是国内光伏行业最重要的重组事件。经过 8 个多月的重组谈判，2013 年 11 月由顺风光电投入 30 亿元收购资金，以及 30 亿元技术改造资金对尚德公司进行了重组。

7. 4　2012 ~ 2013 年度中国企业并购重组制度与政策分析

2012 年至今大约有 10 份政策文件涉及企业并购重组，具有三方面特征。一是促进多个行业要推动企业兼并重组，进行产业调整；二是政策也将企业并购重组视为化解产能过剩的重要手段；三是支持兼并重组的具体配套政策仍然延续以往的思路，没有明显突破。

表 7.4　　2013 年企业兼并重组有关政策

发文年份	文件号	名称
2013	国发〔2013〕41 号	国务院关于化解产能严重过剩矛盾的指导意见
2013	工信部联产业〔2013〕16 号	工业和信息化部、国家发展和改革委员会、财政部等关于加快推进重点行业企业兼并重组的指导意见
2013	国办发〔2013〕67 号	国务院办公厅关于金融支持经济结构调整和转型升级的指导意见
2013	交水发〔2013〕536 号	交通运输部关于印发加快推进长江等内河水运发展行动方案（2013～2020 年）的通知
2013	国邮发〔2013〕178 号	国家邮政局、工业和信息化部关于推进快递服务制造业工作的指导意见
2012	国粮财〔2012〕205 号	国家粮食局、中国农业发展银行关于进一步加强合作推进国有粮食企业改革发展的意见
2013		中共中央、国务院关于加快发展现代农业进一步增强农村发展活力的若干意见
2013	工信部原〔2013〕426 号	工业和信息化部关于印发《加快推进碳纤维行业发展行动计划》的通知

7.4.1　相关政策明确了重点行业推动并购重组的目标

在 2012 年以来针对兼并重组的 10 个文件中，有 7 个文件提出了各行业推动兼并重组的政策目标，其涉及汽车、钢铁、水泥、船舶、医药、农业、碳纤维行业、水运、快递服务业、电解铝、稀土、电子信息和粮食等 13 个行业，具体如下。

汽车行业。到 2015 年，前 10 家整车企业产业集中度达到 90%，形成 3～5 家具有核心竞争力的大型汽车企业集团。推动整车企业横向兼并重组。鼓励汽车企业通过兼并重组方式整合要素资源，优化产品系列，降低经营成本，提高产能利用率，大力推动自主品牌发展，培育企业核心竞争力，实现规模化、集约化发展。推动零部件企业兼并重组。支持零部件骨干企业通过兼并重组扩大规模，与整车生产企业建立长期战略合作关系，发展战略联盟，实现专业化分工和协作化生产。支持大型汽车企业通过兼并重组向服务领域延伸。完善汽车行业服务体系，以品牌营销为主体，大力发展研发、采购、现代物流、汽车金融、信息服务和商务服务，实现服务业与制造业融合发展。支持参与全球资源整合与经营。鼓励汽车企业“走出去”，把握时机开展跨国并购，在全球范围内优化资源配置，发展并完善全球生产和服务网络，提升国际化经营能力，增强国际竞争力。

钢铁行业。到2015年，前10家钢铁企业集团产业集中度达到60%左右，形成3~5家具有核心竞争力和较强国际影响力的企业集团，6~7家具有较强区域市场竞争力的企业集团。重点支持大型钢铁企业集团开展跨地区、跨所有制兼并重组。积极支持区域优势钢铁企业兼并重组。大幅减少企业数量，提高钢铁产业集中度。支持重组后的钢铁企业开展技术改造，淘汰落后产能，优化区域布局，提高市场竞争力。鼓励钢铁企业参与国外钢铁企业的兼并重组。鼓励钢铁企业延伸产业链。重点支持钢铁企业参与国内现有矿山资源、焦化企业的整合，鼓励钢铁企业重组符合环保要求的国内废钢加工配送企业。

水泥行业。到2015年，前10家水泥企业产业集中度达到35%，形成3~4家熟料产能1亿吨以上，矿山、骨料、商品混凝土、水泥基材料制品等产业链完整，核心竞争力和国际影响力强的建材企业集团。重点支持优势骨干水泥企业开展跨地区、跨所有制兼并重组。坚持集约化发展的原则，鼓励企业通过合并、股权收购、资产收购、资产置换、债务重组等多种方式，实施强强联合、兼并改造困难企业和中小企业，实现产能合理布局。鼓励水泥企业延伸产业链。鼓励水泥企业在做强做大主业的基础上兼并重组上下游关联企业，优化物流配送，整合发展预拌砂浆、商品混凝土及建筑预制构件产业。鼓励具有科技研发优势的建材企业集团，以并购、产业联盟等多种方式整合资源，融合咨询、测试、科研、技术开发、工程设计、安装调试、工程承包等业务，促进运营服务及生产一体化发展。支持重组企业整合内部资源，走以内涵为主的发展之路。鼓励将企业兼并重组与改组、改制、技术改造、加强管理相结合。鼓励企业创新商业模式，发展电子商务。

船舶行业。到2015年，前10家造船企业造船完工量占全国总量的70%以上，进入世界造船前10强企业超过5家。形成5~6个具有国际影响力的海洋工程装备总承包商和一批专业化分包商。形成若干具有较强国际竞争力的品牌修船企业。积极推进以大型骨干造船企业为龙头的跨地区、跨行业、跨所有制的兼并重组，优化资源配置，发展拥有国际竞争力的企业集团，提高产业集中度。促进优势企业通过兼并重组等方式扩大高端产品制造能力。鼓励上下游企业组成战略联盟，进行产业链整合。推进骨干企业开展境外并购。鼓励中小型造船企业面向细分市场实施差异化竞争，向“专、精、特、新”的方向发展，在优势领域形成特色和品牌。引导船用低中速柴油机和甲板机械等配套企业以资本、产品为纽带，加大专业化重组力度。

电解铝行业。到2015年，形成若干家具有核心竞争力和国际影响力的电解铝企业集团，前10家企业的冶炼产量占全国的比例达到90%。支持具有经济、技术和管理优势的企业兼并重组落后企业，支持开展跨地区、跨行业、跨所有制兼并重组。鼓励优势企业强强联合，积极推进上下游企业联合重组，鼓励“煤（水）—电—铝”及“矿山—冶炼—加工—应用”一体化经营，实现规模化、集约化发展，培育3～5家具有较强国际竞争力的大型企业集团。

稀土行业。贯彻落实《国务院关于促进稀土行业持续健康发展的若干意见》（国发〔2011〕12号）有关要求，支持大企业以资本为纽带，通过联合、兼并、重组等方式，大力推进资源整合，大幅度减少稀土开采和冶炼分离企业数量，提高产业集中度，基本形成以大型企业为主导的行业格局。

电子信息行业。到2015年，形成5～8家销售收入过1000亿元的大型骨干企业，努力培育销售收入过5000亿元的大企业。以资本为纽带推进资源整合及产业融合，加快发展和形成一批掌握关键核心技术、创新能力突出、品牌知名度高、国际竞争力强的跨国大公司。支持龙头骨干企业开展并购，大力推动产业链整合，提高产业链管理及运作水平，强化产业链整体竞争力。积极推进制造业向服务延伸，推动产品制造与软件和信息服务融合、制造业与运营业融合，大量催生新产品、新业态，鼓励引导商业模式创新。引导并加快产业链垂直整合进程，促进资源优化重组。

医药行业。到2015年，前100家企业的销售收入占全行业的50%以上，基本药物主要品种销量前20家企业所占市场份额达到80%，实现基本药物生产的规模化和集约化。鼓励研发和生产、原料药和制剂、中药材和中成药企业之间的上下游整合，完善产业链，提高资源配置效率。鼓励同类产品企业强强联合、优势企业兼并其他企业，促进资源向优势企业集中，实现规模化、集约化经营，提高产业集中度。培育形成一批具有国际竞争力和对行业发展有较强带动作用的大型企业集团。

农业产业化龙头企业。贯彻落实《国务院关于支持农业产业化龙头企业发展的意见》（国发〔2012〕10号），支持农业产业化龙头企业通过兼并重组、收购、控股等方式，组建大型企业集团。培育壮大龙头企业，打造一批自主创新能力强、加工水平高、处于行业领先地位的大型龙头企业。引导龙头企业向优势产区集中，形成一批相互配套、功能互补、联系紧密的龙头企业集群，培育壮大区域主导产业，增强区域经济发展实力。

粮食行业。重点推进县级国有粮食购销企业兼并重组，促进资产优化组合。每个县（市、区）原则上保留1家地方国有或国有控股粮食购销企业，以优势骨干粮库为主体，基层购销网络为基础，通过兼并重组，组建公司制、股份制粮食企业，主要承担粮食储备、政府调控和市场化收购任务。逐步实现“一县一企、一企多点”模式，促进资产、资源向优势企业集中，把国有粮食企业做大做强。

碳纤维行业。提高产业集中度。按照政策引导、市场化运作方式，扶优扶强，积极培育具有较强竞争力的碳纤维骨干生产企业，鼓励骨干企业开展跨地区、跨所有制的联合重组，力争到2020年前5家生产集中度提高至70%以上。鼓励以大型碳纤维生产企业为龙头，培育若干创新能力强、特色鲜明、配套齐全的产业集聚区，实现资源优化配置，提高全产业链的竞争优势。

7.4.2　并购重组作为化解产能过剩的重要手段受到高度重视

金融危机爆发以来，部分行业产能过剩问题凸显，推进产业结构调整和优化升级迫在眉睫，推动企业兼并重组是政策促进化解产能过剩的重要手段。

2013年出台的国发〔2013〕41号《国务院关于化解产能严重过剩矛盾的指导意见》，明确提出要推动相关领域行业内的并购及跨境并购整合：“推进企业兼并重组。完善和落实促进企业兼并重组的财税、金融、土地等政策措施。协调解决企业跨地区兼并重组重大问题，理顺地区间分配关系，促进行业内优势企业跨地区整合过剩产能。支持兼并重组企业整合内部资源，优化技术、产品结构，压缩过剩产能。鼓励和引导非公有制企业通过参股、控股、资产收购等多种方式参与企业兼并重组。研究出台促进企业做优做强的指导意见，推动优强企业引领行业发展，支持和培育优强企业发展壮大，提高产业集中度，增强行业发展的协调和自律能力。”

该政策亦对某些产能过剩行业明确提出了整合的要求。如钢铁行业重点推动山东、河北、辽宁、江苏、山西、江西等地区钢铁产业结构调整，充分发挥地方政府的积极性，整合分散钢铁产能，推动城市钢厂搬迁，优化产业布局，压缩钢铁产能总量8000万吨以上。平板玻璃行业支持联合重组，形成一批产业链完整、核心竞争力强的企业集团。船舶行业支持企业兼并重组，提高产业集中度。

7.4.3 并购重组的具体支持政策仍有待进一步加强和细化

2013年的政策文件中虽然突出强调了兼并重组的重要作用，并提出了多个行业的整合目标，但在具体配套政策上没有大的变化，仍然延续2010年8月28日颁布的《国务院关于促进企业兼并重组的意见》（国发〔2010〕27号）上面提出的税收、金融、财政等方面的支持。

但是国务院办公厅《关于金融支持经济结构调整和转型升级的指导意见》里面提出：“对实施产能整合的企业，要通过探索发行优先股、定向开展并购贷款、适当延长贷款期限等方式，支持企业兼并重组。”

7.5 综合性讨论：产能过剩背景下的并购重组

在经济增长的不同阶段，采用的政策重点有所不同。在经济发展初期，因为产业发展方向明晰，具有明确导向的产业政策可以发挥重要作用。但经济发展到更高阶段，政府也难以判断产业发展方向，这时产业政策应逐步弱化，而以消除市场失灵、通过企业间竞争促进发展的竞争政策应逐步加强，兼并重组正是重要的竞争政策。促进企业兼并重组也是完善市场经济体制的要求，有利于企业在更大范围内按照市场经济原则有效利用各类经济资源。

7.5.1 并购重组是化解产能过剩的重要手段

促进兼并重组是化解产能过剩的重要手段。当前我国在部分行业，特别是部分工业部门的产能过剩问题较为严重，国发〔2013〕41号文提出要通过

"消化一批、转移一批、整合一批、淘汰一批"的思路化解产能过剩。其中通过兼并重组整合一批是短期内代价最小、副作用最小的方式，兼并重组不像通过扩大内需消化产能政策需要政府财政投入和对市场的干预，不像淘汰产能可能导致的大量失业和破产问题，兼并重组可以使资源在企业内部进行整合，最大限度缩小产能过剩的风险和社会危害。

7.5.2　促进并购重组需要重视对企业的激励和引导

建设新厂和兼并重组是企业扩大规模的两种主要方式，从实际情况看，建设新厂和兼并重组相比，激励大而风险小。

通常新建产能时，企业能够得到廉价的土地、地方财政支持、税收减免等优惠政策，可以优先得到节能环保指标，地方政府可以帮助建设相应的基础设施，帮助落实银行贷款，甚至可以出钱出力帮助招工。而兼并重组不仅难以享受这些优惠，还经常要卷入与收购对象以及相关政府的复杂博弈，风险很大。与新设投资项目不同，并购项目难以得到银行资金的支持，像过桥贷款和并购基金以及相关中介机构对企业有重要帮助的金融支持非常不够，其他各方面的政策重视也非常不够，这些极大地制约了企业推进并购重组的积极性。

7.5.3　并购重组需要防范不平等竞争

并购重组需要较大的资金支持，在目前我国银行业普遍对并购过桥资金支持力度小的情况下，不少行业的并购重组难以获得金融支持，特别是银行出于风险规避的考虑往往不愿向产能过剩行业发放贷款。在这种情况下，民营企业想兼并收购其他企业存在很大的资金难度。而国有企业在获取银行资金支持方面具有特有的信誉和优势，在这种情况下，有可能造成国有企业在新一轮的并购重组中占有很大的优势，形成不平等竞争，需要加以高度重视。

7.5.4　推进并购重组需要防止形成新的垄断

促进并购重组的目的是要形成一种合适的市场结构，这种市场结构主要指大中小企业之间的相互份额适度，行业既有合适的集中度，也有足够的中小企业发展的空间。从调研情况看，目前我国大多数行业面临的是企业数量过多、行业集中度过低的矛盾，但也存在一些行业垄断性过大的问题。由于各个行业所适合的市场结构有很大差别，无法事先规划一个最优的集中度，实践中既应该积极推进并购重组，也应该严格执行反垄断法，在法律的规范下形成合适的市场结构。

7.5.5 重视并购重组对促进转型升级和结构调整的重要作用

兼并重组是推动结构调整和转型升级的重要途径。兼并重组是具有竞争力的企业利用其市场优势，推广先进的技术、管理和商业模式的过程。一方面，通过市场压力迫使不具备市场竞争力的企业退出市场，将相应低效使用的资源释放出来，转向新的市场方向和产业重点；另一方面，具有竞争力企业的兼并重组也能够形成市场威慑力，使一些企业在进入市场前会充分考虑生存竞争的压力，避免非市场性的产能扩张。通过兼并重组，让先进企业更快发展，可以淘汰落后、鼓励创新，有利于产业升级。

7.5.6 推动企业兼并重组需要进一步完善有关法律的实施细则

企业兼并重组涉及的大的法律框架体系已经基本建立，如公司法、证券法、税法、破产法、反垄断法、合同法等。但在实践中公司法和破产法仍存在突出瑕疵，不利于兼并重组的进行。比如破产程序冗长和复杂，加上地方政府对本地企业破产一般持消极态度，因而实践中通过破产程序然后实现兼并重组的案例很少。公司法也未解决当前兼并重组中普遍存在公司设立僵局等众多操作性问题。例如兼并方完成公司名称预核准后提出公司设立登记申请时，工商登记机关要求必须先进行被兼并企业的注销，但由于地方政府或者被兼并方的消极态度，注销遥遥无期，使得兼并方难以具有法定名称和法人资格，公司运作存在法律障碍。兼并重组过程中发起人之间的表决原则是按资本多数还是平等原则不明确，容易导致责权利不清、效率低下等问题。要进一步推进化解产能过剩的兼并重组，必须完善上述法律的系列实施细则，为兼并重组创造既严格规范又高效的法律制度环境。

本章统稿人许召元。撰写执笔人赵昌文、许召元、王怀宇、张婷。

第八章　当前企业对进一步理顺政企关系、全面深化经济体制改革的看法与建议

按照中央财经领导小组办公室的要求，国务院发展研究中心企业研究所和中国上市公司协会成立专门课题组，就“企业对进一步理顺政企关系、全面深化经济体制改革的看法和建议”进行了调研。课题组采取座谈交流和问卷调查相结合的方法，在北京、天津、唐山、哈尔滨、无锡、温州、武汉、成都、深圳等城市分别召开国有、民营和外资企业及其相关主管部门、行业协会、商会的座谈会，对参加座谈的企业和部分上市公司发放了调查问卷，共收回1539份来自全国不同省份、覆盖不同行业、代表不同规模和所有制企业的答卷。经过统计分析，企业最关注的问题依次为：完善市场体系、理顺政企关系和转变政府职能、深化国有企业改革、支持非公经济发展、加快财税体制改革、推进金融体制改革、完善劳动就业与社会保障体系、建立有利于企业创新的体制和政策环境、进一步深化对外开放。以下是具体内容。

8.1　完善市场体系

调查中，96.7%的企业认为，完善市场体系是下一步深化经济体制改革的关键环节和重点领域，其中，22.1%作为首选。该项在全部9项改革任务中列第1位。企业期盼有一个生产要素能够自由流动和平等使用、市场主体公平竞争、合法权益受到有效保护、政府监管到位、社会信用状况有极大改善的市场环境。

8.1.1　要素市场改革

(1) 主要问题

一是土地等资源配置的市场化水平仍较低。虽有土地招拍挂机制，但很多工业用地的实际配置权在政府手中，企业须首先与政府先谈定土地出让协议，然后再走招拍挂程序。在调查中，有42.2%的企业认为获取土地等资源最关键的是依靠“与政府的关系”，这一比例远远高于“依靠企业实力参与竞争”、

“熟悉国家和地方有关法律、政策”。同时，33.7%的企业选择了“政府对企业获取资源附加较多条件”。

二是资本市场发育程度不高，企业以间接融资为主，融资难、融资贵。我国企业融资的三分之二来自银行贷款，股权融资发展缓慢。调查中，59.0%的上市公司认为融资中遇到的主要困难是行政干预太多，40.2%认为是融资成本较高。38.8%的非上市公司认为最主要困难是融资成本高，其次是融资和发债审批等行政干预过多，市场化程度低，为32.9%。此外，约有20%的企业反映金融产品少，金融创新难以满足企业需求，约10%的上市公司和20%的非上市公司反映企业融资在所有制、规模等方面存在不公平和歧视现象。由于金融市场发育程度不高，导致近年来企业财务成本连续上升，2012年实体企业贷款利息支出与净利润的比例上升至50%。

三是由于劳动力供求结构不合理，《劳动合同法》对企业权益和劳动者权益保护不对等，覆盖城乡和地区的社会保障体系不统筹，影响了全国统一的劳动力市场的形成，并制约了劳动力市场效率的提高。调查中，企业普遍反映很难招到熟练技术工人、高管人员和科研人员，72.3%的企业认为是“劳动用工方面遇到的主要问题”，其中，49.2%的企业将此项作为首选。关于“《劳动合同法》等法规不完善限制了企业用工的灵活性”，20.5%的企业认为是“劳动用工方面遇到的主要问题”之一。同时，个人社保账户不可跨区域转移，制约了劳动力跨地区的流动、人力资源的优化配置。

（2）政策建议

以允许集体土地入市交易、提高工商业用地市场化程度为突破口，分步推进土地制度改革。政府不应在集体土地转为经营用地中通过低价征地再高价出售这种方式来形成土地财政，应允许集体土地直接入市交易，政府主要获得基于土地的相关税收收入，并由直接参与主体变为监督者和裁判员。要提高工业用地与商业用地通过市场化配置的水平，逐步缩小划拨用地范围，直至最终取消土地供应“双轨制”。

以提高企业融资效率和降低融资成本为目的推进金融市场改革。通过放开市场准入，允许民间资本进入正规金融体系，缓解目前“两多两难”（民间资金多而投资难、小微企业多而融资难）的困境，降低民间资本从事不受监管的非正规金融交易活动所带来的借贷信用风险和社会稳定风险。下决心改革直接融资领域的行政审批制度，放权给企业、中介机构和市场。调查中，62%的国有企业、52%的民营企业、54%的外资企业认为应加快改革直接融资中的审批制度。深化利率市场化改革，鼓励金融创新。

进一步改革教育制度，完善《劳动合同法》，加快形成全国统筹的社会保障体系。要根据社会经济发展阶段特点和企业的用工需求，改革和调整现有教育和人才培养体系，特别要加大高水平技能人才的培养。调查中，44.8%的企业将“有效开展职业教育和技能培训”作为下一步改革应重点突破的领域。

《劳动合同法》既要保护劳动者的合法权益，又要对等保护企业的合法权益，特别是要保护企业加大人力资源投入的积极性，防止用工固化影响企业活力。关于下一步改革应重点突破的问题中，30.02%的企业选择了“完善《劳动合同法》，规范企业用工行为，保障双方权益”。

应加快实现社保账户跨地区转移，促进劳动力少障碍、低成本地流动。在此基础上，中央政府提供一个全国性的、最低程度的社会保障，实现“最基本公共服务”的全国统筹。调查中，分别有37.7%、13.8%、10.7%的企业认为，“实现打工者住房、子女教育、养老、医疗等在就业居住地属地化管理，与户籍脱钩”、“消除农民进城就业限制，城乡劳动者平等就业”、“城乡都建立社会保障制度”是劳动用工保障改革下一步最主要的方向。

8.1.2　资源、能源价格和垄断行业改革

（1）主要问题

一是资源、能源价格形成市场化程度低。尽管担心资源、能源价格的市场化可能导致价格上涨，并进一步增加企业生产成本，但多数企业仍希望政府彻底放开对能源、资源价格的管制。86.7%的企业认为，只有打破垄断利益格局，实现政企分开和引入市场竞争，价格市场化的改革才能有实质性突破。其中，57.8%的企业作为首选。

二是垄断行业改革进展缓慢。在能源、铁路等行业，即使是非垄断可竞争的环节也缺乏有效竞争，而垄断环节又缺乏有效监管，造成了成本高、效率低，推高了经济社会发展的成本。如我国目前工业电价已超过美国、韩国、瑞典等发达国家。调查中，“关于当前应推动哪些有垄断性业务的行业改革”问

题，71.2%的企业表示应推动石油天然气行业改革，54.0%的企业表示应推动电力行业改革，40.8%的企业表示应推动铁路行业改革，36.7%的企业表示应推动广播与通信行业改革，26.7%的企业表示应推动重大公共基础设施投资改革。

（2）政策建议

选择若干重点行业率先推进实质性改革。从目前改革的条件看，除铁路改革已经开始外，石油、天然气、电力行业相关改革方案的论证也较充分，改革可先行启动。垄断行业改革的主要思路应坚持市场化导向，重在引入竞争。参与调查的所有企业对于"推进垄断行业改革的关键"问题的看法，70.6%的企业认为是引入竞争，44.9%的企业认为是政企分开，22.1%的企业认为是形成改革共识和政治决心，20.7%的企业认为是加强监管，12.4%的企业认为是产业链分拆。

继续推进石油、天然气和电力价格形成机制改革。成品油价格可在缩短政府调价时差的基础上，进一步实现完全由市场定价。天然气价格改革可在总结试点经验的基础上，尽快在全国范围推开。电价改革的时机相对成熟，可结合电网和电力体制改革，推动形成"输电价政府定，上网电价和售电价由竞争形成"的电价体系。

8.1.3 市场监管制度改革

（1）主要问题

调查中，近90%的企业认为政府监管在促进企业公平竞争方面没有发挥应有的作用，其中35%的企业认为监督缺位问题更严重了，并认为，监管能力的持续弱化、监管出发点及其制度设计上的问题，已经成为破坏市场经济秩序的主要根源。由于市场监管不到位，导致假冒伪劣、非法仿制、不正当竞争等屡见不鲜，消费者利益得不到保护，创新企业受到打击；由于可以很容易地规避环保、安全、技术等方面的监管，导致"劣币驱逐良币"，守法企业往往处于不利的竞争地位；由于一些行业标准落后和实施能力弱化，鼓励了落后产能的过剩；由于政府不作为或习惯于在出问题后搞运动式监管，医药、铁路、航空等领域的创新屡屡被中断和扼杀。

（2）政策建议

将提升监管能力作为完善市场经济体制、转变政府职能的主要内容之一。

通过减政放权以减少政府对微观经济的过度干预，只是政府改革的一个方面，更重要的是要加强以监管能力为核心的国家能力建设，这种建设是对国家立法、司法和行政机关的制度、机构和人员的系统建设。要坚持“一减一加强”原则，在减少政府干预的同时，加强政府市场监管能力建设，以从根本上改变政府任意干预企业和市场活动同时又主要靠行政手段去天天救火的状态。关于“提高政府市场监管能力的重点”，调查中，63.3%的企业认为最重要的是“转变政府职能，减少行政干预，增强监管独立性”，另外，44.7%的企业选择了“完善法律法规和行业标准，保证有效执行”、33.6%的企业选择了“提高监管的透明度、公平性”、13.2%的企业选择了“降低监管成本，提高监管效率”。

力求在几个重要领域实现监管改革的率先突破。对食品卫生等重要民生领域的监管改革已经启动，应力求在短期内有明显成效。加快推进对创新影响大、企业呼声强烈的行业的监管体制改革。医药行业由于审评时间长、程序不透明、药品价格受政府管制过多、采购招标过度依照低价等严重抑制了创新，需要进一步借鉴国际经验，加快建立既能促进药品创新又要保证药品安全、覆盖审评和应用全部环节、通畅灵活、公平高效的医药监管体系。除此之外，医疗器械、互联网行业、电力与新能源等领域的监管体制改革也迫在眉睫。

8.1.4　改善社会信用环境

（1）主要问题

总体上看，虽然绝大多数企业认为我国的信用环境有一定改善，但调查中仍有近30%的企业认为近年来社会信用环境在恶化。其中，政府信用缺失饱受诟病。对政府拖欠企业款项、违背之前承诺、先积极招商后关门打狗等做法，企业也无可奈何。调查中，有25.7%的企业表示政府信用严重缺失；22.9%的企业表示经济合同执行困难，经济纠纷和经营成本增加；35.2%的企业表示大企业或垄断企业利用霸王条款在付款、定价等方面侵害中小企业利益；62.3%的企业表示失信和违法成本低，导致社会信用环境恶化。企业反映，在遭遇民事、经济纠纷时主要的解决方式没有选择“法律手段”的主要原因是诉讼成本高、时间长、胜诉后执行又难，对司法判决缺乏信心。

（2）政策建议

加快出台实施政府诚信制度，对政府失信违约应有法律约束和惩罚措施。

完善企业申诉的法律保障机制。加强和保护媒体、社会公众等社会力量对政府诚信的监督。

促进政府在政府采购、国有大企业在经济活动中发挥守信表率作用。政府机构和国企的采购付款周期越来越长，大多数都在 180 天以上，甚至恶意拖欠，乃至以领导更换等为理由来拒绝支付。当前，可下决心采取专项行动以限制政府部门和国企在采购中的恶意拖欠账款行为，这对化解三角债风险、降低经济运行成本、改善市场秩序有显著标志性作用。

加快建立全国统一、可集合多方信息的信用信息平台。针对企业和个人的平台应同步建立，并按照程序和条件向社会开放。应鼓励多种社会第三方机构建立不同领域的信用平台，支持其开展信用评价活动。

8.2 理顺政企关系和转变政府职能

调查中，70.7% 的企业认为，下一步深化经济体制改革的关键环节和重点领域是理顺政企关系与转变政府职能。其中，17.7% 的企业作为首选。该项在全部 9 项改革任务中列第 2 位。企业对理顺政企关系的诉求非常强烈，反映的问题较集中，主要体现在 6 个方面。有些问题已存在多年，有些则产生于新形势下。正如某大型国有企业代表所言，政企关系是“一个很老的话题，但常说常新”。

8.2.1 行政审批事项多、效率低、困难大

（1）主要问题

一是行政审批事项多、时间长、费用高、手续繁琐、涉及部门多、程序不科学。“近三年，企业平均每年向政府申报、审批项目数量”为 17.67 个，企业认为“不必要的审批事项”比例平均 21.2%，企业遇到的最长审批时间平均为 171.35 天，审批部门平均 5.67 个，涉及审批程序平均 9.40 道。例如，管理互联网企业的部门多达 22 个；参与审批的多个部门资料不统一、资格不互认，申报企业每到一处都要重新认证、重新准备资料；整个审批过程需要交纳若干费用，如环评费、节能评价费、评估费、科研费、报告制作费等；企业增资需要办理工商变更，相关部门要求所有股东必须到场；集团公司每到一地

都被要求注册新公司、办理资质；等等。

二是核准制与审批制基本没有区别。第一，核准项目多、标准高、标准严，备案难度同样大，直接影响到企业的决策效率，企业甚至因此而丧失了好的投资机会；第二，核准部门权力过于集中。

三是与一般企业相比，境外投资与国有资本投资审批过度。审批制度在一定程度上扭曲了审批的初衷，一方面出现了大量政府部门借助审批干预企业、保护本地企业以及权力寻租等情况，另一方面阻碍了我国市场化进程，将市场风险转化成了政府风险。

（2）政策建议

改革行政审批制度的重点是减少审批事项、规范审批程序、下放审批权力、提高审批效率。对于在行政审批中最需要改进的方面，56.3%的企业认为是“提高审批效率，落实限时办结制”；48.9%的企业认为需要“减少审批层级，明确各级部门审批权限”；36.2%的企业认为需要“增加关于审批标准和流程的透明度”；34.8%的企业认为需要“减少审批事项，放松管制”。

重新梳理审批事项，对众多非重点领域、非数额巨大项目，尤其是涉及企业投资等常规经营内容的审批，由核准制改为备案制。对鼓励类项目的审批应逐步放开，实现对企业投资的事前引导、事中服务和事后追责，尊重企业的市场主体地位，不再出现企业因为审批丧失投资机会，以及投资前被限制、投资时被控制、投资出现问题后无人负责的情况；对备案项目实现真正意义上的“存档备查”，而非以不符合规划目标等借口以“不允许备案”的手段干预企业战略决策。

明确政府审批职权，不能让审批替代法律，更不能超越法律。政府应将审批与法律手段相结合规范企业行为，企业出现问题交由法律解决，而不能因为怕企业违规就一概禁止；将过于集中于中央政府的审批权限下放地方，减轻中央政府的工作压力，同时也能促进政策的一致性。

8.2.2　政府对企业仍然存在所有制、规模和地域歧视

（1）主要问题

政府歧视主要表现为所有制歧视、规模歧视和地域歧视。

一是政策执行过程中设置障碍。一些民营企业认为，非公有制经济的提法

本身就包含了“歧视”；另外，地方政策与中央政策经常不一致，企业在政策执行中面临不公正待遇。二是民企和外企受到市场准入限制。民企在一些重点领域的市场准入门槛高，银行融资难度大且成本高；外企在中国投资过程中，遇到许可证限制。三是中小企业属弱势群体，在与政府部门，主要是地方政府的合作过程中处于弱势，对政府制定的合作规则只能被动接受。关于“当前土地、矿产等资源配置存在的主要问题”，52.9%的企业选择是“政府主导且有选择性的配置导致机会不公”；40.7%的企业认为“大企业容易获得，小企业较难”。

（2）政策建议

消除政府歧视的关键是创造公开、公平、公正的市场环境，建立所有类型企业“平等使用生产要素、公平参与市场竞争、同等受到法律保护”的法律体系。

尽量淡化国企、民企、外企不同所有制经济之间在制度和政策上的差别，实行“国民待遇”和“一视同仁”；政府决策和政策执行的重点在准入环节应突出强调“非禁即入”，强化标准管理，废除所有制限制；政府出台政策要充分考虑国企、民企和外企的诉求，以及不同规模企业的诉求，服务体系要覆盖所有类型企业。加快清理已有各种限制性政策，包括明条款和暗规则，打破行业不公和地区封锁。

8.2.3 政府职能缺位、越位、不到位

（1）主要问题

一是政府没有充分发挥市场监管作用。关于“政府市场监管能力在促进企业公平竞争方面所起的作用”，50.6%的企业认为“作用有限”，33.6%的企业认为“缺位、越位、错位严重，该管的不管，不该管的管太多”。

二是政出多门、关系复杂。调查中，不少企业反映，经常遇到中央各部门之间政策相互打架的情况，也经常遇到地方政策与中央政策不一致甚至矛盾的情况，如一些地区发生过国家发改委规定的外商投资奖励类项目，却被省发改委定位为限制类。

三是现有各种企业支持政策存在不少问题。参与调查的所有企业中，近三年平均每年获得政府各类资金支持、财政补贴、税收减免与返还等占营业总收

入的比重平均为 4. 20%；企业为此支付的成本占实际得到补贴的比重平均为 17. 87%。

关于“对政府补贴的看法”，97. 92% 的企业选择了“增强补贴透明度和公平性，强化监督管理”，比位列第二的“优化补贴结构”高出 10. 1 个百分点。

关于“政府通过各类专项补贴来扶持企业的方式存在的主要问题”，54. 8% 的企业认为是“无法及时获取各类政府补贴信息”。

四是行业协会的作用没有很好发挥。关于“行业协会难以发挥作用的主要原因”，70. 56% 的企业认为最重要的是“行业协会的职能定位不清楚”，也有相当比例企业认为，很多行业协会均有政府背景，政府职能转变不到位，行业协会发挥作用的空间不大。同时，企业还认为一些行业协会缺乏自律，不能维护企业的利益。

（2）政策建议

一是以“服务企业发展为目标”转变政府宏观管理方式。各级政府部门将工作重点从管理和控制企业转变为帮助企业，由企业“跑”变为政府“办”；做到政府职能转变与企业发展同步，增强政府的服务能力；建立政府和企业之间的固定沟通渠道，对企业反映的政府职能缺位、越位、不到位情况及时处理并反馈，解决企业“投诉无门”的状况。

二是政策的制定和调整要充分尊重并听取行业和企业的意见。不能走形式，要明确规定政策的制定必须有行业和企业代表参与；政策出台后，要有标准、细则等配套政策同步跟进；中央政府各部门、中央政府与地方政府，各地方政府之间的政策要建立相应的协调和监督机制；要建立政策执行结果的评价反馈机制，对于出现的共性问题，要及时调整或取消。

三是整合政府信息资源，建立涵盖政府体系的公共信息服务平台。综合、及时发布各类指导性信息，包括政府各类政策和细则、宏观经济形势、境外投资政策和环境、国内各地区招商引资政策、行业预警等信息，为企业战略决策提供参考。

四是加强市场监管力度。政府监管的重点应强调规范和惩罚。在国家法规和政策的统一框架下，规范企业的经营行为；同时，加大惩罚力度，增强法律的威慑力。关于“提高政府市场监管能力的重点”，63.3%的企业认为是“转变政府职能，减少行政干预，增强监管独立性”。不同所有制、不同规模企业选择此项的比例均高于50%。

五是重视行业协会的发展，明确定位协会为企业服务的职能。规范协会的行为，引导其自律发展；重视协会代表企业反映的问题，借助协会的组织能力和协调能力提高政策的执行力；与协会合作，在政策制定与执行、标准制定等方面共同为企业服务。

8.2.4 政府诚信不足、政策变化快

（1）主要问题

“政府缺乏诚信”、“政策变化频繁，企业缺乏稳定预期”是调查中企业反映非常强烈的问题。

主要表现在：一是地方政府承诺不兑现。地方招商引资政策中优惠条件、政府承诺提供的条件很明确、很具体，但企业投资之后政策变化大，基础设施配套等很多承诺经常不能兑现；政府采购存在“霸王条款”，付款不及时；政府承诺的优惠政策很难落实到位。

二是中央一些部门如原铁道部长期拖欠工程款项。

三是国家宏观经济政策变化快，企业没有稳定而准确的预期，经常无所适从。调查中，60.9%的企业在回答“政府在宏观调控和经济管理中存在的突出问题”时，选择了“政策变化频繁，企业缺乏稳定预期”，其中，48.1%的企业作为首选。

（2）政策建议

提升政府诚信度的重点在于还清旧账、履行承诺。要集中力量摸清政府拖欠情况，包括被拖欠主体、拖欠事项和事由、拖欠金额、偿还能力等，出台专门政策解决，以挽回政府形象，维护企业利益。

解决企业稳定预期的关键是保持宏观经济政策的连续性和稳定性。

8.2.5 政府干预手段多、随意性强

（1）主要问题

调查中，企业反映政府干预企业日常生产、经营活动的情况较为普遍，干预手段多、随意性强。关于“政府在宏观调控和经济管理中存在的突出问

题”，企业选择中排第2和第3位的分别是“过度使用行政手段干预企业，如准入、退出、资质审查、限产、限价等”和“产业发展规划、计划等，形成了新的行政干预”，分别占60.82%和39.11%。此外，关于“企业在融资中遇到的主要困难和障碍”，80.18%的企业认为是“IPO、再融资和发债审批等行政干预过多，市场化程度低”。

一是政资不分、公益性与经营性不分。地方政府将具有公益性质的项目交由企业建设和运营；要求本地效益好的企业兼并重组效益不好的企业，或是主导企业间的整合重组；政府的许可证等准入政策影响企业的发展战略，尤其是投资战略。

二是司法随意。地方司法部门“长官意识”较强，对企业形成干预。

（2）政策建议

避免政府过度干预企业的关键在于进一步转变政府职能，进一步实现政资分开、政企分开，进一步完善法律和政策环境。要继续改革行政审批制度，放宽市场准入，还企业自主决策权。此外，要完善法律法规，加强司法程序的透明度，防止司法随意性。

同时，鼓励企业面临政府过度干预时，以法律、法规条款和科学的决策程序应对，充分利用舆论的力量，而非一味被动接受。

8.2.6　地方保护虽有明显改善但仍然严重

（1）主要问题

调查中，关于“企业遇到的地方保护”，66.8%的企业认为最主要的是“政府对本地产品进行保护”；关于“地方保护近年来是加重了还是明显改善”，76.5%的企业认为“明显改善”；关于“地方保护产生的主要原因”，58%的企业选择“保护地方税收和就业”。

主要问题在于：政府保护的手段越来越多。地方政府采取许可、质检、备案、股本比例限制、优惠政策等行政手段保护本地产品、本地市场和本地资源，影响跨地区发展企业的产品销售和项目投资。

（2）政策建议

破除地方保护的重点在于“一收、一放、两改”。

进一步上收少数重要和特殊部门的“人、财、物”控制权，摆脱地方政府对“权力部门”的控制；将集中于中央政府的一些职能，包括部分审批权等下放地方，让地方政府在中央统一制度、统一标准、统一规则下转变职能，服务于企业；改革目前地方与中央的利益分配格局，让地方政府有更多并且稳定的收入；改革地方政府绩效考核方式，引导地方政府将注意力从“比数据”、“拼规模”、“造形象”转向“比服务”、“拼实力”、“促创新”。

8.3 深化国有企业改革

调查显示，57.7%的企业认为，国有经济改革是下一步深化经济体制改革的关键环节和重点领域之一。该项在全部9项改革任务中列第3位。主要应关注以下三个方面。

8.3.1 政府高层坚定改革决心是推进国有经济改革的关键

（1）主要问题

调研企业都认为推进国有经济改革很重要，但同时也认识到当前推进国有经济改革还面临着不少障碍。关于影响国有经济改革的主要因素，67.7%的企业认为政府高层决心是决定国有经济改革的首要因素，65.3%的企业认为来自国有部门内部的阻力会影响改革进程，51.2%的企业认为需要进一步达成改革共识。

（2）政策建议

建议政府高层坚定改革决心，相关部门加强理论研究和社会宣传，逐步形成社会各方的改革共识，稳步推进国有经济改革。

8.3.2 以国有资产管理体制改革和国有垄断行业改革作为国有经济改革的两大突破口

（1）主要问题

对下一步国有经济改革任务的调查显示，78.0%的企业认为国有资产管理体制改革应作为下一步改革的重要任务，74.6%的企业认为国有垄断行业改革应作为下一步的重要任务。调研也表明，无论国有企业还是民营企业都非常关注这两项改革。国有企业希望通过资产管理体制改革理清与政府公共管理部门、国资监管部门之间的关系，处理好规范管理与经营效率之间的关系，以获得更大的企业自主权。民营企业非常迫切要求推进国有垄断行业的改革，调查显示，近30%的民营企业认为国有经济尤其是国有垄断企业的挤压是当前民营经济发展遇到的首要问题。

（2）政策建议

建议以国有资产管理体制改革和国有垄断行业改革作为下一步国有经济改革的两大突破口。第一，积极推进各类国有资产管理体制改革，让国有资本有真正的权利人主体、国有企业有真正的股东，彻底解决政企不分、政资不分的老问题。第二，加快推进以引入竞争和政企分开为核心的国有垄断行业改革，通过政企分开、产业链分拆等手段增强垄断行业的可竞争性，通过不断放宽市场准入、降低进入门槛培育不同所有制企业间的有效竞争。调查表明，有高达70.6%的企业认为推进垄断行业改革的关键是引入竞争，并有44.9%的企业认为要推进政企分开。

8.3.3　尽快妥善化解国有企业改革的历史遗留问题并加强和改善对国有企业的监管

（1）主要问题

对过去五年国有企业改革进展情况的调查表明，55.1%的企业认为有所进展，但高达22.5%的企业认为基本停滞甚至有所倒退。调研也表明，地方国有企业改革任务实际远未完成，不同类型企业面临着不同的改革任务。第一，处于公用事业领域的国有企业普遍反映当前面临的最大问题是政企不分，政府管理部门往往将部分公共事业目标内化于国有企业的经营活动。另外，公共产品价格机制不顺、长期依赖政府补贴、缺乏激励机制等也是这类企业普遍面临的问题。第二，一些经营状况不佳的企业主要反映两类问题：一是企业尚未完成公司制改造，存在资产负债率高和资本金不足等问题。二是改制不彻底，企业办社会等历史遗留问题未完全解决，很多企业还承担着大量退休职工管理、原公有住房管理、城市低价供水供热供暖、社区服务等，企业办学校、医院及其他非经营性资产也未完全脱钩，每年为此耗费大量人力财力。第三，经营状况较好的国有企业所反映的问题主要集中在国资监管和公司治理上，包括国资监管部门授权不充分、考核不灵活、激励不到位；产权结构单一还非常普遍；内部治理结构粗糙，成员高度重叠，机构间职能不清等现象比较普遍；高管人员市场化选聘程度不高等。第四，地方投融资平台作为近几年快速兴起的新型国有企业，所反映的最突出问题是政企不分，现代企业制度建设滞后，企业内控机制不健全。

（2）政策建议

建议明确时间表，尽快完成国有企业改革的历史遗留问题。明确到“十二五”末，完成对国有企业的公司制改造，除少数确需国有独资外，绝大部分国有企业都要实现股权多元化；严格要求各地制定具体办法，将国有企业退休人员管理、企业原公有房管理和学校医院等非经营性机构移交社区，实行完全社会化管理，彻底解决企业办社会的问题。加强和改善对国有企业的监管，国资监管部门要根据企业的公益性与竞争性、产业性与投资性等定位，实行分类监管、分类考核、差异化授权；要健全企业治理结构和组织体系，细化落实董事会、监事会、经理层的各项职能，积极推行市场化治理机制。对地方投融资平台，要严格按照现代企业制度要求，实现政企分开，建立健全企业法人治理结构，加强企业内控管理。

8.4 支持非公有制经济发展

调查中，53.5%的企业认为，促进非公经济发展是下一步深化经济体制改革的关键环节和重点领域之一。该项在全部9项改革任务中列第4位。

8.4.1 非公经济发展的环境仍有待进一步改善

（1）主要问题

关于“目前非公经济（民营企业）发展的总体环境”，2.3%的企业表示“很好”，30.9%的企业表示“较好”，51.5%的企业表示“一般”，13.1%的企业表示“较差”，2.2%的企业表示“很差”，即有超过2/3的企业表示目前非公经济发展的总体环境“一般”、“较差”或“很差”。

调查中，不少民营企业反映，政府和整个社会对非公经济（民营企业）仍然存在相当程度的歧视。相对于国有企业和外资企业而言，民营企业仍然是“非主流”，社会择业选择仍然是“首选公务员，其次是国企或者外企，第三才是民企，还要看行业”。调查中，很多民营企业还表示，政府偏爱国企和外企，民营企业在获取土地、资金（贷款）、政府补贴、户口指标等方面仍遭遇不公平待遇。仅以户口指标为例，不少北京的民营高科技企业表示，由于民营企业难以解决引进人才和应届毕业生的北京户口问题，而央企（国企）留京指标多，众多优秀人才出于户口的考虑纷纷流向国企，使得民营企业明显处于不公平的竞争劣势状态。部分受访民营企业家表示，近年来出现“国进民退”趋势，民营企业的发展环境不是改善了而是在恶化。

（2）政策建议

要树立民营企业对未来的信心，关键是进一步健全以《物权法》等为代表的法律体系，保护民营企业合法的财产权利。同时，要进一步深入打破垄断、切实放宽市场准入，在不需政府管制的领域实施“非禁即入”；政府的有关政策在制定实施细则时可以邀请部分企业代表参加，充分尊重并吸收企业的合理意见。

8.4.2　“新非公36条”等政策的实际效果仍有待进一步观察

（1）主要问题

问卷调查中还调研了受访企业对“当前民营企业发展中遇到的突出问题”的看法，统计发现，当前民营企业发展中遇到的突出问题依次为：①市场准入放开不够，或虽有准入政策，但“玻璃门”、“弹簧门”现象严重；②民营企业可以参与一些放开领域的投资，但难以实质性参与经营；③既得利益格局很难打破，“非公36条”难以落实；④在获得政府资源等方面遇到不公平待遇；⑤金融创新不足影响民营企业投资与经营活动；⑥民营经济发展受到国有经济的挤压。

不少民营企业表示，“新非公36条”等政策的实际效果仍有待进一步观察。从目前来看，市场准入的放开仍然不够，“玻璃门”、“弹簧门”现象依然严重，各部委出台的细则仍然不够细化，实践中难以操作；近几年一些领域如煤炭领域的“国进民退”，也让部分民营企业对进入垄断领域或与国企合作“心有余悸”。

（2）政策建议

应充分发挥市场在资源配置中的决定作用。在短期内，很多仍由政府调配的资源，如土地、资金（贷款）、补贴、户口指标等，应淡化所有制概念，对各类企业一视同仁。如对于户口指标问题，可采取“打分制”，符合一定条件后即可落户，而不管人才是流向国企、外企还是民企。再如，在政府采购、资金（贷款）、补贴等政策性资源的分配上，明确一定比例只面向中小企业。

应努力维护政府信用，政策不能朝令夕改。切实保障民营企业的合法权益，尊重相关法律法规（如《合同法》），不搞“关门打狗”或“秋后算账”。

8.5 加快财税体制改革与推进金融体制改革

调查中，分别有66.6%和46.9%的企业认为，加快财税体制改革与推进金融体制改革是下一步深化经济体制改革的关键环节和重点领域。在全部9项改革任务中分列第5和第6位。

8.5.1 多数企业感觉税负仍偏重，希望能清费、正税、减负

（1）主要问题

税负仍然是影响当前企业发展的重要因素，不同类型企业对税负的感受有所不同。从调研企业来看，全部企业缴税占其营业收入的比重为9.73%，其中增值税占企业税收总额为30.58%，所得税占企业税收总额的比重为24.28%；企业上缴税收与净利润之比约为5.5∶4.5。另外，根据对2400余家上市公司年报数据的分析，20%的上市公司的纳税额达到其利润的5倍。调查中，不同类型企业对税负的实际感受有所不同。民企普遍反映税负过重，更反感名目繁多的各种收费；国企也认为税负偏重；外企对税负感觉尚可，表示尊重税制、按章纳税是企业的基本义务。此外，上市公司对税负感觉明显好于非上市企业。上市公司中，85.7%的企业表示企业税负过重或偏重，其中25.9%的企业认为企业税负过重；非上市企业中，92.5%的企业表示企业税负过重或偏重，其中41.7%的企业表示企业税负偏重。原因之一在于企业的实际税负不同。根据调查问卷分析，目前上市公司税收负担占企业营业总收入比重平均为9.63%，低于非上市企业的11.26%。当然，也可能与企业的承受能力不同有关。

（2）政策建议

48.5%的企业认为，“降低总体税负”是当前深化税收管理体制改革的首

要任务。应按照“简税制、宽税基、低税率、严征管”的原则，进一步优化税制结构，公平税收负担；强化税收促进经济结构调整和发展方式转变的作用，推进企业转型发展。19.8%的企业认为应增加财产税等直接税种，相应减少流转税等间接税种；18.8%的企业认为应扩大“营改增”试点范围，由生产型增值税转为消费型增值税，促进生产性服务业发展；7.1%的受访企业认为应依法公平征税，减少预征、超征，降低企业经营中的不确定性；0.5%的受访企业建议进一步改革出口退税制度，促进我国企业转型升级，增强产品国际竞争力。

8.5.2　以“完善政府采购规则，加大对创新、节能环保产品的支持”为重点使财政政策更有效地引导和支持企业发展

（1）主要问题

调查中，企业普遍反映，“相较于政府补贴等，更关心的是好的政策环境”。关于财政政策，“最为关心的是与企业发展最直接、最密切相关的政府采购问题”。首先，68.1%的受访企业认为，应“进一步完善、落实公开、公平、公正、透明的政府采购规则”，以深化政府采购制度改革；其次，33.4%的受访企业认为应“加大政府采购对创新、节能环保产品的支持”。究其原因，在于政府采购制度兼具公共财政支出管理手段和国家宏观调控政策工具两大作用，正向的政府采购等需求鼓励措施可以发挥优秀产品奖励效应和创新产品市场启动作用，通过需求侧拉动从而有效促进优秀企业和创新型企业发展。

（2）政策建议

关键在于政府采购应进一步“阳光化”。我国已经确立了促进自主创新的政府采购政策，明确表示要建立激励企业自主创新的政府首购和订购制度。当前的重点在于通过信息化等技术手段使得政府采购真正做到“公开、公平、公正和规范”。在此基础上，政府采购要强化绿色消费理念，完善绿色采购标准体系和执行机制，细化节能环保产品参数指标体系，实施新增品目公示制度，加大节能产品和环保标志产品政府采购工作力度，在支持本土创新和节能环保产品等方面采取一些实质性措施。

8.5.3 金融体制改革应以坚持市场化方向和提升服务实体经济能力为出发点

（1）主要问题

不少调查企业认为，当前金融体系仍存在整体金融抑制但局部金融深化过度及较明显的不平衡现象，运行成本高并蕴含着系统性风险。一方面，金融机构、金融市场、金融产品的管制水平高，无法形成充分有效的市场竞争机制；另一方面，金融体系存在不少结构性矛盾，包括企业过多依赖银行融资、直接融资比重较低；国有大银行无法完全满足大量中小企业的融资需求，等等。

（2）政策建议

调查中，绝大多数企业均认为，下一步应加快金融体制改革，要坚持市场配置金融资源的改革导向，完善金融监管、推进金融创新、维护金融稳定，构建组织多元、服务高效、监管审慎、风险可控并能满足不同企业投融资需求的多层次金融体系。

其中，28.6%的企业认为，下一步深化金融体制改革的首要任务是深化银行业改革。如大力推进银行商业化，提高国有大型银行的商业化导向并完善其治理结构等。23.3%的企业认为是推进利率市场化。与汇率市场化、人民币国际结算、资本项目开放等重大金融改革密切配合，进一步有条件地推进利率市场化，平衡银行和企业在资金方面的议价能力，促进银行业调整过多依赖利差的经营模式。22.2%的企业认为是进一步完善多层次的资本市场体系。拓宽股票市场和企业债、市政债市场等直接融资渠道，完善资本市场，为企业提供规范、便捷的融资渠道。8.3%的企业认为是推进民间金融合法化、透明化，引导民间资本建立金融机构。允许社会资本和外资参与中小金融机构的重组改造；大力发展以私人资本为主的小银行，鼓励其重点服务中小企业；针对金融产品与服务创新不足，充分发挥市场参与者在金融创新方面的作用。此外，6.8%的企业认为是放宽金融准入，降低准入门槛，4.1%的企业认为是完善人民币汇率形成机制，2.5%的企业认为是进一步完善重大基础设施投融资体制。

8.6　完善劳动就业与社会保障体系

调查中，44.2%的企业认为，完善劳动就业与社会保障体系是下一步深化经济体制改革的关键环节和重点领域之一。该项在全部9项改革任务中列第7位。

8.6.1　不同类型企业在劳动用工方面遇到的主要问题有共同点也有不同点

（1）主要问题

问卷调查结果表明，企业在劳动用工方面遇到的主要问题，排在第一位的是"劳动力供给结构不合理，熟练技术工人、高管人员和科研人员难找"，1477家企业中有757家，占比51.25%；此外，21.96%的企业认为是"员工流动频繁，企业缺乏权益保护机制"，21.12%的企业认为是"企业承担的社会保障费用过高"。

国有企业在劳动用工方面的问题与其他企业略有不同。国有、外资、民营三类企业在劳动用工方面遇到的首要问题上选择较一致，都是"劳动力供给结构不合理，熟练技术工人、高管人员和科研人员难找"，分别占回答该项企业数的49.0%、51.3%、52.8%。但在第二和第三重要问题的选择上略有不同。21.0%的国有及国有控股企业将"企业承担的社会保障费用过高"排在第二，而外资及外资控股企业、民营及民营控股企业选择最多的则是"员工流动频繁，企业缺乏权益保护机制"，分别是23.3%和25.0%。国有及国有控股企业认为排在第三的问题是"工会或职代会集体协商作用发挥不足，劳动争议处理棘手"，占17.0%。而外资及外资控股企业、民营及民营控股企业排在第三的是"企业承担的社会保障费用过高"，分别占31.7%和20.1%。

不同规模企业在劳动用工方面的问题略有不同。中小型和大型企业在劳动用工方面遇到的首要问题上选择较一致，都是"劳动力供给结构不合理，熟练技术工人、高管人员和科研人员难找"，分别占54.7%和50.1%。但在第二重要问题的选择上略有不同。中小型企业选择最多的则是"员工流动频繁，企业缺乏权益保护机制"，占23.1%。

多数企业反映《劳动合同法》存在过度保护问题。《劳动法合同》过度地扩大了员工权利，不符合企业要求的部分人员很难退出，裁员时面对与《劳动法》、《劳动合同法》等的限制和矛盾，束缚了企业用工，用工矛盾日益突出。

（2）政策建议

一是完善就业服务体系，有效开展职业教育和技能培训。解决结构性的用工短缺问题，提升劳动生产率，必须大力投入以技工培训为重点的职业教育，以此作为完善就业服务体系的重要抓手。调查中，14.85%的企业选择将“完善就业服务体系，有效开展职业教育和技能培训”作为劳动用工制度改革的重要突破口。在企业座谈时，企业也认为这是政府支持实体经济的重要体现。

二是完善《劳动合同法》，实现劳务派遣工同工同酬，均衡保护劳资权益。在切实提高劳动者地位、保护劳动者合法权益的同时，需要进一步完善《劳动法》、《劳动合同法》，既确保企业规范用工、保障员工权益，又要对企业合法权益给予保护，以促进企业加大对员工培训投入的积极性。问卷调查中，除“完善就业服务体系，有效开展职业教育和技能培训”之外，其他比例较高的选项有：“固定工、合同工、劳务派遣工、协力工等实现同工同酬”，占13.65%；“完善《劳动合同法》，规范企业用工行为，保障双方权益”，占10.95%；“建立劳资集体协商制度，缓解劳动用工方面的群体性事件”，占9.94%。

8.6.2 进一步健全和完善社会保障体系

（1）主要问题

不同所有制企业对劳动用工与社会保障改革的效果评价基本相同，但其他方面略有不同。国有、外资、民营三类企业对劳动用工与社会保障改革效果的评价较一致，认为最显著的都是“消除农民进城就业限制，城乡劳动者平等就业”，分别占各类企业的32.1%、29.1%和40.6%。但是，国有及国有控股企业、外资及外资控股企业第二位的选择则是“城乡都建立社会保障制度”，分别占21.0%和19.5%，而民营企业除此项之外，还将“实行最低工资制度”、“实现打工者住房、子女教育、养老、医疗等在就业居住地属地化管理，与户籍脱钩”作为几乎并列第二的选项。

不同规模企业对劳动用工与社会保障改革效果评价基本相同，但其他方面略有不同。中小型和大型企业在“劳动用工保障改革方面效果显著的地方”的选择较一致，都是“消除农民进城就业限制，城乡劳动者平等就业”，分别占34.9%和35.6%。但中小型企业将“实行最低工资制度”排在第二，占22.2%；而大型企业选择最多的则是“城乡都建立社会保障制度”，占22.0%。

（2）政策建议

完善非户籍劳工的城市公共服务，提高劳动者就业稳定性。解决招工难问题，应对当前非户籍劳动者尤其是农民工的短工化倾向，使劳动者对职业生涯有稳定预期，必须对离乡工作的城市常住人口提供均等的社会公共服务。调查中，37.75%的企业建议将“实现打工者住房、子女教育、养老、医疗等在就业居住地属地化管理，与户籍脱钩”作为劳动用工与社会保障下一步改革的重点突破，居各选项之首。

完善社会保障缴费比例及基数标准。解决企业反映的排在第三位重要的“企业承担的社会保障费用过高”的问题，在实现全国统筹层次、长短期支付能力等基础上，适当提高政府在养老保险中的支付比例，实施行业差异化的社保缴纳标准，从社保角度建立激励机制，鼓励企业和员工提高社保缴费面。完善社会保险缴费基数的标准制定，如以员工每月固定工资（各种补贴之外）作为社会保险缴费基数，而不是将员工上一年度的平均工资作为基数。

8.7　建立有利于企业创新的体制和政策环境

调查中，45.1%的企业认为，建立有利于企业创新的体制和政策环境是下一步深化经济体制改革的关键环节和重点领域之一。该项在全部9项改革任务中排序第8。

随着劳动力等要素成本的刚性上升，以及竞争日益激烈，越来越多的企业正在将创新作为提升核心竞争力和实现转型升级的重要战略。调研企业中，年均研发经费占销售收入的比重达到4.22%，新产品销售收入占营业总收入的比重超过30%。

8.7.1 企业对“一个公平竞争的创新环境”的愿望远高于“政府直接的经费支持”

（1）主要问题

一是缺乏对知识产权保护的法律和执法环境。侵犯知识产权的现象极为普遍，调查的企业中，反映遭遇知识产权侵权行为的占46%，被侵权企业中的一半反映侵权行为非常严重。具有保护知识产权强烈诉求的主体已经从以外资企业为主转为以国内的创新型和品牌型企业为主。导致知识产权问题严重的主要原因是法律制度不完善，违法成本非常低，执法效果不明显。39%的企业反映采用法律手段保护知识产权无效，55%的企业反映执法效果不明显。也有企业提出，法律诉讼通常一审需要半年，二审需要一年以上，遇到地方保护还无人受理；还有年销售规模10亿的企业就被迫建立20人法律团队、雇佣50家律师事务所来维护知识产权的案例。为避免侵权，一些企业甚至放弃国内市场，专做国外市场；还有企业利用3年时间，花费大量人力、财力来研制黑匣子寻求自保，而不寄希望于法律保护。

二是缺乏公平竞争的市场环境。市场准入难影响了企业创新，在垄断性行业、市政建设等公共性领域，民营企业、中小企业都遇到了准入瓶颈，一些民营企业被迫与国企合作或卖出股份以求得市场机会。地方保护问题依然较突出，有23.5%的企业认为近年来地方保护加重了，主要是地方政府对本地产品进行保护，企业在外地发生法律诉讼和经济纠纷时会受到不公正待遇，在争取当地政府财税支持和土地资源等方面外地企业受歧视，并购当地企业有时会受到地方政府过多干预。

三是财政补贴政策缺乏透明度和公平性，支持方式不公平。企业普遍反映财政补贴政策严重缺乏透明度，而且申请流程复杂，企业需要耗费较多人力和时间进行申请。接受调研的企业中有32%的企业反映补贴评审过程缺乏透明度，有38%的企业反映获取补贴的资格、标准和程序不清楚，有55%的企业反映无法及时获取政府补贴信息。这很容易滋生补贴过程中的腐败，一些企业反映补贴资金中的1/3到1/2变成了补贴过程中的成本花费、中间人代理费用或行贿。政府过度使用财政补贴的方式来支持项目，导致创新主体错位。政府成了创新主体，不断地审批、验收项目，不仅滋生了不当利益链条，还不能承担市场化责任，导致资源的过度浪费。例如在风电、太阳能、文化创意产业等领域的支持就造成了较为严重的浪费。而且引导企业把主要精力放在寻找政策机会和“搞关系”上，创新成了企业最后的选项，调查中，企业负责人平均每年和政府打交道的时间超过了30个完整工作日。

（2）政策建议

政府要转变角色，从以直接支持创新行为为主，转变为以建立创新环境为主。企业是技术创新主体，政府是创新环境的建造和维护者，减少政府在创新过程中的资源配置权。

建立从支持引进模仿为主的知识产权制度转向支持原创和再创新为主的知识产权制度。要下决心打击假冒伪劣、非法仿制、盗取知识产权、通过不正当手段获取竞争对手的技术人才和相关知识的行为，充分保障创新者的合法权益。

提高产品技术和质量标准。加强节能、环保、减排等要求的执法检查，尤其要在有关人的衣食住行和生存环境等相关领域提高标准、加强执法检查力度，大幅提高违法成本，彻底改变劣币驱逐良币的市场环境。

尽量减少实施以制定规划、建立准入门槛、政府确定产业发展方向和技术路线、政府选择特定企业进行支持的产业政策。要充分发挥市场机制在产业发展方向和技术路线选择上的决定性作用，政府主要通过信息发布、技术标准、市场规范等方式对产业发展进行引导。将支持产业的重点放在破解长期制约产业发展的垄断行业市场准入难、部门分割导致产业融合难（如三网融合）、创新产品进入市场难（如首台首套）等体制性问题上。

创新政府资金使用方式。政府支持科技成果转化和产业化的资金应尽量不用直接拨款方式，而采用与金融结合的方式，如成立科技成果转化基金和创业投资引导基金，通过市场化方式投入，既可以放大财政资金的杠杆效应，也可以引导更多社会资本进入创新领域。

8.7.2　改革和完善科技创新的评价体系

（1）主要问题

调查中，有超过60%的企业反映融资、人才、市场准入、标准缺乏等是制约创新的主要因素。我国现行的人才评价、奖励、引进制度，以及教育体制与创新要求相差甚远，人才的认定和选拔还保持着更多的行政评定、以文章论英雄、遵循官本位和论资排辈的做法，极大地限制了人才优势的发挥，扼杀了创新主体的积极性。大学和科研机构有大量创新成果，但却不能与企业技术创新有机结合，科技成果被大量闲置，科技资源严重浪费，而企业由于技术供给不足又不得不从国外引进技术。

（2）政策建议

分类支持研发活动，基础领域应逐步成为政府资金支持创新的主要方面。对基础研究和科学探索应减少项目支持的方式，鼓励大胆探索，允许失败，并为科研人员提供稳定的支持。对企业技术创新也不应多采用项目申报再直接进行资金支持这种方式，而主要应采用税收支持和财政后补贴方式。

8.8　进一步深化对外开放

调查中，7.60%的企业认为，进一步深化对外开放是下一步深化经济体制改革的关键环节和重点领域之一。该项在全部9项改革任务中排序第9。

8.8.1　鼓励和支持企业对外投资

（1）主要问题

我国企业国际化经营程度和水平总体较低，各种类型企业之间差距明显。调查问卷结果显示，企业海外收入占营业总收入的比重平均为7.97%，企业海外资产占总资产的比重平均为0.96%。

一是上市公司的国际化经营水平较非上市公司高。上市公司企业海外收入占营业总收入比重平均为8.35%，非上市公司为4.48%。二是国有企业海外投资规模远大于民营企业。尽管我国企业对外投资近十年增长速度很快，但主要依靠大型国有企业的拉动，并且主要集中在资金和劳动密集型的资源类、基础设施及金融服务领域。民营企业的对外投资呈两极分化状态，投资平均规模小，多数企业没有对外投资，只有华为、中兴通讯等少数企业国际化程度较高。

与被投资国有关的政策与风险问题。企业认为海外投资存在贸易壁垒（40.7%）、政治和法律风险（31.4%）、不公正投资审查制度（7.6%）、行业准入限制（6.4%）问题。在面临不公正投资审查、行业准入限制问题上，国有企业（10%、8%）比民营企业（7%、6%）更突出。这是由于一些国家加强了对外资的监管，基于产业发展的考虑，在涉及核心技术、前沿技术和重大资源领域的投资，各国出台并采取更为严格、更加形式多样的限制措施。还有很多国企反映，目前投资的地区风险大，由于非洲、中东、缅甸等地区政治不稳定已给企业带来巨大经济损失，前期投资无法收回；过去不遵循市场规律的跨国并购已造成企业经营难以为继。

行业自律管理问题。6.1%的受访企业认为“中国企业间的恶性竞争”是海外投资中遇到的重要问题之一，国有企业（10%）比民营企业（8%）对此问题感受更深。突出的行业有钢铁、水电、工程承包项目等。

境外投资监管问题。主要是“监管过度、服务不足”，企业自主权降低，影响企业抓住国际市场机会。表现在：虽然我国已取消对外投资审批制，但实际中还没有实质性改变，投资核准、外汇管理和国资委对国有企业的投资审核等相关规定，仍导致管理内容重叠、行政程序复杂、决策效率低下等问题。

政府对外投资指导服务不够。我国企业国际化处于初级发展阶段，多数企业没有“走出去”经验，甚至包括一些大型国有企业，缺乏对投资目的国法律法规的了解和缺乏国际经营人才，目前我国公益性海外投资服务机构少，驻外机构发挥的服务作用也有限。

（2）政策建议

利用外交手段加强与投资国的交流与沟通。调查中，25%的企业将“‘走出去’的相关政策和优惠条件”作为促进企业对外投资的决定性因素之一。63%的调查企业认为应“加强双边贸易协定的签订，保障投资企业海外权益”。同时，针对与我国合作基础薄弱的一些国家和地区，可以结合支持我国企业到海外投资发展战略，加大对所在国或地区的经济援助力度。这样，既有利于我国电力运营、设备制造和建筑工程企业更好地“走出去”，也有利于推动所在国的经济和社会发展，密切与我国的政治和经济关系。

建立和完善对外投资协调机制，加强企业的合作与自律管理。可以借鉴日本经验，发挥行业协会作用，由经济团体共同制定海外投资行动指引，通过国内行业协会以及我国驻外使馆和机构，指导和规范在外企业的投资行为，并倡导我国企业加强合作。

完善对外投资的政策和法规，实现对外投资的便利化。75%的调研企业提出了上述建议；47%的企业要求进一步减少项目审批，增加企业自主性，坚持“谁投资、谁决策、谁受益、谁承担风险”，逐步将对外投资审批制或核准制变备案登记制。发展改革委、商务部等有关部门主要从国别投资法律和政策、国别投资信息、规范企业行为等方面对境外投资给予指导，制定《国家鼓励发展的境外投资项目指引》，对符合指引规定的，由企业自主选择。对指引之外的投资项目，缩短投资审批时间，下放审批权限，并研究制定符合行业特点的审批标准，增加审批灵活性，减少重复审批环节。

完善对外投资服务体系，为企业提供咨询服务。有69%的调研企业认为，企业特别是中小企业非常需要政府提供对外投资服务帮助。可以在整合现有公共服务平台的基础上，形成以地方为主的多层次专业化对外投资服务平台，服务除提供投资信息、法律法规咨询外，还包括国际经营人才的培训服务；政府还可以通过购买社会中介机构服务的方式，扩大社会对外投资服务的力量。

8.8.2 坚持和扩大对外开放政策

（1）主要问题

外商对投资环境总体看好，一些外商认为环境变差。尽管多数企业认为外商投资环境比过去好，但是仍有近10%企业认为外商投资环境比过去差。认为在华投资环境比过去差的外资企业比例比本土企业高，达到13%。

部分在华外资企业的经营状况恶化。由于劳动力成本、土地成本、流通成本上升过快，税负较高，如一些制造企业反映总体税收占利润的35%，高于东南亚国家（新加坡税仅占利润16%），导致劳动密集型制造业的外资企业利润空间受到挤压容易，易造成产业转移。加之招工难更加重该类企业的经营困难，韩企、部分日企以及中国港台资企业反映以上问题较多。

法律政策环境问题。有69%的在华外资企业认为“法律制度和政策不完善不透明，政策变化快，可预见性差”。如《劳动合同法》的修改，内容跨度大，没有留给企业充分过度的时间。由于过度保护劳动者利益，30%的外资企业认为目前“劳动关系和劳务纠纷的处理复杂”，影响企业经营发展。政策执行不规范，自由裁量权大。还有31%的外资企业担心“政治与外交带来的风险”。其中，日资企业反映突出。除香港之外，日本是对华投资第一的国家，2012 年日本对华投资比上年增长 16.3%，据日本贸易振兴机构调查，日本企业始终把中国作为最愿意投资的国家，但受中日关系恶化影响，对华投资持观望态度的日本企业在增多，占调查企业的 42%。

创新环境问题。一些著名跨国公司反映，中国缺乏创新型人才，难以满足企业需求，影响新产品新技术的研发；23% 的调研企业反映“科技创新等政策没有将外资企业纳入其中”，打击了外企在华创新的积极性。有 44% 的外企认为“创新门槛高、周期长、风险大，不如产能扩张明显”，28% 的外企认为“行业利润严重失衡，投资创新不如房地产、金融业的收益高”。

知识产权保护也是影响创新的重要因素之一。21% 的调研外资企业认为“知识产权得不到保护”，影响企业的发展。有 42% 的外资企业遭遇过知识产权侵权行为，其中 50% 的外资企业认为侵权严重，如一些著名跨国公司反映知识产权被超限量使用。但是，82% 的外企认为采取法律手段保护知识产权无效。采取法律保护知识产权无效的主要原因是执行效果不明显（33%）、法律制度不完善（33%）和诉讼成本太高（21%）。

另外，有 43% 企业认为“行业准入限制”是在华发展遇到的突出问题。25% 的企业认为“一些产业存在不合理的准入限制”。在访谈调查中，一些著名欧美高科技企业对此问题表示最不满。它也成为影响企业创新的体制性障碍，有 55% 外资企业认为“企业的创新产品在产业化过程中遇到市场准入、标准缺乏、融资等难题”。

外资投资监管问题。工商登记手续繁琐，有些外资企业认为不必要的审批事项占到审批项目的 70%。在华并购手续繁琐，反垄断审核时间长；有些并购限制规定不合理，如目前关于一年内支付并购款的规定，不符合留存部分款项作为担保的国际通行惯例，也限制了交易双方自愿协商的权利。

（2）政策建议

进一步为外资发展创造良好的法律和政治环境。一方面积极做好相关政策的宣传和解读工作，另一方面多方渠道积极听取外资企业的政策建议。特别要加强与外国重要经济团体的沟通与合作，建立形成长效协调机制。如欧美日商会组织能力强，可以利用这些渠道，研究了解外企诉求，进一步完善我国的对外经济政策。

进一步改善中国的创新环境。有 46% 的外企希望得到政府“专项支持（科技经费、贷款贴息、低息贷款、创新基金、产业化经费支持等）”；26% 的外企希望政府“税收减免（高新技术企业所得税减免、研发费用抵扣、设备加速折旧等）”；13% 的外企希望“创造公平的市场环境”，如增加政府采购、产品补贴的公平性、对驰名商标认定内外资一视同仁等；还有 10% 的外企希望“切实保护知识产权”。可以研究和实施对部分产业放宽市场准入标准，如放宽外资进入钢铁行业的准入，吸引外资参股有利于保障资源。

进一步简化工商登记审批事项。由审批许可制向核准制转变，可以借鉴新加坡、德国经验，或推广深圳工商改革模式，扩大企业经营范围权限，在合法合规前提下，由企业自主选择确定经营项目。对不涉及垄断的并购项目，简化申报手续。

8.8.3　深化外贸政策的改革

（1）主要问题

第一，出口企业经营问题。一是出口退税不及时、不足额到位。二是我国多数出口企业仍然停留在代工和价值链的低端层次，传统竞争优势在衰退，新的竞争能力尚未形成，面临产业升级和转型压力。

第二，配额制度。如棉花进口存在配额限制，导致与其他国家相比我国纺织服装业的原材料成本大大高于国际水平。

第三，外汇管理制度问题。外汇管理过严，外汇额度限制。

第四，进出口贸易市场准入问题。尽管进出口权已经放开，但是，一些大宗商品的进出口权仍然掌握在由商务部批准的少数几家大型央企手中（如原油的进出口权掌握在中石油、中石化、中海油等手中），或掌握在由行业协会牵头组织认定的少数企业中（如中钢协、五矿协）。进口权资源分配不合理形成的垄断，造成目前石油及制品、铁矿石等大宗商品价格不合理。

（2）政策建议

在对外贸易政策中，46.8% 的企业认为出口退税政策需要进一步改进，其次是外汇管理制度（31.5%）和设备进口享受优惠政策（31.4%），再次为海关服务和通关政策（29.8%），最后是融资信贷和出口保险（27.8%）。

不同所有制企业对改革诉求略有不同。33.3%的国有企业对融资信贷和出口保险的改进要求迫切，排在改进的第二位。而近一半的民营企业首先要求出口退税制度的改进，其次是设备进口享受优惠制度的改进。

建议改革和完善出口退税制度。一方面减少宏观政策和货币政策对出口退税政策的影响，保障企业出口退税及时、足额到位。另一方面通过降低税费、鼓励创新、鼓励优质企业兼并中小企业提高产业集中度等支持出口企业转型升级。

建议在外贸政策中减少使用配额制度。取消棉花配额，放开国内棉花价格，提高纺织服装及相关行业的竞争力。

建议适当放宽外汇管制制度，下放审批权限，放宽外汇额度，提高审批效率。

建议适当放开大宗商品的进口经营权，让有实力的企业参加到国际采购行列中。同时，完善联合谈判和采购机制，建立贸易商与生产商长期合作机制，维持大宗商品价格的稳定。

课题为中央财政领导小组办公室委托课题。课题组顾问为陈清泰。组长为赵昌文，副组长为马骏。协调人分别为周健奇、张永伟、袁东明、贾涛、许召元。课题组成员为李兆熙、马淑萍、王继承、项安波、范保群、王怀宇、陶平生、马晓白。

参考文献

[1] Adams J. D. , 1984, Transforming Work [M] . Alexandrix: Miles Review Press.

[2] Amsden, A. , 1989, Asia' s Next Giant: South Korea and Late Industrialization, New York, Oxford University Press.

[3] Barker, L. V. and Irene, M. D. , 1997, "Strategic change in the turnaround process: theory and empirical evidence", *Strategic Management Journal*, (18): 13 – 39.

[4] Blumenthal, B. andHaspeslage, P. , 1994, "Toward a Definition of Corporate Transformation", *Sloan Management Review*, Vol. 35, NO. 3, pp. 101 – 106.

[5] Boyle, R. D. and Desai, H. B. , 1991, "Turnaround strategies for small firms", *Journal of Small Business Management*, Vol. 29, No. 3, pp. 33 – 43.

[6] Bibeault, D. , 1982, Corporate Turnaround [M] . New York: McGraw – Hil.

[7] Baysinger, B. D. , Kosnik, R. D. and Turk, T. A. , 1991, "Effects of Board and Ownership Structure on Corporate R&D Strategy", *Academy of Management Review*, Vol. 34, No. 1, pp. 205 – 214.

[8] Crowston, K. and T. W. Malone, 1988, Information Technology and Work Organization, in *Handbook of Human – Computer Interaction*, North Holland.

[9] Ching, H. &Wayne, C. , 2008, "From Contract Manufacturing to Own Brand Management: The Role of Learning and Cultural Heritage Identity", *Management and Organization Review*, Vol. 4, No. 1, pp. 109 – 133.

[10] Daft R. L. , 1994, Management [M] . Orlando: The Dryden Press.

[11] Dunpy, D. C. andStace D. , 1991, Under new Management: Australian organizations in transition [M] . New York: McGraw – Hill.

[12] Eriksson, R. Lindgren, U. and G. Malmberg, 2008, "Agglomeration Mobility: Effects of Localization, Urbanization and Scale on Job Changes", *Environment and Planning*, Vol. 40 (10), pp. 2419 – 2434.

[13] Forbes N. , Wield D. , 2001, "From Followers to Leaders: Managing Technology and Innovation in

Newly Industrializing Countries", London Routledge.

[14] Gersick, C. J. G., 1994, "Social Psychology in Organizations: Advances in Theory and Research", *The Academy of Management Review*.

[15] Grabher, G. and O. Ibert, 2006, "Bad Company? Th Ambiguity of Personal Knowledge Networks", *Journal of Economic Geography*, Vol. 6 (3), pp. 251 – 271.

[16] Gereffi G., 1994, "The Organization of Buyer – driven Global Commodity Chains: How United States Retailers Shape Overseas Production Networks".

[17] Ginsberg, A., 1988, "Measuring and Modeling Changes in Strategy: Theoretical foundation and Empirical Direction", *Strategic Management Journal*, (9): 559 – 575.

[18] Hamel, G. andPrahalad, C. K., 1990, "The Core Competence of Corporation", *Harvard Business Review*, Vol. 68, No. 3, pp. 79 – 91.

[19] Hammer, M. andChampy, J., 1993, Reengineering the corporation: A Manifesto for Business Revolution [M]. London: NicholasBrealey Publishing Limited.

[20] Hobday, M., 1995, "East Asian Latecomer firms: Learning the technology of electronics", *World Development*, Vol. 23, No. 7, pp. 1171 – 1193.

[21] Jonathan, D. D., 2000, "Corporate transformation without a crisis", *The Mckinsey Quarterly*, (4): 116 – 128

[22] Klimann, R. H. andCovin, T. J., 1988, Corporate Transformation: Revitalizing Organizations for a Competitive World [M]. San Franscisco: Jossey – Bass.

[23] Klein M. M., 1996, "Tip for Aspiring Reengineers", *Planning Review*, Vol. 24, No. 1, pp. 40 – 41.

[24] Kimberly, J. R. and Quinn, R. E., 1984, Managing Organizational Transition [M]. Illinois: Jessey Base Inc.

[25] Kotter, J. P., 1995, The New Rules [M]. New York: The Free Press.

[26] Kanter, R. M., Stein, B. A. andJick, T. D., 1992, The Challenge of organizational change: how company experience it and leaders guide it [M], New York: Free Press.

[27] Levy A. and Merry U., 1986, Organizational Transformation [M]. New York: Praeger.

[28] Lall, S., 1992, "Technological capabilities and industrialization", *World Development*, Vol. 20, No. 2, pp. 165 – 186.

[29] Meyer, 2000, "International Production Networks and Enterprise Transformation in Central Europe", *Comparative Economic Studies*, No. 42, pp. 135 – 150.

[30] Muzyka, D., de Konig, A. and Churchill, N., 1995, "On transformation and adaptation building the entrepreneurial corporation", *European Management Journal*, Vol. 13, No. 3, pp. 346 – 363.

[31] Oinas, 2000, "Localization VS. Globalization Revisited: Knowledge Creation in Local Worlds of Production", Paper presented at 2000 residential conference.

[32] Prahalad, C. K. and Oosterveld, J. P. , 1999, "Transforming internal governance: the challenge for multinationals", *Sloan Management Review*, Vol. 40, No. 3, pp. 31 –40.

[33] Pietrobello, C. and R. Rabellotti, 2007, Upgrading and Governance in Clusters and Value Chains in Latin America, Harvard University Press.

[34] Reger, R. K. , Duhaime, I. M. andStimpert, J. L. , 1992, "Deregulation, Strategic Choice, Risk and Financial Performance", *Strategic Management Journal*, (13): 189 –204.

[35] Rindova, V. P. andKotha, S. K. , 2000, "Continuous 'Morphing': Competing through Dynamic Capabilities, Form, and Function", *Academy of Management Journal*, Vol. 44, No. 6, pp. 1263 –1280.

[36] Ricardo Valerdi and Craig Blackburn, 2010, "Leveraging measurement systems to drive enterprise transformation: Two case studies from the U. S. aerospace industry" *Information Knowledge Systems Management*, Vol. 9, No. 2, p p. 77 –97.

[37] Rappert, B. Webster, A. and D. Charles, 1999, "Making Sense of Diversity and Reluctance", *Research Policy*, Vol. 28 (8), pp. 873 –890.

[38] Shaheen G. T. , 1994, "Approach to Transformation", *Chief Executive*, No. 3, pp. 2 –5.

[39] Slywotzky, A. J. , 1996, Value Migration: How to Think Several Moves Ahead of the Competition [M] . Boston: Harvard Business School Press.

[40] Schendel, D. , Patton, G. R. and Riggs, J. , 1976, "Corporate Turnaround Strategies: A Study of Profit Decline and Recovery", *Journal of General Management*, (3): 3 –11.

[41] Staber, 2001, "The Structure of Networks in Industrial Districts", *International Journal of Urban and Regional Research*, Vol. 3, pp. 3 –18.

[42] Schmitz, H. , 2007, "Reducing complexity in the industrial policy debate", *Development Policy Review*, Vol. 25, No. 4, pp. 417 –428.

[43] Schmitz, H. , 2006, "Learning and Earning in Global Garment and Footwear Chains", *The European Journal of Development Research*, Vol. 18 (4), pp. 546 –571.

[44] Uzzi, B. , 1997, "Social Structure and Competition in Inter – firm Networks: The Paradox of Embeddedness", *Administrative Science Quarterly*, Vol. 42 (1), pp. 35 –67.

[45] Verona, G. A, 1999, "resource – based view of product development", *The Academy of Management Review*, Vol. 24, No. 1, pp. 132 –142.

[46] Wycoff, J. and Richardson, T. , 1995, Transformation Thinking [M] . New York: Berkley Publishing Group.

[47] William B. Rouse, 2005, "A Theory of Enterprise Transformation", *Systems Engineering*, Vol. 8, No. 4, pp. 279 –295.

[48] Donnig, J. H (1993), 《Multiuational Enterprise sand Global Economy》, Harrow: Addison – Weasly.

[49] Stopford, J. ML. T. Wello, J (1972) 《Mamaging the Muhinational Enterprise》. Basic Book, Inc.

[50] 曹振华．企业转型战略管理模型建构与实证研究．上海：复旦大学，2006
[51] 陈明，余来文．动态环境下企业战略变革的主要影响因素及其对策．当代经济，2006（6）
[52] 陈明璋．企业转型的策略与成功关键．贸易周刊，1996
[53] 黄旭．企业战略变革研究．成都：四川大学出版社，2004
[54] 李志军．加快技术改造步伐，促进纺织机械业转型升级．国务院发展研究中心 2012 年第 121 号调查研究报告
[55] 林温正．台湾传统集团企业转型策略之研究．台北：台湾大学，2000
[56] 刘世锦．中国“挤压式”增长后的速度回落与增长模式转型．国务院发展研究中心 2011 年第 237 号调查研究报告
[57] 刘志彪．生产者服务业及其集聚：攀升全球价值链的关键要素与实现机制．中国经济问题，2008（1）
[58] 隆国强．加工贸易转型升级的方向与政策．国务院发展研究中心 2008 年第 152 号调查研究报告
[59] 瞿宛文．台湾后起者能借自创品牌升级吗．世界经济文汇，2007（5）
[60] 任泽平．当前我国产业结构的变动趋势和制度需求．国务院发展研究中心 2012 年第 27 号调查研究报告
[61] 沈恒超．促进服装鞋帽业转型升级的建议．国务院发展研究中心 2012 年第 11 号调查研究报告
[62] 森口八郎．开拓中小企业的活路——企业转型成功实例．涂师孔译．台北：华泰出版社，2000
[63] 孙宝强．产业升级理论研究中的争论与反思．天津商业大学学报，2011（4）
[64] 孙早，张振．优惠政策、财政分权与民营企业的绩效表现．财经研究，2005（12）
[65] 孙早，张振．优惠政策、法律制度与私营企业的发展．经济学家，2007（5）
[66] 谭开明，王宇楠．财政政策支持中小企业自主创新的路径分析．技术经济与管理研究，2010（3）
[67] 王庆喜，宝贡敏．制度转型与我国民营企业成长战略取向．财经问题研究，2005（3）
[68] 王忠宏．关于促进东南沿海产业转型升级的政策建议．国务院发展研究中心 2011 年第 216 号调查研究报告
[69] 王忠宏，贾涛．广东以产业转移促进产业转型升级调研报告．国务院发展研究中心 2011 年第 235 号调查研究报告
[70] 王忠宏，李建伟．新形势下东南沿海产业转型升级的方向和思路——以杭州为例．国务院发展研究中心 2011 年第 147 号调查研究报告
[71] 王忠宏，彭晓博．浙江推动传统产业转型升级调研报告．国务院发展研究中心 2011 年第 234 号调查研究报告
[72] 王中宏，盛朝迅．江苏以创新引领产业转型升级调研报告．国务院发展研究中心 2011 年第 236 号调查研究报告
[73] 王忠宏，石光．上海探索多种方式推动产业转型升级调研报告．国务院发展研究中心 2011 年第

232号调查研究报告
[74] 吴家曦. 浙江省中小企业转型升级调查报告. 管理世界，2009（8）
[75] 邬爱其. 超集群学习与集群企业转型成长. 管理世界，2009（8）
[76] 杨振. 企业战略转型初步研究. 上海：复旦大学，2004
[77] 肖丕楚. 传统优势企业转型研究. 成都：四川大学，2005
[78] 谢碧枝. 企业转型中的多角化策略选择——以食品业为例. 屏东：屏东科技大学，2000
[79] 谢坤霖. 从资源基础观点看企业转型成功因素——以高雄房地产广告代销业转型建筑开发业为例. 高雄：国立中山大学，2007
[80] 许寿峰. 小巨人耀升的时代. 战略生产力杂志，1989（397）：16~37
[81] 杨桂菊. 代工企业转型升级：演进路径的理论模型. 管理世界，2010（6）
[82] 叶荣义. 转型策略、执行力与经营绩效之研究——以石化业为例. 高雄：国立中山大学，2006
[83] 袁素萍. 企业转型成功关键因素之研究. 台南：国立成功大学，2003
[84] 赵昌文，范保群，许召元. 当前我国企业转型发展的主要模式与进展——基于实地调研及中小板创业板上市公司问卷调查. 国务院发展研究中心2012年第146号调查研究报告
[85] 张茂林. 企业直面战略转型. 政策与管理，2002（5）
[86] 张聪群. 产业集群环境下浙江中小企业转型的战略选择——基于地方政府的视角. 科技与管理，2011（1）
[87] 竹本次郎. 从劳动密集到技术密集的转型. 台北：日本文摘杂志社，1989
[88] 周佳欣. 台湾中小企业策略性转型之研究. 台北：东吴大学，1997
[89] 周佩萱. 试析我国中小企业转型困境. 台湾经济研究月刊，1993。
[90] 陈清泰. 序言一：支持企业实施“走出去”的国际化战略. 中国企业国际化战略. 北京：人民出版社，2009
[91] 联合国贸发会议（UNCTAD）. 2012年世界投资报告. 北京：经济管理出版社，2012
[92] 李志能. 中国企业跨国经营面临战略机遇但道路曲折. 国际商报，2005-4-4
[93] 商务部，国家统计局，国家外汇管理局. 2011年度中国对外直接投资统计公报. 北京：中国统计出版社，2012
[94] 国家统计局. 中国统计年鉴，2012
[95] 林汉川等. 中国中小企业健康发展报告（2012）. 北京：企业管理出版社，2012
[96] 周旺文. 中小企业融资问题研究——以A市中小企业发展为例. 重庆科技学院学报（社会科学版），2012（20）
[97] 蔡芝儿. 扶持和促进中小企业发展税收政策探析——以肇庆市中小企业为调查对象. 地方财政研究，2012（11）
[98] 吴松. 营改增" 应再扩容让更多中小企业受益. 中国经济导报，2012-11-06
[99] 联合国贸易和发展组织. 2012年世界投资报告，2011

[100] 国务院发展研究中心企业研究所．中国企业发展报告2012. 北京：中国发展出版社，2012

[101] 毕马威．跨国公司——未来的“中国之路”，2012

[102] 商务部新闻办公室．商务部确定“十二五”商务发展主要任务和重点工作，2011

[103] 中国欧盟商会．2010～2011欧盟企业在中国建议书，2011

[104] 张建平，朱延福．近年来国内区域投资环境问题研究述评．武汉大学学报，2012（9）

[105] 陈菲琼．企业知识联盟的理论与实证研究．浙江大学博士论文，2001

[106] 杨忠．跨国公司控制合资企业机制研究．南京：江苏人民出版社，2002

[107] 李蕾．跨国战略联盟与中国企业竞争力的提升．国际经济合作，2005（5）

[108] 李瑞琴．跨国公司战略技术联盟稳定性的博弈分析．财经研究，2005（4）

[109] 李维安，李宝权．跨国公司在华独资倾向成因分析：基于股权结构战略的视角．管理世界，2003（1）

[110] 张友兰．对我国注册资本登记管理制度改革的思考及建议．现代经济信息，2013（1）

[111] 袁作新．改革商事登记制度 再现特区经济优势——深圳市开展商事登记制度改革探索．中国工商管理研究，2013（1）

[112] 王雪丹．有限责任公司资本认缴登记制度解析——以珠三角地区商事登记改革为研究中心．暨南学报（哲学社会科学版），2013（6）

[113] 倪振峰．我国企业登记注册资本制度的改革和完善．上海政法学院学报，2005（4）

[114] 陆云翀．利用民间金融缓解中小企业融资问题探讨．证券市场导报，2004（2）

[115] 袁小明．我国注册资本登记监管制度解析．中国工商管理研究，2009（10）

[116] 季中．注册资金制度应当废止．中国工商管理研究，2000（1）

[117] 韩云翔．企业注册资本登记不实的表现形式．中国审计，2001（12）

[118] 朱海威，王存福．中小企业如何跳出劳动力成本困局．中国信息报，2013（01）

[119] 任奕奕．成本上涨 内外压力倒逼中小企业升级．中国工业报，2013（7）

[120] 国务院发展研究中心课题组．中国企业国际化战略．北京：人民出版社，2006

[121] BCG（2012）《2012年BCG中国50强全球挑战者：挑战在即、积极应对》，http：//www. bcg. com. cn/cn/newsandpublications/publications/reports/report20120911001. html

[122] 中国国际贸易促进会（2012），《中国企业海外投资及经营情况调查报告》（未公开出版）陈小洪，李兆熙编．中国企业并购重组．北京：中国发展出版社，2010

[123] 田志龙．中国企业500强国际化战略调查报告．转自国务院发展研究中心课题组（2006）

[124] 中村久人．全球化经营的理论和实务．东京同文馆，2002

[125] Michael Porter（1985）《Competitive Advantage》，The Free Press. 转引自中文版《竞争优势》．北京：中国财政经济出版社，1998